이 책에 쏟아진 찬사

순간이나 놀라운 아 책에 가득하다. 체 편하고 메시지가 분명하다. 세 고기 조각으로 키워내는, 복잡하고 섬뜩한 기술을 설명할 때도 글의 장점이 드러난다. _〈뉴욕타임스〉

저자는 조시 테트릭에게 최대한 조심스럽게 다가가 진솔한 이야기를 끄집어내고 주변 이야기까지 담아낸다. 객관적인 관찰자의 자리를 지킨다. _〈미국공영라디오NPR〉

수십억 달러 규모의 육류산업에 환경 문제가 있음이 오랜 기간 제기되었다. 퍼디는 세포배양육과 관련한 인물들의 도전, 기회, 개발 과정에서 왜 그렇게 비용이 많이 들고 험난한지에 대한 탐구 여행을 떠난다. (…) 독자는 환경의 지속가능성과 세계적인 식품 시스템 등 저자가 풀어내는 시의적절한 논점에 매력을 느낄 것이다. _〈북리스트〉

배양육 뒤편에서 펼쳐지는 과학, 정치, 각 주체의 성격등, 음식을 즐기는 사람이라면 꼭 알아야 할 이야기. 체이스 퍼디는 SF에 나올 법한 소재를 이 책에 생동감 넘치게 담아냈다. _존 매키John Mackey, 홀푸드마켓 창립자이자 CEO

음식에 대한 우리의 생각 방식과 환경 및 농업에 극적으로영향을 미칠, 더 인간적인 미래를 만들 신산업의 출현을 체이스 퍼디가 훌륭하게 기록했다.
_마틴 포드Martin Ford, 《AI 마인드》《로봇의 부상》 저자

죽음 없는 육식의 탄생

BILLION DOLLAR BURGER: Inside Big Tech's Race for the Future of
Food
by Chase Purdy

죽음 없는 육식의 탄생

1판 1쇄 인쇄 2021. 12. 3.
1판 1쇄 발행 2021. 12. 15.

지은이 체이스 퍼디
옮긴이 윤동준

발행인 고세규
편집 길은수 디자인 지은혜 마케팅 김새로미 홍보 반재서
발행처 김영사

등록 1979년 5월 17일 (제406-2003-036호)
주소 경기도 파주시 문발로 197(문발동) 우편번호 10881
전화 마케팅부 031)955-3100, 편집부 031)955-3200 | 팩스 031)955-3111

값은 뒤표지에 있습니다.
ISBN 978-89-349-8015-5 03300

홈페이지 www.gimmyoung.com   블로그 blog.naver.com/gybook
인스타그램 instagram.com/gimmyoung   이메일 bestbook@gimmyoung.com

좋은 독자가 좋은 책을 만듭니다.
김영사는 독자 여러분의 의견에 항상 귀 기울이고 있습니다.

죽음 없는
육식의 탄생

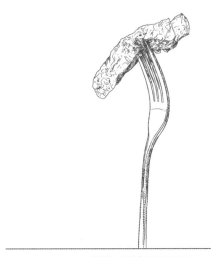

도살하지 않은 고기가 당신의 입속에 들어가기까지

체이스 퍼디 | 윤동준 옮김

김영사

나는 이 책에서 '세포배양육 cell-cultured meat' 또는 '배양육 cultured meat' 이라는 용어를 썼다. 제품이 어떻게 만들어지는지 과학적으로 정확하게 표현하는 용어이기 때문이다. 하지만 학자와 기업가 사이에서는 물론 규제 기관조차 여전히 용어를 통일하지 않고 있다.

서문

최선의 해법은 때때로 믿을 수 없을 만큼 아주 작은 것에 깃들어 있다.

"이곳에 숨을 죽이고 앉아 있는 모든 사람이 저 안에 무엇이 들었는지 보고 싶어 안달이 났습니다." 영국 방송인인 니나 호사인Nina Hossain이 말했다.

2013년 8월, 조명이 켜진 무대에 다른 네 사람과 함께 오른 니나는 마크 포스트Mark Post 박사를 향해 돌아섰다. 이 행사를 위해 중앙 유럽에서 런던까지 온 포스트 박사는 앞에 놓인 큰 탁자를 내려다봤다. 탁자 위에는 은제 돔 뚜껑이 덮인 접시가 놓여 있었다.

"자, 이제 뚜껑을 열어 본인의 작품을 직접 보여주시겠습니까?"

성공이냐, 실패냐, 운명을 가르는 순간[1]이었다. 상상 속 개념이 현실이 될 수 있음을 증명하는 찰나였다. 굉장한 투자자가 보고 있을지도 몰랐다.

"그러니까, 음, 우리는 정말 돈이 필요했습니다." 포스트 박사의 팀원이었던 어느 과학자는 나중에 이렇게 말했다. "빌 게이츠든, 폴 매카트니든, 누구라도 상관없었습니다. 누군가는 그 속에 미래가 있다는 사실을 알아볼 수 있기를, 말 그대로 알아채기를 바랐습니다."

포스트 박사가 손을 뻗어 뚜껑을 들어 올렸다. 무대 위 카메라가 페트리접시*에 놓인 핑크빛 고기를 바짝 확대해 촬영하기 시작했다. 평범한 고기는 아니었다. 살아 있는 소에서 채취한 미세 세포를 포스트의 연구실에서 무척 어렵게 배양하여 만든 고기였다. 버거용 고기를 만들 수 있게 살점을 내준 소는 살아 있었다. 패티 142그램을 만드는 데 무려 33만 달러**가 들었다.

유명 셰프인 리처드 맥귄Richard McGeown이 무대 위에서 패티를 구웠다. 포스트 박사 옆에는 식품학자 하니 뤼츨러Hanni Rützler와 음식평론가 조시 숀월드Josh Schonwald가 앉아 있었다. 두 사람은 목을 길게 빼고 뜨거운 프라이팬에서 패티가 익어가는 모습을 지켜봤다. 맥귄은 빵에 패티를 깔고 상추 한 장과 얇게 자른 토마토를 넣어 조리를 마쳤다.

뤼츨러가 버거를 잘랐다. 곧 조각을 포크로 찍어 얼굴로 가까이 가져가 향을 음미하면서 자세히 살폈다. 그러고는 한입 베어 물고 천천히 씹었다.

"질감이 더 부드러울 거라고 생각했어요." 그녀가 말했다. "꽤 강렬한 맛이네요. 고기와 비슷하지만 그렇게 육즙이 있지는 않아요.

---

* 세균 배양에 쓰이는, 둥글넓적한 작은 접시.
** 약 3억 9천만 원.

밀도는 완벽합니다. 소금과 후추가 생각나는 맛이네요."

다음으로 숀월드가 시식했다.

"입안에서 씹는 느낌은 고기 같네요." 그가 말했다. "지방질이 더 있으면 합니다. 기름기가 부족하네요. 하지만 한입 베어 문 느낌은 햄버거가 맞습니다."

BBC, 〈뉴욕타임스〉〈텔레그래프〉, NPR* 등은 이 소식을 속보로 다뤘다. 트위터와 레딧**에서 논쟁이 불타올랐다. 기후변화와 갈수록 커지는 동물복지에 관한 관심, 항생제에 대한 반감과 지구촌 기아 문제를 마주한 지금, 어쩌면 대체육은 아주 작은 세포를 이용해 축산업의 지형을 바꾸는 큰 도약을 만들 수도 있다. 현재 축산업은 전 세계 온실가스 배출량의 14퍼센트를 차지하고, 해마다 가축 650억 마리를 학살한다. 어류는 제외한 숫자다.

쇼케이스의 성공으로 의기양양해진 마크 포스트는 고향 네덜란드로 돌아가는 비행기에 올랐다. 그는 마스트리흐트대학교 연구실로 돌아가 값비싼 버거 패티에 대한 다음 연구에 차분하게 돌입했다.

그러고는 아무 일도 일어나지 않았다. 침묵뿐이었다.

무심히 2, 3년이 흘렀고 누구도 배양육에 관한 소식을 듣지 못했다. 그러는 동안 최첨단 식물성 버거 패티가 유행했다. 비욘드미트 Beyond Meat 와 임파서블푸즈 Impossible Foods 같은 기업은 검은콩으로

- 　전미 네트워크의 공영 라디오 방송.
- ●●　소셜 뉴스 웹사이트. 사용자들이 누른 '업up' 혹은 '다운down'의 합계 순위에 따라 게시글이 주제별 섹션이나 메인 페이지에 올라감.

만든 유사 고기imitation meat를 출시했다. 이런 제품은 뉴욕의 부촌 첼시Chelsea 인근에서 데이비드 창David Chang이 운영하는 모모후쿠 니시Momofuku Nishi 같은 고급 레스토랑의 메뉴에서 찾아볼 수 있게 됐고, 마침내 버거킹 같은 패스트푸드 체인점까지 진출했다.

그동안에도 과학은 계속 나아갔고 배양육이 슬그머니 대중의 의식에 돌아왔다. 포스트 박사는 모사미트Mosa Meat라는 회사를 세웠다. 뒤를 이어 우마 발레티Uma Valeti가 2015년 샌프란시스코만 연안에 멤피스미츠Memphis Meats를 설립했다. 하뉴 유키羽生 雄毅는 도쿄에 배양육 스타트업 인테그리컬처IntegriCulture를 세웠고, 이도 사비르Ido Savir는 이스라엘에 슈퍼미트SuperMeat를 설립했다. 1년 뒤, 핀리스푸즈Finless Foods, 저스트JUST, 알레프팜스Aleph Farms 등이 연구실을 열었고, 다시 1년 뒤, 미션반스Mission Barns, 퓨처미트테크놀로지스Future Meat Technologies 등이 뒤를 이었다. 이들 연구실에서 배양육과 관련된 구상이 서서히 흘러나오고 이야기가 퍼져나갔다. 치킨 텐더나 참다랑어, 버거 패티, 푸아그라, 스테이크 등을 만드는 계획이었다. 투자액 역시 최고치를 경신했다. 2015년 이후 벤처캐피털과 거대 식품 회사가 1억 달러 이상을 세포배양육 산업에 투자했다. 투자 건수와 투자액은 매년 증가 추세다. 수십억 달러 규모의 기존 육류 업계를 흔들려는 벤처캐피털과 억만장자 투자자로 인해 스타트업들은 가치가 치솟았다. 그리고 시장을 선점하기 위해 앞다퉈 세포배양육 상품 생산에 열을 올리고 있다.

쉽지 않은 문제다. 먼저 합리적인 가격으로 고기를 만들 수 있는 세포배양 기술을 고안해내야 한다. 2013년에는 약 500그램당 120만 달러의 생산비용이 들었다. 2020년에는 500그램당 대략 50달러 근처로 생산비용이 급격히 줄었다. 기술자를 한계까지 몰아붙인 결과였다. 다음은 몸집이 막대한 기존 육류 업계를 지원하기 위해 만든 복잡한 규제를 뚫어야 한다. 거대 기업과 맞서면 투자를 최고로 많이 받은 스타트업조차도 경량급 선수처럼 한계를 느끼기 쉽다.

하지만 스타트업들은 하나같이 결국 자신이 모두를 물리치고 결승선을 통과할 것이라고 주장한다. 조시 테트릭Josh Tetrick은 샌프란시스코에 위치한 스타트업 저스트JUST의 대표이자 채식주의 활동가다. 테트릭은 우리가 먹는 고기가 어디에서 오고 어떻게 만들어지는지에 대해 관점을 완전히 바꿔야 한다고 주장한다. 그에겐 경쟁자보다 유리한 장점이 있다. 식품 회사를 실제로 경영해본 경험이 있다는 점이다. 2011년 이후, 테트릭은 비건 조미료, 비건 쿠키 반죽, 녹두로 만든 액상 달걀을 성공적으로 출시했으며 전 세계 상점과 식당에 납품했다. 그는 이미 식품 공급망을 오르내리며 관련 업계와 비즈니스 관계를 구축했고, 해당 분야의 전문지식을 쌓았다. 그리고 재래식 육류 업계와 경쟁할 미래 식품 시장에 더 쉽게 진입하기 위해 이러한 경험을 활용할 생각이다. 세포배양육을 뒷받침하는 과학 분야에 아낌없이 투자하면서, 이 분야에 전문가인 과학자 10여 명과 함께 실험실을 운영하고 있다.

과학은 복잡하다. 1조 8천억 달러 규모의 배양육 시장은 상상을 초월할 정도로 경쟁이 치열하다. 위험성도 크다. 만약 실패한다면 기후위기를 벗어날 유망한 해결책 하나가 완전히 사라지는 셈이다. 그러나 만약 성공을 거둔다면 혁명의 시작일 수 있다.

차례

서식

01

2018년 어느 화창한 오후. 나는 펜과 노트패드를 옆으로 치웠다. 저스트 본사에 있는 음식 연구소에 앉아 테이블에 맞춰 의자 높이를 조정하며 주변을 둘러봤다. 나는 인류의 음식 문화에 혁명적 도화선이 될지도 모를 무언가를 기다리는 참이었다. 무수한 화제를 일으켰지만 직접 본 사람은 드물었고, 맛까지 본 사람은 거의 없었다.

이 회사는 샌프란시스코의 미션 지구Mission District 중심부에 위치한 16번가와 폴섬Folsom 거리 모퉁이에 있다. 건물은 2층 높이로, 부지 면적은 약 9,100제곱미터에 달한다. 부지 전체가 핑크빛이 도는 베이지색 벽으로 둘러싸여 있다. 한때 조지프 슈미트 초콜릿 사탕 공장이었다가 이후 디즈니 픽사 스튜디오가 머물렀던 자리다. 저스트는 건물이 지나온 역사인 음식 제조와 첨단 과학기술을 결합한 셈이다. 백 명이 넘는 직원이 날마다 이곳으로 출근한다. 그들이 지나는, 우윳빛 유리로 된 정문의 황금색 테두리는 세월의 흔적으로 얼룩져 있다. 입구에서 한 줄로 이어진 검은색 계단을 내려가 카펫

이 깔린 복도로 들어섰다. 곧이어 탄산수 라크루아La Croix 등이 구비된 회사 휴게실을 지나 마침내 동굴 같은 회사 중심부로 들어갔다. 매끄러운 콘크리트 바닥에 벽은 새하얗고, 연구실 가운데에는 긴 나무 책상 10여 개가 줄지어 놓여 있었다. 유리창에서 자연광이 부드럽게 흘러들었다.

팀을 이룬 과학자들은 값비싼 연구 장비를 이용하여 식물조직 연구에 열중하고 있었다. 극소 단위의 세포를 탐구해 새로운 형태의 식품을 만들 특별한 방법을 찾는 중이었다. 어떤 식물단백질을 유화제로 쓸 수 있을까? 어느 것이 가열 조리 가전의 열기를 견딜 수 있을까? 연구실 한쪽에 있는 커다란 투명 부스 안에서 로봇 팔 대여섯 개가 앞뒤로 회전하며 갖가지 식자재를 분석하고 있었다. 저스트가 연구에 도움이 되기를 기대하며 전 세계에서 수집한 다양한 식물을 분류하고 시험하는 작업 중이었다.

내가 앉은 자리에서 멀지 않은 연구실 한가운데에는 소파가 이리저리 놓여 있고, 개 여러 마리가 그중 한 소파를 차지했다. 직원들은 정해진 날에 반려견을 동반하여 출근할 수 있고, 개들은 회사의 본부 건물을 내키는 대로 쏘다녔다. 저스트에는 항상 개들이 눈에 띈다.

이곳에서 시식할 음식에 대해서는 물론 이미 들어봤다. 마크 포스트 박사가 직접 만든 버거 패티를 공개한 지 겨우 5년이 흘렀을 뿐이다. 그동안 그리 어렵지 않게 이런저런 세포배양육 사진을 찾아서 보았지만, 전 세계 육류산업을 담당하는 기자인 나조차도 실제 세포배양육 모습을 볼 기회는 없었다. 물론 맛을 본다는 것은 더더욱 쉽지 않은 일이었다.

음식은 작고 하얀 접시 위에 놓여 있었다. 푸른 채소와 잘 구운 빵을 보기 좋게 곁들였다. 나는 내 앞에 놓인 접시를 한동안 바라만 봤다.

"아직까지 이 청정육clean meat을 맛본 사람의 수가 우주로 올라간 이들의 수보다 훨씬 적습니다." 그가 내게 말했다. 당시 우주에 가본 사람은 500명이 조금 넘었다. 오직 수십여 명만이 동물 세포로 길러낸 고기를 맛봤다는 뜻이었다. 나 또한 그 특별한 숫자에 들어가려는 찰나였다.

호기심 가득한 눈으로 접시를 바라보며 연구원의 말을 되뇌었다. "우주에 가본 사람이 더 많다. 우주로 올라간 사람이. 우주로…."

한 손에 빵 조각 하나를 올리고 다른 손으로 작은 버터 나이프를 집어 오늘의 메인 요리, 황금빛이 도는 베이지색 페이스트paste•를 덜어냈다. 켄터키주 루이빌Louisville에서 보낸 학창 시절, 급식에서는 절대 맛볼 수 없던 요리가 파테pâté••였다. 그러니 그 맛을 알 리가 없었다.

나는 지금 준비가 된 걸까? 빵에 페이스트를 펴 바르면서 궁금했다. 이때까지 맛본 고기는 모두, 아마도 지금 이 글을 읽는 여러분처럼 한때는 살아 숨 쉬던 생명체였다. 이 특별한 요리는 오리 세포로 만들었다. 세포배양육을 생산하는 많은 회사는 처음엔 조류를 선택

• 생선, 고기, 토마토 등을 갈거나 으깨 만든 것으로, 주로 빵에 발라 먹거나 소스를 만드는 데 재료로 씀.

•• 페이스트리 반죽으로 만든 파이지 안에 고기, 생선, 채소 등을 갈아 만든 소를 채운 뒤 오븐에 구운 프랑스 요리.

한다. 조류 세포는 포유류 세포보다 가소성可塑性*이 좀 더 좋아서[1] 배양 환경에서 더 잘 자란다. 포유류 세포는 배양 환경에 순응시키기가 비교적 어렵다. 그리고 건강한 근육 줄기세포를 구해야 하므로 어린 개체로 대상을 한정해야 한다. 그러나 조류는 나이 든 개체의 근육 줄기세포라도 연구실 환경에서 잘 자란다.

빵 조각을 입으로 가져가 한입 베어 물었다. 한참을 씹으면서 맛보고 판단했다. 부드러웠고 뒷맛은 풍부했다. 내 눈과 입, 코는 본능적으로 지금 먹는 것을 고기로 인식했다. 하지만 뇌에서 빛의 속도로 신호를 주고받는 시냅스는 단 한 가지 생각만 떠올렸다. **이것은 세포일 뿐!**

크림색 가운을 입은 남자 중에 식품 엔지니어로 고용된 전문 요리사가 있었다. 그는 내 얼굴을 보며 반응을 살폈다. 이름은 토머스 보먼Thomas Bowman으로, 미슐랭에서 인정받은 실력자였다. 당시 그는 저스트의 '테스트 키친'에서 상품 개발을 이끌었다. 간단히 말해, 연구실에서 만들어낸 세포배양육 제품을 실제 소비자가 어떻게 요리해서 먹을지, 레시피 표본을 예시하는 업무를 책임지고 있었다.

나는 다시 몸을 앞으로 기울여 얇게 자른 두 번째 빵에 페이스트를 더 많이 펴 발랐다. 씹는 동안 마음속에서 차가운 논리와 의심적은 감정이 치열한 줄다리기를 펼쳤다. 물론 우리가 먹는 모든 것은 결국 세포 덩어리다. 껍질을 벗겨 먹는 바나나, 소금을 뿌려 먹는 스테이크, 굽거나 쪄서 먹는 감자 등, 따지고 보면 모두 세포 덩어리다.

• 　특정한 환경 요인에 영향을 받아 유전자형이 변화하는 성질.

하지만 당시 나는 내가 삼키는 것이 어쩐지 외계인의 음식처럼 느껴졌다. 앞에 놓인 페이스트는 수십 년간 이어온 과학적 노력의 결과였고, SF 소설의 소재이기도 했다. 과학자와 활동가의 시각에서는 꿈의 산물이었다. 거위 몸속에 있는 간을 괴롭히지 않고, 실리콘밸리의 연구실에서 길러낸 푸아그라였다.

그때의 경험은 비현실적으로 느껴지는 동시에 강렬한 감정을 불러일으켰다. 그 뒤로 계속 취재하면서 내가 빵에 펴 바른 페이스트에 전 지구적으로 중대하고 커다란 의미가 있다는 사실을 알게 됐다. 현대의 식품 공급체계가 지닌 여러 비윤리적 문제를 해소할, 올바른 방안을 찾는 음식 운동의 서막일 수도 있다. 동물 세포를 채집해 산업용 바이오리액터bioreactor* 내부에서 지방과 근육을 지닌 조직으로 키워내는 방식이라니. 50만 년 넘게 먹어온 고기를 만들어내는 법을 알아낸 것이다.

과학자들은 해마다 동물 수십억 마리를 학살하지 않고, 온난화를 부추기는 기업형 동물농장 시스템을 너무 늦지 않은 시점에 없앨 수 있기를 소망한다. 그들은 기업형 동물농장에서 발생하는 온실가스가 지구에서 발생하는 온실가스 배출량의 14퍼센트를 차지한다는 연구 결과에 동의한다.

우리가 기업형 동물농장 시스템의 해악을 완전히 이해하기란 무척 어렵다. 많은 과학자가 기업형 동물농장 시스템이 환경에 미치는

---

* 생물의 체내에서 일어나는 생화학적 반응 프로세스를 인공적으로 재현하는 시스템.

영향을 정확히 측정하려고 시도했으나, 어김없이 연구의 동기를 의심하고 조사 방법을 비난하는 맹렬한 비평가를 맞닥뜨렸다. 비평 내용은 주로 이랬다. 동물 한 마리의 생애주기 데이터를 부풀려 특정 분야를 분석한 것은 아닌가? 소나 돼지, 닭, 그 밖의 동물을 키우기 위한 곡물 사료를 재배하고 관리하고 운송하는 에너지와 관련된 데이터를 고려했는가? 사료용 들판을 만들기 위해 벌채하는 삼림[2]은 어떻게 고려했는가? 배설물에서 발생하는 아산화질소로 인한 수질 오염의 장기적 충격을 어떻게 계산했는가?

세포배양육 분야에서 일하는 사람들은 관련 논의가 활성화되면 기업형 동물농장 시스템이 야기하는 해악을 줄일 수 있으리라 기대한다. 인류의 터전과 생활방식을 무너뜨릴 수 있으며 이미 위력을 보이는 기후위기가 파멸로 몰아가는 행성의 발걸음을 되돌릴 수 있다는 믿음이다.

2006년 유엔식량농업기구는 지구의 온실가스 총배출량 가운데 기업형 동물농장 시스템에서 나오는 온실가스 비중을 18퍼센트로 추정한다는 아주 중요한 보고서를 발표했다. 모든 차량과 선박, 기차, 온 세계를 누비는 비행기가 내뿜는 양보다 더 많은 수치다. 보고서는 전 세계 인간 활동에 기반한 이산화탄소 배출량의 9퍼센트가 기업형 동물농장 시스템과 관련 있다고 밝혔다. 메탄 배출량의 37퍼센트, 아산화질소 배출량의 65퍼센트(대부분 소의 거름[3]에서 나오는)도 해당된다고 덧붙였다.

보고서에 많은 관심이 쏟아졌고 기업인과 활동가 사이에 연쇄반응이 나타났다. 하지만 곧 업계의 공격이 잇따르자 그때부터 과학자들은 다른 각도로 접근하는 보고서[4]를 발표했다.

　이들은 기업형 동물농장 시스템과 관련된 온실가스 전체 배출량에서 각각 41퍼센트, 20퍼센트를 차지한 소고기 업계와 유제품 업계에 가장 크게 주목했다. 돼지고기 업계는 배출량의 9퍼센트, 닭고기 업계와 달걀 업계는 약 8퍼센트[5]로 조사되었다. 소는 네 개의 위胃를 거쳐 음식을 발효시키는 소화 과정에서 메탄가스를 많이 만들어내 폐해가 더 크다. 메탄은 일단 대기로 방출되면 탄소의 대략 20배에 달하는 온난화 효과[6]를 미친다.

　약 500킬로그램인 소 한 마리가 매년 얼마나 많은 메탄을 배출하는지에 대해서는 전적으로 무엇을 먹이는가에 따라 달라지지만, 과학자들은 대략 100킬로그램의 메탄[7]을 배출한다고 인용한다. 차 한 대가 가솔린을 870리터 이상 연소할 때 발생하는 양이다.

　이런 데이터를 접하면 갑자기, 고기를 만드는 다른 방법을 정말로 찾아야 한다는 당위성을 더 크게 느낄 수밖에 없다.

　기업형 동물농장 운영은 요샛말로 '가성비'가 좋지 않다는 태생적 한계도 있다. 소고기 약 450그램을 생산하려면[8] 사료 2.7킬로그램이 있어야 한다. 돼지고기 500그램 생산에는 약 1.6킬로그램, 닭고기 500그램에는 약 900그램의 사료가 필요하다. 기업형 동물농장은 광대한 옥수수와 콩밭에서 재배하는 식물단백질에 의존한다. 동물에게 먹이면 다시 순환한다지만, 도축하여 생산한 고기 양이 사료 양에 비해 너무 적다. 물론, 식물단백질은 동물단백질과 영양 성분이 다르다. 하지만 이 수치의 차이는 지구라는 행성에서 식생활을 지속적으로 이어가기 위해서는 고기 소비를 줄여야 한다는,

설득력 있는 암시가 느껴지는 차이다. 특히 2050년에 이르면 지구 상에 먹여 살려야 할 입의 숫자가 100억 명에 육박한다고 하니, 이처럼 인구가 증가하는 현실에서는 더욱 그러하다. 환경 파괴를 줄여 지구의 지속가능성을 높여야 한다는 당연한 이유도 고기를 포기해야 하는 강력한 동기로 작용한다.

동물복지도 중요한 이유다. 닭과 돼지를 키우는 농장은 갈수록 대형화되고 폐쇄적으로 운영되고 있다. 규모 축소나 투명한 운영과는 거리가 멀다. 미 농무부가 수집한 데이터를 보면, 미국 전체 농장 수는 1935년 680만 개에서 2016년 206만 개 이하[9]로 줄어들었다. 가족농장에 불어닥친 엄청난 합병 및 대형화라는 회오리바람이 만든 결과다. 감소 폭이 거의 70퍼센트에 달한다. 미 농무부의 데이터에 따르면 미국의 낙농 가축 또한 지난 90년간 대략 60퍼센트가 줄어든 상황[10]이다. 인류가 이래저래 갖은 수단을 동원해 소 한 마리당 400퍼센트 넘게 더 많은 유지방을 생산한 탓이다. 수산업은 여전히 세계에서 가장 열악하면서도 규제받지 않는 상태로 남아 있다. 우리는 지구의 전체 어류 가운데 상당수를 고갈시켰다. 연간 대략 1조 마리 이상[11]이 희생된다. 게다가 어업은 가혹한 노동 환경[12]에 의존한다.

보먼이 내 앞에 다른 접시를 내려놓았다. 친숙한 타코[•]였다. 옥수수 토르티야 두 장에 향신료로 쓰는 고수와 우표 크기만 한 오리 초

[•]   밀가루나 옥수숫가루 반죽을 얇게 편 뒤 살짝 구워 만든 토르티야에 고기, 콩, 채소 등을 싸서 먹는 멕시코 음식.

리소chorizo•를 올렸다. 페이스트에 쓰인 고기와 같은 배양 접시에서 자란 것이었다. 나는 마치 감독관이 되어 흠결을 찾는 양 고개를 기울여, 테이블과 같은 눈높이에서 비스듬히 접시를 바라봤다. 허공에 집게손가락을 세우며 '비슷하긴 하지만 고기가 약간 고무처럼 보이는군요'라고 말하는 내 모습을 상상했다.

하지만 당연히, 그런 말은 하지 않았다. 같은 요리가 레스토랑에서 나왔다면 구별하지 못했을 것이다. 양념한 초리소는 예상한 맛 그대로였다. 저스트가 위치한 유서 깊은 라틴계 미션 지구의 타코 가판대에서 맛볼 수 있는 풍부한 육즙을 그대로 느꼈다. 가판대의 타코, 초리소와 별다른 차이를 발견할 수 없었다.

그렇다면 우리는 준비된 걸까? 궁금했다.

조시 테트릭은, 잠시 멈춰서 눈을 가늘게 뜨고 바라보게 되는 유형의 사람이었다. 그의 갈망이 뿜어져 나와 궁금증과 당혹감을 느끼게 되었다. 이런 인상은 그가 업무를 처리하는 방식에서도 그대로 드러났다.

2011년 12월, 테트릭은 학창 시절 절친했던 친구이자 비건 활동가인 조시 보크Josh Balk와 함께 회사를 설립했다. 초기 회사의 이름은 '햄프턴크릭Hampton Creek'이었다가 이후 현재의 의미심장한 이름인 '저스트'로 바뀌었다. 회사의 목표는 간명했다. 식물성 액상 달걀을 만들어 산란계산업을 구시대의 유물로 만드는 것이었다.

• 스페인이나 라틴아메리카에서 주로 먹는 고추 등으로 만든 양념을 많이 한 반건조 소시지.

목표한 제품의 올바른 레시피를 최종적으로 알아내기까지 예상보다 오랜 시간이 걸렸다. 하지만 그사이에 테트릭은 오늘날 세계 대형 식료품점에서 볼 수 있는 비건 소스와 쿠키 반죽 등의 제품 라인을 성공적으로 만들어내면서 자신과 회사의 이름을 알렸다. 이런 과정을 거쳐 차고에서 시작한 회사를 실리콘밸리 식품 회사 가운데 처음이자 지금도 몇 안 되는 유니콘 기업*으로 키워냈다.

비건 소스와 쿠키 반죽, 식물성 액상 달걀 등의 제품은 큰 이윤을 발생시켰고, 이는 저스트의 경영에 도움이 됐지만, 테트릭이 묘사한 "동물의 고통 위에 세워진 비열하면서도 견고한 시스템"인 기존 식품 업계에는 조그만 흠집조차 내지 못했다. 회사 문을 연 뒤로 3년의 세월을 떠들썩하게 보낸 그는 마침내 치열한 세포배양육 경쟁에 뛰어들겠다고 선언했다. 그뿐 아니라 누구든 일상에서 언제든 살 수 있도록 최초로 세포배양육 제품을 시장에 내놓는 회사가 되겠다는 계획도 발표했다.

내가 캘리포니아 연구실을 찾아온 이유도 바로 그 때문이었다. 그의 목표와 동기, 이 새로운 음식이 인류의 식생활 문화에 어떤 의미가 있는지 알아보기 위해서였다.

테트릭은 연구실 가운데에 앉아 있곤 했다. 그는 좀처럼 책상 앞에 앉지 않았다. 그 대신 연구실 안에 놓인 여러 개의 소파를 옮겨 다녔다. 발치에는 충성스러운 반려견 엘리가 누워서 주인을 바라봤다. '엘리'는 루마니아 출신인 미국의 유대인 작가 엘리 위젤Elie Wiesel의

• 기업 가치가 10억 달러 이상인 스타트업.

이름에서 따왔다. 테트릭이 연구실 이곳저곳을 부산스럽게 돌아다니면 엘리는 꼬리를 살랑살랑 흔들며 그 뒤를 믿음직스럽게 따라다녔다.

테트릭의 헝클어진 머리와 날카로운 코는, 커다란 덩치가 아니었다면 마치 참새 같다는 인상을 자아냈을 것이다. 그는 183센티미터 조금 넘는 키에 근육질로, 고등학교와 대학교 축구선수 시절의 모습이 어렴풋하게 남아 있었다. 그는 경쟁사 CEO들과 달리 과학계와 관련된 배경이 전혀 없었다. 영양학 관련 사업이나 경영해본 경험도 전혀 없을뿐더러 그런 교육을 받은 적도 없었다. 테트릭은 사실 훈련된 변호사이자 열성적인 활동가였다. 식품과학을 새로운 고지로 끌어올리려는 회사에서 만나리라고는 예상하지 못할 유형이었다. 여러 면에서 이 업계에 어울리는 사람이 아니었다. 당장 오늘이라도 실리콘밸리 푸드테크 스타트업 관련 투자자나 기업가를 만나 얘기를 나눌 기회가 있다면 '테트릭'이라는 이름이 나올 때마다 종종 짜증과 함께 신음을 들을 확률도 있다.

그는 마케팅 전문가였다. 얄팍한 과학적 배경지식으로 비좁은 식품 업계에서 어떻게든 정상까지 길을 찾아냈다. 아무리 가혹한 비평가라도 그의 성공을 부정할 수는 없다. 그리고 확실한 한 가지, 그는 말을 무척 잘한다.

"가장 간단하게 말하자면, 현재 인류가 먹는 음식은 형편없어요." 테트릭이 입을 열었다. 아주 빠르고 자신 있는 말투로 봐서, 분명 처음 내뱉는 말은 아니었다.

"동물을 해치니까, 환경을 오염시키니까, 먹는 이의 몸마저 망치니까, 형편없다는 겁니다. 그런 형편없는 음식을 만들지 말자는 겁니다. 말하자면 음식에서 동물을 배제하자는 거죠."

테트릭의 발언이 과격하게 느껴질 수도 있지만 업계 사람들의 생각도 비슷하다. 2019년 9월 개최된 기후변화 관련 유엔총회에서, 전 세계에서 손꼽히는 식품 회사인 다논Danone의 회장 에마뉘엘 파베르Emmanuel Faber는 유명 기업인으로서는 좀처럼 하지 않을 법한 이야기를 털어놨다.

"지난 세기에 우리가 쌓아 올린 식품 시스템은 이제 막다른 길에 접어들었습니다."

막다른 곳에 다다른 식품 업계가 최근 새로운 스타트업에 자리를 내주는 현상은 고무적이다. 많은 스타트업이 기존 시스템을 깨부수며 소비자의 시선을 끌기 위해 분투한다.

특히 미국 시장은 이미 식물을 이용해 기존 고기를 대체하는 상품에 익숙해졌다. 비욘드미트와 임파서블푸즈는 확실히 대체육 시장의 선두주자이며, 소비자의 뜨거운 반응을 끌어냈다. 이들의 제품이 영양학적으로도 완전할지는 의문이 남아 있다. 예컨대 임파서블푸즈의 버거 패티 한 장에는 성인 기준 하루 나트륨 권장량의 16퍼센트가 들어 있다. 반면 기존 고기 패티의 나트륨 함유량은 대략 1퍼센트다.

내가 가장 흥미롭게 느끼는 음식인, 제스트의 세포배양육 제품은 다른 식물성 대체육보다 훨씬 경이롭다. 세포배양육 회사들은 자사 제품이 실제 고기와 영양 성분이 같을 뿐만 아니라 환경에도 더 좋다고 장담한다. 더불어 세포배양 식품은 우리가 아직 상상하지 못하는 새로운 형태의 음식으로, 고기 말고도 다양하게 확장할 수 있다. 클라라푸즈Clara Foods는 아예 살아 있는 닭 없이 달걀흰자를 만드는 회사다. 퍼펙트데이Perfect Day는 오직 실제 우유에서만 구할 수 있는 것과 동일한 유청 단백질, 카세인casein*을 만들기 위해 작은 효모를 제련한다. 버클리에 위치한 와일드어스Wild Earth는 고양이를 위한 쥐 고기를 만들겠다며 쥐 세포를 배양하는 실험을 했다. 물론 이런 회사는 부상 중인 푸드테크 업계에서 소수에 속한다.

이 분야에서 일하는 몇몇 과학자는 단언한다. 농업혁명이나 산업혁명처럼, 앞으로 음식을 얻는 방식의 혁명[13]은 세포농업cellular agriculture일 것이라고. 그리고 발효 작용이 치즈나 요구르트, 맥주를 만들 수 있는 문을 열었듯, 세포배양이 새로운 형태의 식품을 생산하는 관문이 될 것이라고.

내가 관심 있는 세포배양육 회사는 아홉 곳이다. 모두 세포를 배양한 육고기와 생선살을 현실화하는 도전에 앞장서고 있다. 그리고 이 새로운 음식을 먼저 시장에 내놓기 위해 치열하게 경쟁한다. 네 곳은 실리콘밸리에, 세 곳은 이스라엘에, 한 곳은 네덜란드에, 또 한 곳은 일본에 위치한다.

이 스타트업들은 영향력 있는 여러 억만장자의 관심을 끌어 투자금을 산처럼 쌓았다. 더구나 세계적 규모인 식품 회사의 도움까지 받으면서 지난 10년간 경이로운 행보를 보였다. 기술을 발전시켜

• 단순 단백질에 인산이 결합된 인단백질의 일종으로, 포유류 젖에 있는 단백질의 약 80퍼센트를 차지함.

SF 영화 속 장면을 현실로 바꿔놓았다. 이제는 가격 경쟁력을 갖추는 지점까지 빠르게 접근하고 있다. 2019년 10월 테트릭은 저스트에서 만든 세포배양 치킨너깃의 생산단가를 개당 50달러 또는 500그램당 1,000달러까지 낮췄다고 밝혔다. 처음 듣는 사람은 헛웃음을 터뜨릴 정도로 여전히 비싸지만, 불과 6년 전 세포배양육 생산단가가 500그램당 120만 달러였다는 사실을 고려하면 이 회사들이 얼마나 빠르게 비용을 낮춰왔는지를 알 수 있다. 과학기술 분야에서 다른 회사와 치열하게 경쟁 중인 저스트는 다른 경쟁사에 없는 장점이 있다. 다른 회사 대부분은 아직 연구 단계이지만 저스트는 이미 전 세계에 소매점과 공급망을 구축하여 운영하는 식품 회사라는 사실이다. 제품을 출시할 준비를 마치면 분명 저스트의 경쟁력이 상당할 것이다.

세포배양육은 과학자들이 수십 년 동안 연구해온 주제다. 업계 사람들은 종종 전 영국 총리 윈스턴 처칠이 했던 말을 빌려 이 일의 비전을 이야기한다. 처칠은 1932년 3월, 잡지 〈파퓰러 메카닉스Popular Mechanics〉 기고문[14]에서 낙관적인 전망을 제시했다. "앞으로 50년이 지나면 우리는 날개와 가슴살을 먹기 위해 닭을 통째로 기르는 바보 같은 짓을 할 필요 없이 적절한 도구로 각 부위를 키워낼 수 있을 것이다."

인류는 처칠의 비전을 수십 년 동안 실현하지 못하다가 마침내 현실화 단계에 이르렀다. 하지만 이 새로운 음식을 실현하려는 벤처캐피털과 CEO, 활동가에 따르면 세포배양육을 지금 당장 완성해 시장에 선보이기는 힘들다.

전 지구적 문제를 벗어날 해답이 될 푸드테크의 여명이 밝아오고 있다. 저스트를 포함한, 소수의 새로운 식품 회사가 우리 삶에 끼어들기 위해 속도를 내고 있다. 절제된 움직임으로 크기를 알 수 없는 수익을 향해 나아가는 중이다. 세포배양육을 만드는 회사들은 2011년 옥스퍼드대학교의 연구[15] 데이터 추정치를 종종 인용한다. 이들 회사는 현재 농업 시스템으로 고기와 유제품을 생산할 때보다 45퍼센트 적은 에너지를 사용하고, 온실가스 배출을 96퍼센트까지 낮춘다. 토지는 기존 사용량의 99퍼센트, 물은 96퍼센트를 줄일 수 있다. 이 기술이 얼마나 친환경적일지는, 아직 누구도 알지 못한다. 하지만 지구를 위한 게임 체인저*가 되리라는 데 대체로 이견이 없다.

현재 인류는 해마다 고기에 7,500억 달러, 유제품에 3,300억 달러를 소비한다. 이들 스타트업의 기본 아이디어는 시장을 점유할 가능성이 충분하다. 식품과 농업 분야에서 세계 최고 금융기관인 라보은행Rabobank의 애널리스트들은 시장 점유율을 5퍼센트까지만 끌어올린다면 기존 시스템을 분열시킬 수 있다고 말한다.

하지만 세계 육류 업계는 한결같이 새로운 시장 참여자를 허용해줄 마음이 전혀 없다. 특히 미국의 소고기 업계는 실리콘밸리의 첨단 기술자들을 결코 인정할 생각 없이, 적극 맞서 싸우고 있다. 돼지와 닭, 소를 길러 고기를 생산하는 목축업자들은 세포배양육과 관련된 규제를 만들라며 워싱턴에 강력한 로비로 정치권에 영향력을 행

---

* 판도나 결과를 뒤바꿀 만큼 중요한 인물이나 사건.

사한다.[16] 그들은 변함없이 세포배양육을 '가짜 고기fake meat'라고 부르며 쓰레기 취급한다.

처음에 세포배양육은 기술의 한계에 부딪혀 시장에 진입하지 못했다. 생산 비용이 너무 많이 들어 전통적인 식품과 경쟁하기에 역부족이었다. 하지만 기술을 개발하여 품질을 향상시키자, 시장 진입을 막는 강력한 장벽이 새롭게 바뀌었다. 이제는 정부의 규제가 주된 장애물이 되어 테트릭 같은 선구자가 세포배양육을 세계 소비자의 식탁 위에 올려놓지 못하게 막고 있다.

나는 앞에 놓인 접시를 바라봤다. 고수 잎사귀 두 장만 남은 빈 접시다. 시식을 한 뒤 일어나자 한 가지 생각이 맴돌았다. 2018년 가을, 앨라배마에서 태어나 필라델피아에서 자란 비건 활동가인 조시라는 남자는 음식 문화를 바꾸기 위해 나섰다. 지저분한 머리에 면도날같이 날카로운 눈빛을 지닌 그는, 정장 차림은커녕 매너 좋은 사람이 되는 데도 별로 관심이 없어 보였다. 그는 지금까지 불가능하다고 여겨진 과업을 이루기 위해 세계를 반 바퀴 도는 장거리 비행을 계획했다. 시장을 나눌 마음이 전혀 없는 기존 식품 업계의 강력한 힘과, 수천 년 동안 발전해온 식문화 전통에 맞설 생각이었다. 이제 내 머릿속 가장 깊은 곳에는 답을 알 수 없는 질문 하나가 떠올랐다. 아마 지금 이 순간 인류 대부분이 떠올린 물음도 이것이리라.

그는 진정 죽음 없는 육식을 탄생시킬 준비가 되었을까?

대부

02

윌리엄 깁슨William Gibson의 1984년 소설《뉴로맨서Neuromancer》에서 사이보그인 몰리는 누군가의 접시에서 스테이크 한 조각을 인정사정없이 낚아챈다. 그리고 스테이크를 만드는 데 온전한 동물을 몇 년 동안 키운 다음 죽이는 희생이 뒤따른다며, 접시에 있는 고기가 그냥 "공장육vat stuff"[1]이 아니라고 말한다.

마거릿 애트우드Margaret Atwood는 2003년 작품《오릭스와 크레이크》에서 섬뜩한 미래 음식 '치키놉ChickieNob'[2]을 소개한다. 치키놉은 머리도 부리도 없이 살아 있는 닭이다. 기이한 이 생명체는 20개의 닭가슴살을 살찌울 때까지 키워진다.

세포배양육 회사들이 실제 내놓을 식품이 깁슨과 애트우드의 소설이 보여주는 미래 식품과 얼마나 거리가 있을지는 시간이 지나야 알 수 있다. 깁슨의 소설에 나오는 "공장육"은 신생 스타트업들이 현실화하기를 열망하는 새로운 고기와 크게 다르지 않다.

후드티를 입은 천재 과학자 무리가 실리콘밸리의 좁은 연구실에서 갑자기 탄생시킨, SF 영화에 나오는 소재쯤으로 세포배양육을 오해하는 사람이 많다. 사실 배양육을 시장에 내놓으려는 과학자의 노력은 수십 년간 계속 있었다. 애트우드와 깁슨이 소설에서 상상의 나래를 펼치기 훨씬 이전부터 말이다.

이 움직임의 중심에 빌럼 판 엘런Willem van Eelen이라는 중요한 인물이 있다. 2015년에 세상을 떠난 그는 네덜란드의 의사이자 기업가로, 여전히 이 분야의 과학자들에게 '세포배양육의 아버지'로 여겨진다. 그는 과학계가 배양육 아이디어를 받아들여야 한다고 주장하며 무던히 애썼고, 때로는 신랄하게 공격적인 태도로 밀어붙였다. 그의 완강한 추진력은 개인적 경험에서 비롯됐다. 청년 시절, 고향에서 수천 킬로미터 떨어진 곳에서 절망에 빠진 순간에 마음속 깊이 새긴 개념이었다.

빌럼은 철저한 실용주의자였다. 세포배양육이라는 개념을 생각해낸 주된 목적은 기아 문제를 해결하기 위해서였다. 이 같은 개념을 떠올린 데는 자연과 치열하게 싸워온 네덜란드의 역사가 한몫했다. 수백 년 전, 네덜란드 사람들은 홍수를 막으려 둑과 운하 시스템을 구축했다. 빌럼의 일생 대부분도 역시 치열한 싸움으로 가득했다.

빌럼 판 엘런은 1923년 7월 4일 식민지 인도네시아에서 네덜란드인 헤라르트 판 엘런Gerard van Eelen과 카롤리네 판 엘런Caroline van Eelen 슬하에서 태어났다. 어머니 카롤리네는 재능 있는 피아니스트로 종종 콘서트를 열었고, 아버지 헤라르트는 루터교 전도사로 처음에는 인도네시아 외딴 마을에 교회를 세우고 주민들을 개종시키는 데 관심을 쏟았다. 그러다 인도네시아에 나병 환자촌을 세우고 운영하였는데, 그 공로를 인정받아 마침내 적십자의 고위 관료가됐다. 빌럼은 4남매의 막내로, 누나 한 명과 형 둘이 있었다. 그의딸, 아이라 판 엘런Ira van Eelen에 따르면 그는 스스로 정한 기준에 부합하는 삶을 살기 위해 평생 노력했다.

나는 암스테르담에 있는 아이라 판 엘런의 집을 방문했다. 아이라는 10대 아들, 남편과 함께 그림 같은 도시의 동쪽 운하에 정박한선상 가옥에서 살고 있었다. 직접 디자인하여 새로 단장한 집이었다. 커다란 천창과 여러 개의 선창船窓을 통해 쏟아진 햇살이 잘 정돈된 주방과 거실을 따스하게 비췄다. 아이라는 주방에 있는 아일랜드 식탁 앞에 앉았다. 배가 흔들리자 그녀 위로 달린 두 개의 조명 불빛이 부드럽게 일렁였다.

"세포배양육은 여기서 시작됐어요." 아이라가 식탁 위로 흑백 사진을 건네며 말했다. 그녀의 아버지가 소년 시절에 두 형과 아버지와 함께 찍은 사진이었다. 그녀는 금발을 귀 뒤로 쓸어 넘기면서 금테 안경 너머로 사진을 내려다봤다. 곧 손가락으로 왼쪽부터 오른쪽까지 짚어가며 가족사를 이야기했다.

빌럼 판 엘런의 형 한 명은 노르웨이 북부 외딴곳에서 은둔하며의사로 일했다. 다른 형은 모델이 됐고 분재를 키우며 살았다. 두 형은 어린 시절 끊임없이 동생을 괴롭혔다. 그로 인해 빌럼은 자기표현 욕구가 더 강해졌다. 빌럼의 어머니 카롤리네와 누나 마리아는사진에 없었다. 아이라는 고모 마리아를 "뜨겁게 사랑하고, 말을 타고 전 세계를 누빈 사람"이라고 애정을 담아 표현했다. 마리아는 마침내 네덜란드에서의 평범한 삶을 벗어나 인도로 떠났다. 그곳에서 오쇼Osho(넷플릭스 다큐멘터리 〈오쇼 라즈니쉬의 문제적 유토피아Wild Wild Country〉의 주인공)라고 널리 알려진, 신비로우면서도 불가사의한 구루, 바그완 쉬리 라즈니쉬Bhagwan Shree Rajneesh의 문하로 들어갔다.

헤라르트 판 엘런은 40대 초반 무렵, 어린 자녀들을 데리고 인도네시아에서 네덜란드 서부로 이주했다. 가족이 그곳에서 머무는 짧은 기간에, 그는 튤립의 도시 레이던에서 의학 학위를 받기 위해 학업에 정진했다. 그가 학위를 마무리하자 가족들은 다시 인도네시아로 돌아갔다. 이번에는 자바 서쪽에 있는 화려한 도시 반둥Bandung으로 이주했고 아버지는 의사로 일했다. 가족들의 삶은 더 부유해졌다. 규칙적으로 테니스를 즐겼고(전용 구장이 있었다), 스위스 다보스로 겨울 스키 여행을 다녔으며, 아이들은 배를 타고 네덜란드의 엘리트 사립학교를 오갔다.

그들의 화려한 삶은 아돌프 히틀러가 이끄는 독일 나치의 살벌한 위협에 무너졌다. 열다섯 살이던 빌럼은 인도네시아에 있는 부모에게서 다급한 전보를 받았다. '최대한 빨리 아시아로 돌아오라'는 내용이었다. 유럽을 휩쓸 재앙에 그가 휘말리지 않도록 하기 위해서였다. 그가 인도네시아로 떠나는 마지막 배에 오르자 가족들은 마음을 놓았다. 곧이어 1940년 5월 10일 독일 군대가 네덜란드를 침공했다.

빌럼의 형들과 아버지는 적십자와 네덜란드 왕립 인도네시아 군대의 일원이 되어 참전했다. 빌럼은 아버지와 당시 연인에게 잘 보이고 싶은 마음에 군대에 자원하기로 결심했다. 그는 간신히 유럽을 벗어났지만, 일본군이 인도네시아를 점령하면서 그의 안전은 오래가지 못했다.

전쟁은 그에게 두 가지 상처를 남겼다. 첫째, 비행기가 날아드는 영화 속 장면을 보기가 힘들어졌다. 네덜란드 군인으로서 인도네시아에 있을 때, 그는 바다가 내려다보이는 산꼭대기에서 복무했다. 동료 병사들과 함께 거대한 대포를 담당하며 맹렬한 말벌처럼 윙윙거리며 네덜란드인 정착촌을 향해 날아드는 일본군 전투기를 감시하고 격추하는 임무를 맡았다. 나중에 그는 가족들에게 그때 느꼈던 공포를 털어놓으면서, 기관총 수천 발을 사격하자 대포 진지의 콘크리트 벽이 울렸고, 전우들은 폭격을 맞아 전사했다고 회상했다.

둘째, 음식과 관련된 트라우마였다. 독일군이 침공한 지 5일 만에 네덜란드 정부는 항복을 선언했다. 그로부터 2년이 지나지 않은 1942년 3월, 네덜란드는 공식적으로 일본에 항복했다. 인도네시아에 있던 빌럼과 그가 속한 부대는 깊은 정글 속으로 후퇴할 수밖에 없었다. 하지만 습한 정글은 일본군과 정면으로 마주치는 것만큼이나 위험하다는 사실을 깨달았다. 빌럼은 일본군의 전쟁포로가 됐다. 그는 당시 3년간 겪은 고통을 '일본 여행사Travel Agency Nippon에 끌려다닌 세월이었다'라고 비유했다. 일본군은 포로를 수천 명씩 자주 이동시켰다. 잔인하고 비인간적인 환경에서 육지를 개간하고 활주로를 건설하는 일을 시키며 섬에서 섬으로 옮겨 다니게 했다.

나중에 빌럼은 자녀들과 대화를 나누며, 포로 시절 겪은 배고픔이 인간성을 어떻게 파괴하는지를 들려줬다. 포로들은 두 부류로 나뉘었다. 아예 자제력을 잃은 쪽과 그나마 버티는 쪽이었다. 극심한 배고픔과 절망이 찾아오자 몇몇 포로는 본능에 굴복해 어떤 동물이든지 보이는 대로 찢어발겼다.

이 같은 경험을 한 빌럼에게 존엄성 훼손과 기아 문제를 속히 해결해야 한다는 긴박감이 숙제처럼 남았다. 반드시 해결해야 할 문제였다. 1948년 전쟁이 끝나자, 빌럼은 네덜란드로 돌아와 의대에 등록했다.

어느 날 오후, 그는 연구실을 둘러보다가 동물에게서 채취한 세포조직으로 무언가를 시도하는 과학자 무리를 보았다. 그들은 세포조직을 생존시켜 계속 자랄 수 있도록 실험하는 중이었다. 성공한다면 인간을 위한 장기를 배양할 가능성이 언젠가 열릴 터였다. 동료 학생들은 매혹되어 가만히 지켜봤지만, 빌럼의 머릿속에선 인간의 장기와는 아무 관련이 없는 주제가 맴돌았다. 그는 완전히 다른 질문을 떠올렸다. '세포조직을 키우듯 식품을 키워낼 수 있을까?'

이상한 생각은 아니었다. 의료 분야별로 갖가지 이유를 들어 각 연구실에서 세포를 키웠다. 세포배양은 현대 생물학과 의학의 기초로서, 에이즈와 암, 다른 여러 질병과 맞서 싸우기 위한 약과 생리학을 이해하는 도구로 쓰였다. 빌럼은 생각했다. '만약 배양 접시에서 장기를 키울 수 있다면 근육과 지방을 길러낼 수도 있지 않을까?' '고기를 기를 수 있다면 먹을 수도 있지 않을까?'

그는 머릿속에 영감이 스치던 순간을 딸에게 이렇게 말했다. "내가 본 것은 그저 고기 한 점이었다."

세포배양육의 개념을 떠올리긴 했지만 이를 현실적으로 설명해낼 수 있는 전문지식은 없었다. 그는 조급증을 억눌러가며 꿈을 실현하기 위해 인생 후반부 대부분을 과학적 재능과 자금을 모으는 데 썼다.

빌럼은 덩치가 컸다. 그가 나타나면 출입구가 꽉 찼다. 또 그는 배양육의 비전을 설명하기 위해 부유한 기업의 사무실을 기꺼이 방문했다. 초대받지 않아도 찾아갔다. 네덜란드에서 세포배양은 전적으로 의료 기술로 여겨졌기에 그의 아이디어를 제품으로 실현하도록 설득하는 일은 쉽지 않았다. 무척 느리게 진행되긴 했지만, 그가 자기 소명에 쏟아부은 헌신은 어느 정도 성과를 거두었다. 1990년대 초까지 빌럼이 소수의 투자자에게 투자받은 액수는 75만 달러에 달했다.

1997년, 그는 처음으로 육류 배양 처리와 관련된 몇 가지 특허를 출원했고, 1999년에 승인을 받았다. 몇 년이 지난 2002년, 그는 당시 사라리Sara Lee 식품 회사의 지사였던 미스터스테지먼 비브이Meester Stegeman BV와 파트너십을 맺고 과학자 컨소시엄을 형성했다. 그 과학자들 중 한 명이던 마크 포스트는 인상적인 연구로 세포배양육 운동의 주요 인사로 떠오른다.

이 무렵 빌럼은 비슷한 기술로 미국에서 특허를 출원한 사람의 이름을 우연히 알게 되었다. 호기심에 그 사람의 전화번호를 알아내 전화를 걸고는 초조하게 응답을 기다렸다. 한밤중에 다른 대륙에서 전화벨이 울리기 시작했다.[3] 로스앤젤레스에 사는 한 남자가 피곤함에 절어 잠에서 미처 깨지 못한 채 끊임없이 울리는 수화기를 집어 들었다. 시계를 올려다보니 자정이 훨씬 지난 시각이었다. 수화기로 들은 목소리는 굵은 톤의 독일어 억양 같았다고 나중에 그는 회상했다.

"존 웨인* 씨 맞나요?" 빌럼이 따지듯이 물었다.

"누구시죠?" 당황한 남자가 되물었다.

"내 이름은 빌럼이오. 아마도 우리는 최고의 친구가 되거나 최악의 적이 될 거요."

그는 최근 출원된 배양육 기술 관련 특허 서류에서 존 베인의 이름을 보고, 또 다른 열렬한 배양육 활동가를 발견했다고 생각한 것 같았다. 베인은 아티스트매니지먼트그룹Artist Management Group**의 최고운영책임자coo로, 이후 2016년 대선 경선 시기에 힐러리 클린턴의 국가재정위원회 소속으로 활동했다. 더불어 그는 미래 식품을 향한 열정을 품고 있었다.

자칭 "진정한 괴짜"인 베인은 법학과 공학 학위를 모두 보유했다. 그는 1980년대 당시 아무도 주목하지 않던 일련의 기사를 읽었다. 세계적 기아 문제, 기업형 동물농장 시스템이 환경에 미치는 영향, 조류 인플루엔자, 소 떼를 기를 방목장을 만들고자 벌채하는 산림, 조직 배양에 관한 내용이었다.

그에게는 이 모든 조각을 맞출 수 있는 혜안이 있었다. 그리고 배양육에 집착하듯 몰두했다. 만약 통제된 환경에서 고기를 배양할 수 있다면 기업형 동물농장의 모든 부정적 영향을 피할 수 있을 터였다.

---

* 정확한 이름은 존 베인Jon Vein이나 빌럼의 성격상 편한 대로 부른 듯함.
** 미국 유명 연예 기획사.

"당시 잘 알려진 조직 배양 전문가 두 명을 데려와 내 아이디어를 글로 옮기는 데 도움을 줄 수 있는지 물었습니다." 그가 말했다. 그때쯤 빌럼에게서 첫 전화를 받았다.

두 남자는 곧 친구가 되었다. 빌럼은 베인을 점점 신뢰했다. 베인에게 도움을 받으면 세포배양육을 현실화할 수 있으리라 믿었다. 나중에는 그들의 지식재산권을 더 굳건히 하기 위해 자기 특허를 베인에게 양도하기까지 했다. 그들은 과업과 관련된 학계 인사를 더 많이 끌어들이기 위해 금융가와 연구자에게 접근했다. 빌럼은 진척 속도가 너무 느리다고 여겼다.

당시 학계에서는 다른 일이 벌어지고 있었다. 2002년 뉴욕 투로 칼리지Touro College의 과학자 모리스 에런 벤저민슨Morris Aaron Benjamin-son은 금붕어의 근육조직을 배양 접시에서 키워내는 데 성공했다.[4] 나사NASA에서 연구비의 일부인 6만 2천 달러를 펀딩한 연구였다. 우주 비행선에 탑승한 승무원이 지구에서 달까지 가는 긴 우주 여행 동안 보급받을 수 있는 대체 음식을 연구하려는 목적이었다. 벤저민슨은 금붕어의 근육조직을 올리브 오일로 조리했다. 향신료로 맛을 낸 뒤 식용이 가능한지 결론을 내기 위해 찾아온 패널에게 내놓았다. 만약 이 음식을 실제 냉동 건조식품으로 실현한다면, 가장 도전을 즐기는 우주비행사조차도 지구로 돌아오는 날까지 우주선의 찬장 구석에 숨기고 싶은 메뉴가 될 터였다. 그러나 그 뒤로 나사는 벤저민슨의 연구를 다시는 지원하지 않았다.

그때가 2000년대 중반이었다. 세포배양육을 향한 투자자들의 관심은 뜨뜻미지근하고 열의가 없었다. 빌럼은 나이 들어가면서 쇠약

해졌다. 살아 있는 동안 자신의 노력이 결실을 보지 못할 것이 명확
해졌다. 그는 자주 우울해했다.

몇 년이 지난 2012년 5월 6일, 페타PETA*의 회장이자 설립자인 잉
그리드 뉴커크Ingrid Newkirk 는 기다리던 역사적 순간이 다가오자 〈뉴
욕타임스〉에 빌럼에게 보내는 작은 헌사[5]를 기고했다.

"이제 나는 곧 건강과 동물 학대, 환경 파괴에 대한 걱정이나 거
리낌 없이 다시 고기를 먹을 수 있을 것이다. 네덜란드 기업가 빌럼
판 엘런의 눈빛에 그저 한순간 번득였던 아이디어가 60년 뒤인 이
번 가을에 실제로 연구실에서 키워낸 햄버거로 구현되기 때문이다."

몇 달 뒤, 빌럼이 조직한 첫 번째 컨소시엄의 성공적인 초기 파트
너였던 마스트리흐트대학교의 마크 포스트 교수가 실험실에서 기
른 고기로 만든 햄버거를 런던에서 처음으로 공개했다. 총 네 개의
배양육을 만들었지만 오직 하나만 시식자에게 제공했다. 거의 근육
조직으로 이뤄진 버거 패티를 생산하는 데 들어간 비용은 33만 달
러 이상이었지만 이후 점점 줄었다.

당시 80대 후반이던 빌럼은 런던에서 열린 행사에 참석하지 못했
다. 그는 다음 날 신문에서 행사에 관한 기사를 읽고 버거 패티를 만
드는 데 소요된 높은 비용을 불만스러워했다. 딸인 아이라에 따르면
그는 그렇게 비쌀 필요가 없다고 생각했다. 이후 그는 기자에게서
전화를 받았는데 썩 기분 좋은 대화를 나누지는 못했다고 한다.

• 'People for the Ethical Treatment of Animals'의 약자 'PETA'로, 동물권을 지키
고 강화하기 위한 세계적 규모의 단체.

아이라는 아버지가 몹시 화를 냈다고 말했다. 연구를 진행할 자금이 바닥난 그는 포스트의 개별적 연구가 올바른 길로 갈지 확신하지 못했다. 자신이 변화를 만들기에는 시간이 얼마 남지 않았다는 사실도 알고 있었다.

빌럼은 좌절했지만, 런던 무대에서 세포배양육이 공개된 일은 그의 성공담으로 보인다. 전 세계를 향해 효과적인 비용으로 기아를 해결할 수 있는 친환경 기술에 주목해달라고 외치며 수십 년을 살았기에 가능했던 일이다.

2015년 빌럼 판 엘런은 91세의 나이로 세상을 떠났다. 그가 젊었을 때는 오늘날 같은 세포배양육과 관련한 스타트업이 하나도 존재하지 않았다. 지금은 30곳 이상의 회사가 배양육 제품을 생산하기 위해 기술과 비용 측면에서 속도를 내고 있다. 관련 업계 모두 그에게 빚진 셈이다. 포스트 역시 그와 함께 일했다. 멤피스미츠의 CEO 우마 발레티는 그의 글을 항상 곁에 두고 읽는다.

한 세대에서 다음 세대로 배턴이 이어지듯이, 원래의 꿈이 여전히 전진한다는 신호로서 테트릭은 식품의 미래를 재구성하기 위해 빌럼의 특허를 확보했다.

분자 기적

03

새로운 기술로 무장한 도전적인 스타트업 집단은 단 3년 만에 큰 폭으로 진보하며 세포배양육의 생산비용을 극적으로 떨어뜨렸다. 포스트의 33만 달러 버거 패티를 만드는 데 필요한 근육섬유 2만여 개를 배양할 때는 연구실 세 곳의 과학자들이 석 달간 매달렸다. 이 고기를 가판대에서 판매하면 500그램에 120만 달러를 받아야 한다는 뜻이다. 하지만 2017년 3월 멤피스미츠는 〈월스트리트저널〉과의 인터뷰에서 세포배양 닭고기의 가격을 500그램에 9천 달러까지 낮췄다고 밝혔다. 여전히 비싸지만, 단 몇 년 만에 비용이 기하급수적으로 줄었다. 2018년 9월 캘리포니아 버클리에서 열린 푸드테크 콘퍼런스에서 멤피스미츠의 CEO는 가격을 더 떨어뜨렸다고 발표했다. 이번에는 500그램당 1천 달러 이하였다. 2019년 초 본사가 이스라엘에 있는 알레프팜스는 배양 소고기를 500그램당 대략 100달러 선으로 생산할 수 있게 됐다고 언론에 밝혔다. 2019년 10월 테트릭은 저스트의 배양 치킨너깃의 생산비용이 개당 50달러라고 말했다. 같은 달, 이스라엘에 본사를 둔 퓨처미트테크놀로지스는 2022년엔 생산비용을 500그램당 10달러 선으로 낮춰 세포배양육의 시판하는 걸 목표로 한다고 밝혔다.

세포배양육을 만드는 데 이렇게 많은 비용이 드는 이유는 무엇일까? 고급 인력을 투입해야 하고 고기의 구성 성분이 까다롭기 때문이다. 단순하게 따져봐도 구성 성분에 세 가지 요소가 필요하다. 우선 당연히 세포가 있어야 하고, 세포를 키우기 위해 영양분이 풍부한 배양액과, 세포가 자랄 수 있는 조건이 완비된 멸균 바이오리액터가 있어야 한다.

세포를 배양한다는 개념 자체는 상당히 단순하다. 잘 갖춰진 환경에 세포 하나를 넣으면 그 세포는 자연 발생으로 많은 횟수를, 정말 여러 번 반복해서 분열하고 복제한다. 세포가 충분히 증식하면 조직tissue이라고 부르는, 눈에 보이는 덩어리가 생긴다. 우리가 먹는 고기 대부분은 주로 근육조직으로, 대략 물 75퍼센트, 단백질 20퍼센트, 지방 5퍼센트와 탄수화물 미량이 함유되어 있다.

세포 안에서 신비로운 세계가 소용돌이친다. 유전 코드가 담긴 줄 두 가닥으로 꼬여 프로그램된 세포가 주변 환경에 반응하도록 지시를 받는다. 단백질을 제조하고 에너지를 창출하며 피부, 뼈, 근육을 만든다. 그중에서도 특히 외부 침입자에게서 스스로를 보호하는 항체를 만든다.

그렇다면 저스트의 과학자들과 다른 회사들은 어떻게 이런 세포를 구할까? 사실, 방법은 아주 간단하다. 살아 있는 동물에게 해를 끼치지 않는 생체검사로 채취할 수 있다. 최근 도살한 동물의 난소에서 조직을 채취할 수도 있다. 난소 조직 채취는 어리고 강한 세포를 찾기에 좋은 방법이다. 몇몇 과학자는 일반 식료품점에서 판매하는 고기에서도 세포를 얻을 수 있다고 주장한다. 하지만 그런 세포의 생존력에 대해서는 아직 논란이 있어서, 흔히 사용하진 않는다.

"가장 건강한 세포는 생체검사로 얻을 수 있고, 가장 건강한 세포는 아주 어린 동물의 생체에서 나옵니다." 핀리스푸즈를 이끄는 마이크 셀던Mike Selden의 설명이다. "솔직히 식료품점에 진열된 고기의 세포는 모두 죽었기 때문에 아무 쓸모가 없습니다."

세포배양육 회사의 과학자들은 어떤 것이 줄기세포인지 밝혀냈다. 일반 세포는 용도가 한정적이지만 줄기세포는 반복하여 분열하고 증식할 수 있다. 또 동물 몸속에서 활동하는 200여 종류 이상의 세포로 변화할 수도 있다.

우리 몸의 세포를 건축 현장에서 일하는 구성원이라고 생각해보자. 일부는 시멘트를 바르고, 일부는 목수 일을 하도록 훈련받는다. 전기 기술자도 있다. 이들은 거대한 구조물의 각 부분을 건설하기 위해 조화롭게 일한다. 그러다 시멘트 담당자를 빼내서 전기 배선, 플러그, 소켓에 관해 교육받게 할 수도 있다. 그런 다음 건설 현장에 훈련된 전기 기술자로 내보낼 수 있다. 같은 일이 분자 단위에서도 일어난다.

예를 들어, 저스트의 과학자들은 닭 깃털의 뾰족한 끝에서 채취한 특정 세포를 오직 깃털 조직만이 아니라 근육조직이나 지방조직으로도 나누고 증식시킬 수 있다고 한다. 이를 위해 세포를 탈분화脱分化시켜야 하는데, 그렇게 하려면 원래 깃털을 만들던 세포에게 이제 깃털 만드는 작업을 중단하라고 명령하고 초기 단계 세포의 상태로 되돌린다. 마치 세포를 타임머신에 실어 보내는 행태와 같다. 발달 초기로 되돌려 다능성多能性 상태로 만든다. 이전과는 새로운 삶을 살게 된다. 새롭고 더 특정한 몫(예를 들어, 근육세포나 지방세포)을 하게 만드는 과정을 '분화分化'라고 부른다. 세포가 새로운 기능을 수행하는 데 필요한 특성과 도구를 획득하는 과정이다.

대학 연구실이나 세포배양육 회사에서 과학자가 세포를 안정적으로 공급받는 방법은 주로 두 가지다. 첫 번째 방법은 명확하다. 주기적으로 기업형 동물농장에서 채취한 세포를 최대한 증식시키고, 다시 세포 채취 과정을 계속 반복한다. 두 번째 방법은 일단 세포들을 채취해서 무한증식세포군無限增殖細胞群을 만드는 것이다. 이 방법을 이용하면 살아 있는 동물에게 생체실험을 반복하지 않아도 된다.

무한증식세포군은 어찌보면 기만적인 개념이다. 기원은 1950년대로 거슬러 올라간다. 당시 세포생물학자 대부분은 올바른 환경과 먹이를 제공하면 세포가 영원히 무한 증식한다는 이론을 토대로 연구를 진행했다. 그런데 그런 조건을 어떻게 만들어야 하는지를 밝히는 일은 과학자에게 무척 까다로운 도전이었다.

하지만 1962년 레너드 헤이플릭Leonard Hayflick이라는 미국의 과학자가 그 이론을 뒤집었다.[1] 그는 모든 세포 안에는 일종의 생물학적 시계가 존재한다고 주장했다. 하나의 세포가 분열해 완전히 새로운 세포가 만들어질 때마다 그 작은 시계는 횟수를 계산한다. 세포가 50회가량 분열하면 시계는 멈춘다.

또 세포 안에는 유전 정보를 지닌, 실처럼 가느다란 염색체가 있다. 이 염색체 끝부분에 '텔로미어telomere'라고 불리는 특수한 입자가 존재하여, 기계의 핵심 부분처럼 세포분열 과정에서 DNA가 중요한 요소를 잃지 않도록 보호하는 역할을 한다. 본질적으로 텔로미어는 세포를 올바르게 복제하는 방법에 관한 정보를 아주 조금씩 나눠준다. 문제는 텔로미어들이 '염기鹽基'라고 불리는 지침 매뉴얼을 무한히 공급받지 못한다는 점이다. 세포를 거듭 복제하는 동안 염기가 손실되면서 텔로미어의 길이가 짧아진다. 염기 공급 수준이 너무 낮으면, 텔로미어는 DNA 일부분을 잃을 위험에 처한다. 세포는 이러한 위협을 오류로 인식하고 텔로미어는 더 이상 염기를 전달하지 않는다. 이로 인해 세포복제가 중단된다.

이러한 원리는 배양육을 생산하는 과정에서 불리하게 작용한다. 세포 그룹이 기하급수적으로 증식하는 능력이 결국 점점 줄어듦을 의미하기 때문이다. 1960년대 이후로 세포배양육 회사 안팎에서 과학자들이 세포를 더 많은 횟수로 증식시키는 방법을 알아냈다. 보통은 단백질과 항산화제를 보충한 배양액으로 세포의 수명을 연장시키는 방법을 적용한다. 이제 몇몇 회사에서는 개별 세포가 50회를 훨씬 넘어 증식하는 특정 종류의 동물 세포군을 사용하기 시작했다.

대부분의 배양육 회사가 이 방법을 택했다. 무한증식세포군을 구축하는 어려움이 있지만, 성공하면 동물에게서 세포를 반복적으로 채취하는 수고를 덜 수 있다는 커다란 장점이 있기 때문이다. 50여 회 이후에 세포 복제가 중단되지 않으니 배양육의 크기를 키우기도 쉽다. 세포 채취에 필요한 인력과 장비, 자원이 절감되면서 생산비용은 더 낮아진다. 일정한 고기 품질을 유지하기도 더 용이하다. 매번 다른 동물에게서 세포를 채취하면 동물별로 유전자가 달라서 각각의 세포가 동일하게 작동하지 않기 때문에, 맛에도 큰 영향을 미칠 수 있다.

쉽지 않은 과정이었지만, 과학계의 협조 덕분에 일부 스타트업은 완전히 제로에서 시작하는 부담을 덜었다. 그저 확립된 세포군의 초기 표본을 획득할 곳을 찾으면 되었다. 세계 모든 회사에 문이 열려 있는 곳이 있다. 실리콘밸리에 회사가 있다면 미국 영토의 반대편으로 가야 한다.

샌프란시스코에서 거의 5천 킬로미터 떨어진 워싱턴 D.C. 외곽의 노던 버지니아 커뮤니티 칼리지Northern Virginia Community College 뒤편에는 별 특징 없는 건물이 나무에 둘러싸인 채 있다. 작은 화단이 있는 각진 회색 건물로, 특별히 주목할 만한 특징은 없다. 하지만 그 안에는 식품의 미래를 이끌어갈, 과학의 기적으로 탄생한, 가치를 매길 수 없을 만큼 중요한 물품이 저장되어 있다.

이곳은 모든 종류의 세포배양물을 보관하기 위한 비영리 저장시설인 미국형배양물보관소American Type Culture Collection다. 1921년에 설립된 곳으로, 일종의 세포 도서관이라고 할 수 있다. 세계에서 가장 큰 규모로, 인간을 포함한 다양한 동물의 세포군을 보관한다. 세포생물학의 최첨단에 서 있는 연구자들이 주목할 만한 새로운 세포배양에 성공했을 때, 해당 표본을 극저온으로 보존하기 위해 미국형배양물보관소의 생체시료저장 부서에 제출한다고 이해하면 쉽다.

연구실 배양육의 경계를 넓히려는 기업가들과 과학자들에게 미국형배양물보관소는 진정한 금광이다. 도서관의 카탈로그, 즉 온도 제어 저장고에 추가된 새로운 배양세포에 각 개인이나 연구자, 회사는 비용을 지불하고 접근할 수 있다.

노스캐롤라이나주립대학교North Carolina State University의 동물 세포 전문가 폴 모즈디악Paul Mozdziak 박사는 '무한 닭고기 배양세포'라고 이름 붙인 세포군을 만들어내기 위해 오랜 세월 노력했다. 그는 자신의 배양세포를 미국형배양물보관소에 보낼 수 있기를 바라며, 근육조직의 성장을 제어하는[2] 세포와 분자의 메커니즘 연구에 매진 중이다. 그는 자신의 배양세포가 맥주 발효통처럼 생긴 세포배양 용기인 바이오리액터 안에서 자체적으로 자랄 수 있기를 희망한다. 말 그대로 살아 있는 닭에게 곡물 사료를 먹일 필요 없이 배양액 속에 떠다니는 독자적인 세포로 닭고기를 지속적으로 생산해내는 방식이다. 일단 프로세스를 확립하면, 모즈디악과 같은 과학자들이 개발한 고급 기술이 연구실을 벗어나 많은 사람이 먹을 수 있을 만큼 배양육을 대량생산할 수 있다.

확장 가능한 프로세스를 만들겠다는 그의 목표를 방해할 복잡한 걸림돌은 이론적으로 볼 때 전혀 없다. 1리터 용량의 비커에서 10만 리터 용량의 바이오리액터 탱크로 옮기면 되는 문제다. 비율 게임 일 뿐이다.

기존 육류를 대체하려는 흥미롭고도 새로운 개념을 추구하는 미래 식품 회사가 수십여 곳에 이르지만 결국 모두 같은 문제에 부딪힌다. 생산비용이라는 요인 때문에 단기간에 많은 제품을 공급 가능한 가격으로 시판하기가 힘들다는 점이다. 하지만 전체 시장을 재편하려면 생산비용은 꼭 극복해야 할 주요 장애물이다. 모즈디악은 연구실에서 닭고기를 배양하려고 노력하는 사람들이 생산비용 문제를 해결하는 데 자신의 연구가 도움이 되기를 바란다.

그러나 누구든 시장 재편을 염두에 두기 전에, 이 작고 미세한 세포를 어떻게 엄청난 크기로 증식시킬 수 있을지를 먼저 알아내야 한다. 우선은 생명의 연결고리에 무언가를 먹여야 한다. 이 과정은 살아 있는 동물의 몸속이라면(인간의 몸속에서도 역시) 자연스럽게 발생한다. 광대하고 복잡하게 뻗어 있는 혈관 시스템 덕이다. 혈액은 몸의 각 부분으로 영양분을 배달한다. 하지만 과학자들이 체외에서 세포를 배양할 때는 혈관 시스템에 의지할 수가 없다. 그래서 어쩔 수 없이 영양 성분을 농축한 배양액에 세포를 담근다. 배양액은 세포를 고기로 키워내는 데 필요한 세 가지 주요 요소 중 두 번째다.

세포배양육 회사끼리는 아마도 모든 업무에서 각자의 배양액이 가장 비밀스러운 부분일 것이다. 아미노산, 설탕, 지방질, 세포가 생존하고 활발하게 증식하도록 이끄는 호르몬 같은 '성장 인자'가 섞인 마법의 비약祕藥이다. '혈청serum'이라고도 불리는 배양액에는 세포의 증식을 돕기 위해 특정한 임무를 수행하는 단백질 수백 개[3]도 들어 있다. '인슐린 운반'을 주요 임무로 하는 단백질은 척추동물의 세포를 배양하는 데 꼭 필요한 요소다. 또 다른 요소인 트랜스페린transferrin은 배양 중인 세포에 철분을 전달한다. 앞서가는 스타트업은 자사 맞춤형 배양액을 구비하고 있다. 그리고 지식재산권으로 철저하게 보호한다.

세포배양육을 연구하는 과학자들은 꽤 오랫동안 소의 태아 혈청을 배양액으로 사용했다. 소의 태아 혈청이란 소의 태아에서 뽑아낸 피를 의미한다. 하지만 혈청은 새롭게 등장한 많은 푸드테크 회사가 장기적으로 사용할 수 있는 방법이 아니다. 네 컵 정도 양의 혈청을 구하는 데 드는 비용이 약 1,150달러나 들기 때문이다. 연구실 환경에서 적은 양의 배양육을 키우는 데는 적합하지만(저스트의 과학자는 그 정도 양이면 배양육 10킬로그램 정도를 키울 수 있다고 설명한다), 전체 시장에 공급할 정도의 규모로 생산하려는 회사에서 산업용으로 쓰기에는 충분치 않다. 태아 혈청으로는 거대한 기업형 동물농장 시스템을 흔들 수 있을 만큼 합리적인 가격대로 공급받을 방법을 찾을 수 없다. 당연히 윤리적인 문제도 뒤따른다.

기업형 동물농장 시스템과 관련한 수요를 없애는 목표를 이루기 위해, 실제 소에서 채취하는 방법이 아닌 대안을 찾아야 했다. 동물에게서 채취한 배양액을 사용하지 않기 위해 몇몇 배양육 회사의 과학자들은 식물로 방향을 전환했다. 조시 테트릭은 저스트의 과학자들이 수년 동안 쌓아온 지식 데이터베이스 덕에 다른 회사와의 경쟁에서 우위를 점할 수 있다고 말했다. 회사의 초기 목적은 비건 마요네즈와 달걀 생산이었지만, 지금은 세포배양육 생산이 훨씬 더 중요해졌다.

'과수원Orchard'이라고 불리는 이 시스템은 세계 각국의 식물 종種에 대한 소중한 정보를 담고 있다. 각각의 식물 종은 저스트에서 시료용 식물 표본과 지속가능성을 담당하는 우디 라지미Udi Lazimy가 감독하는 프로젝트의 하나로 채집 및 분석되어 시스템에 편입됐다.

라지미는 전 세계를 여행하며 서아프리카나 인도 등에서 지역 공동체를 방문해 식물을 채집한 다음 샌프란시스코로 돌아왔다. 다양한 식물 종과 식물단백질에 관한 풍부한 데이터로 무장한 그는 단백질 함량이 높은 식물 종 여럿을 찾아내기 위해 열심히 돌아다녔다. 남극을 제외한 모든 대륙을 돌며 60여 개국 이상에서 식물 2천 종 이상을 채집했다. 라지미의 팀은 과수원 시스템에 새로운 식물 종을 추가할 때마다 특징을 기록한다. 원산지가 어디인지, 가뭄 상황에 어떻게 반응하는지, 알레르기 유발 인자가 있는지, 알려진 맛과 냄새, 연간 세계 생산 규모까지.

저스트는 서로 다른 식물 종에 어떤 종류의 단백질이 있는지 알아내는 일을 중심으로 많은 작업을 설계했다. 씨앗에서 대부분의 식물단백질을 발견했다. 라지미는 현장에서 수집한 씨앗을 미세한 가루로 분쇄해 밀봉한 다음 꼼꼼하게 라벨을 붙여 저스트 본사 1층 온도제어실에 있는 수백 개의 반려동물 사료 용기에 저장한다.

그러면 위층에 있는 과학자들이 이 분말 샘플을 첨단 기계로 분석한다. 수십만 달러를 들여 구매한 여러 기계가 샘플의 단백질 패턴과 용해도를 포함한 모든 성질을 분석해 데이터를 도출한다. 저스트의 과학자들은 각 분말을 식품 생산에 활용할 수 있는지 시험한다. 무언가를 부드럽게 만드는 데 사용할 수 있을지 또는 각 성분 간 결합을 도울 유화제로 사용할 수 있을지 등을 살핀다. 창립 초기 식물성 달걀 생산이 주요 목표였던 저스트는 마침내 2018년, 녹두에 포함된 단백질을 기반으로 식물성 액상 달걀 제품을 출시하는 데 성공했다.

회사는 소의 태아 혈청을 대체할 배양액을 찾아내는 일에도 같은 방식을 적용했다. 저스트의 화학자들은 식물단백질 데이터베이스를 이용하여 적절한 배양액을 만들어냈다.

그러나 식물성 배양액은 완벽하지 않았다. 저스트의 과학자들은 소의 태아 혈청에서 세포 성장에 필요한 요소를 밝혀냈지만, 소의 태아 혈청 그대로를 정확하게 복제할 완벽한 비율을 알아내는 데 어려움을 겪었다. 실제로 식물성 배양액에서는 세포가 소의 태아 혈청에서처럼 빠른 속도로 성장하지 않는 경우가 많았다. 또 오리 세포를 키우는 데는 거의 완벽한 환경이지만, 닭이나 돼지 세포를 키우기에는 부적합한 경우도 있었다. 그런 이유로, 회사 연구실에서는 최대한 다양한 식물을 시험하고 분석하여, 일단 배양액에 잠긴 세포가 어떻게 반응하는지 밝히려 애쓰면서 새로운 배양액을 개발하고 있다.

새로운 식물성 합성 배양액은 소의 태아 혈청보다는 가격이 저렴해도 거대한 규모의 제조 과정을 감안하면 여전히 많은 비용이 들었다. 미션반스라는 회사를 설립하기 전에 저스트에 몸담았던 과학자 에이탄 피셔Eitan Fischer는 세포배양육 생산 과정에서 배양액 생산 비용이 가장 큰 비중을 차지한다고 지적하면서, 이는 가격 경쟁력이 있는 배양육을 생산하는 데 가장 큰 걸림돌이라고 강조했다. 2019년 말, 비토르 에스피리투 산투Vítor Espírito Santo가 이끄는 저스트의 과학자들은 소의 태아 혈청에 지불한 비용과 비교하여 저스트에서 제작한 배양액의 생산단가를 매우 낮췄다고 말했다. 리터당 1~5달러 정도로 전년 대비 25달러를 줄였다. 소의 태아 혈청 1리터 비용인

1,200달러와 차이가 컸다.

모든 세포 활동은 배양육을 키우는 데 필요한 세 번째 주요 요소인 바이오리액터 안에서 일어난다. 바이오리액터로 소의 몸통을 기계로 구현한 셈인데, 이는 과학자가 만들어낸 배양액 안에서 세포가 헤엄치며 자라는 데 필요한 환경을 갖춘 커다란 용기다. 대개 원통형이며, 스타트업의 연구실 안에서 흔히 보이는 작은 플라스크부터 산업용인 대용량까지, 크기가 다양하다. 이스라엘 기업 퓨처미트 테크놀로지스는 냉장고 크기인 600리터 규모의 바이오리액터를 사용한다. 이론적으로는 몇 주 만에 닭 1,500여 마리에 해당하는 배양육을 키워낼 수 있는 크기다.

일단 배양액과 세포가 들어오면 바이오리액터는 일정한 온도를 유지하고, pH 수치를 조절하며, 산소가 충분한지를 확인한다. 또 영양소의 농도를 관리한다. 이 모든 여건은 세포가 배양액 속에서 활발하게 영양소를 섭취하며 자라는 데 매우 중요하다.

현재 세포배양육 과학자가 사용하는 바이오리액터 모델은 다섯 가지로, 주로 의학 연구용으로 고안됐다. 하지만 세포배양육 회사는 다른 이유로 바이오리액터를 이용하기에, 아직 시장에 존재하지 않는 새로운 종류의 디자인과 작은 조절장치가 있어야 한다. 주요 과제는 최대한 세포 성장을 방해하지 않으면서 복제할 수 있는 바이오리액터 내 환경을 만드는 것인데, 생각보다 어려운 일이다.

샌프란시스코만 연안에 아르테미스푸즈Artemys Foods를 설립한 제스 크리거Jess Krieger의 설명처럼, 세포는 자연스럽게 다양한 형태의 연결고리로 결합하여 함께 뭉쳐서 자라나는 경향이 있다. 그중 하나가 과학자들이 '협간극 결합gap junction'이라고 부르는 형태로, 쉽게 표현하자면 세포가 서로 의사소통을 할 수 있게 돕는 특별한 세포 간 융합이다. 다른 형태는 '부착반점desmosome'이라고 불리는, 접착제와 유사한 단백질 복합체다. 바이오리액터 안에서 세포는 서로 간에만 결합하는 것이 아니라 탱크의 벽이나 일부 바이오리액터 모델의 바닥에 세워진 특별한 플랫폼에 달라붙어 추가로 지지력을 얻기도 한다.

배양액 속에 산소뿐 아니라 영양분이 고르게 분포되어 있는지도 확인해야 하므로 전체 과정은 무척 까다롭다. 바이오리액터는 끊임없이 배양액을 휘저을 수 있도록 제트기류를 만들어내지만, 그 세기가 세포의 성장을 방해하지 않을 정도여야 한다. 바이오리액터가 커질수록 당연히 배양액이 더 많이 들어간다. 더 많은 배양액이 들어갈수록 이를 혼합하기 위해서는 더 강한 힘이 필요하다.

저스트의 최고기술책임자CTO 피터 리카리Peter Licari는 회사 내부에 있는 세포배양육 연구실의 작은 구역으로 나를 안내했다. 투명한 플라스틱 벽으로 둘러싸인 공간으로, 케빈 히콕Kevin Hicok과 비토르 에스피리투 산투 등의 과학자가 다양한 동물 세포가 담긴 배양 접시를 들여다보고 세포의 성장을 모니터링하며 분주하게 일하는 곳이었다. 그들은 세포가 형성되는 모습을 내가 잘 관찰할 수 있도록 고배율 현미경 아래 각 표본을 밀어 넣었다.

현미경 렌즈를 들여다보자 미세한 알갱이 모양의 유기체가 보였다. 아주 작은 거품 같은 반투명한 생명체가 나란히 줄지어 서서 커다란 덩어리로 뭉쳐졌다. 매우 작은 표본이지만 일단 바이오리액터 내부에서 활발하게 증식하고 나면 우리가 알아볼 수 있는 고기 제품으로 가공할 수 있다. 말하자면 핫도그나 치킨너깃, 소시지, 버거 패티 같은 제품 생산이 가능해진다. 세포를 수확할 준비가 되면 과학자는 빠른 속도로 회전하는 바이오리액터를 멈추고 원심분리기를 이용해 배양액에서 세포를 분리한다. 마치 탈수기의 작동 원리처럼 배양액은 빠져나가고 리액터 벽에 고형물만 남는다. 이제 과학자들이 젖은 고무찰흙 같은 질감인, 회색빛이 도는 핑크색 세포 덩어리를 긁어낸다. 이것을 세척하고 다시 원심분리를 해야 소비에 적합한 상태가 되는데, 이 과정은 꽤 빠른 시간 안에 진행된다. 며칠 만에 과학자는 이런 세포를 한 줌의 고기로 키워낸 뒤 포장해서 제품 개발팀에 보낸다. 그러면 저스트의 미슐랭 스타 셰프인 토머스 보면 같은 사람이 마법을 부릴 차례다. 세포배양육을 제품화하기 위해 미슐랭 스타 요리사를 직접 고용할 필요까지 있나 하는 의문이 들었다.

"원심분리기에서 꺼낸 고기를 날것 그대로 먹는다면 어떻게 될까요?" 내가 물었다.

"아무 문제 없어요." 리카리는 생산과정을 처음부터 끝까지 얼마나 세심하고 철저하게 관리하는지 자세히 설명했다. "확실히 먹을 수 있습니다. 깨끗합니다."

깨끗하다. 멋진 설명이었다.

오랜 세월 나는 미디엄보다 덜 구운 버거 패티나 스테이크를 주문하지 않았다. 어머니가 반복해서 주의시킨 결과인데, 혹시나 날고기에 숨어 있을지도 모를 침입자인 잡다한 미생물 때문이었다.

식품 속 병원균을 철저하게 단속하는 일은 어렵기로 악명 높다. 노로바이러스, 살모넬라균, 대장균 등은 완전하게 조리하거나 가공하지 않은 거의 모든 음식을 통해 인간의 몸에 침투할 수 있다. 세균은 치즈버거 속에 숨어 슈퍼마켓 종이봉투를 타고 이곳저곳으로 쉽게 퍼져나간다. 재래식 고기는 동물의 분뇨나 여러 외부 환경에 자주 노출되므로 안전을 위해 특정 온도 이상으로 요리해서 살아있는 미생물을 태워 없애야 한다. 하지만 세포배양육은 완전히 살균된 환경에서 키우기 때문에 바깥 세계의 고기보다 더 안전하고 깨끗하다고 관계자들은 말한다. 정말로 원하기만 하면, 이론적으로는 배양육을 바로 통에서 꺼내 먹을 수도 있다.

세포배양육이 절대적으로 안전하다는 생각은 단지 새로운 닭고기, 소고기, 돼지고기 생산에 그치는 것이 아니라 그 이상의 기회를 연다. 세포농업 비영리단체 뉴하비스트New Harvest의 집행이사인 이샤 다타Isha Datar와 실제로 이야기를 나눠보면, 식품 배양에는 믿을 수 없을 정도로 장점이 많다는 것을 알 수 있다. 식용할 수 있는 수많은 형태의 창조물을 만들 가능성을 봉인 해제한다는 점도 포함한다. 고기를 넘어서는 숱한 식품 생산이 가능해진다. 그리고 이런 열망은 세포배양 식품이 먹기에 일반적으로 더 안전할 것이라는 과학자의 믿음에 힘입어 더 커지고 있다.

"많은 사람이 연구실에서 배양한 고기를 언제쯤 마트 진열대에서 볼 수 있는지 묻습니다. 제게는 이런 질문이 세포농업에 종착점이 있다는 의미로 여겨집니다." 그녀가 말했다. "하지만 종착점이 곧 제품 완성은 아닙니다. 그보다는 훨씬 더 의미가 큽니다. 세포농업은 "완전히 새로운 산업"[4]이며, 완전히 새로운 과학 분야입니다. 식탁에 음식이 올라오는 방법을 바꾸는, 완전히 새로운 노선의 제품입니다."

다타는 뉴하비스트를 운영하는 비건 활동가다. 뉴하비스트는 세포농업 연구에 필요한 자금으로 수년간 수십만 달러를 쏟아부었다. 그녀는 가능한 한 빨리 소비자 앞에 최대한 진전되고 저렴하며 동물에서 유래하지 않은 식품animal-free food을 내놓고 싶어 한다. 그리고 이를 위해 조직의 모든 자원을 투자한다.

다타는 배양육이 미래를 향한 출발점일 뿐이라는 대담한 비전을 공유했다. 그 너머에는 아직 꿈도 꾸지 못한 온갖 새로운 식품이 있다. 빌럼 판 엘런은 꿈에도 생각하지 못한 음식일 것이다.

빌럼이 처음으로 발을 뗀 이후 이 작은 업계가 이룬 성과는 놀라울 정도이지만, 완벽을 기울여야 할 과학적 과제가 아직 많이 남아 있다. 수집해야 할 데이터와 제거해야 할 장벽도 수없이 쌓여 있다. 바이오리액터 내부에서 벌어지는 세부적인 일 말고도 문제가 아직 많다.

세포배양육 회사들은 자신들의 산업이 환경에 커다란 이익을 준다고 강력히 주장한다. 이들 업체가 얼마나 땅을 적게 쓰고, 물과 에너지를 절약할 수 있는지를 이해하는 것은 그리 어렵지 않다. 하지만 이 식량 기술이 지구에 정말로 얼마나 도움이 될지 알기 위해서는 명백한 데이터를 더 많이 확보해야 한다. 지금까지 이뤄진 세포배양육과 관련한 학문적 분석은 철저히 이론상의 연구였다. 실제로 기능하는 배양육 생산 시설이 없었기 때문이다. 배양육을 키우는 현실과 관련된 데이터를 기반으로 연구를 진행할 수 없는 환경이었다.

2018년 12월, 세계적으로 가장 유명한 세포배양육 연구자들이 네덜란드에 모였다. 모사미트의 마크 포스트가 마스트리흐트의 라봉보니에르La Bonbonnière 레스토랑에서 이틀 하고도 반나절 동안 개최한 콘퍼런스에 참석하기 위해서였다. 배양액 개발, 바이오리액터, 조직 구조, 세포 선별, 세포배양육과 관련한 사회적 경향, 대규모 세포배양육 생산의 지속가능성과 관련한 최신 연구 등 통상적인 주제에 대해 이야기가 오갔다. 미국, 핀란드, 일본, 스페인, 영국을 비롯해 세계 곳곳에서 여러 연구자가 참석했다. 헬싱키대학교University of Helsinki의 연구자이자, 업계에서 자주 인용되는 2011년 옥스퍼드대학교 간행물인 〈세포배양육 지속가능성 보고서〉의 수석 저자인 한나 투오미스토Hanna Tuomisto는 아직 발표하지 않은 최신 연구 결과 몇 가지를 공개했다.

그녀는 세포배양육 생산에 드는 총 에너지 소비량이 2011년 보고서에서 발표했던 수치보다 네 배 증가한 자료를 보여줬다. 세포배양육 회사들이 듣고 싶어 하는 뉴스는 아니었다.

"많은 스타트업이 우리가 이런 결과를 발표할 것이라는 사실에 상당히 겁을 먹었어요." 투오미스토가 말했다. "논문을 제출할 계획이었지만 그들의 걱정을 이해하기 때문에 출간하지는 않기로 했습니다."

언론이 연구 결과에 함축된 의미에는 관심을 기울이지 않고 2011년 연구와 최신 논문에서 밝힌 수치 차이에만 집착하지 않을까 하는 것이 주된 걱정이었다. 어느 기자가 투오미스토의 연구를 왜곡하는 '특종 기사'를 써서 세포배양육을 시장에 내놓으려는 노력에 찬물을 끼얹었을지도 몰랐다. 그렇다면 그녀가 말하는 '함축된 의미'는 무엇일까?

어떤 식품이든지 모든 생산 단계에서 환경적 영향을 확인하는 수명 주기분석life cycle analysis을 측정하는 일은 과학적으로나 수학적으로나 복잡하다. 투오미스토에게 가장 어려운 도전은 배양액 연구였다. 그녀의 설명에 따르면, 2011년 옥스퍼드대학교에서 실시한 연구는 세포배양육 회사들이 시아노박테리아cyanobacteria•에 기반을 둔 배양액을 사용한다는 가정 아래 데이터를 이론화했다. 시아노박테리아는 그녀가 연구 결과를 도출하기 위해 방정식에 대입할 수 있는 가장 친환경적인 매개체였다.

이런 요소가 당장 눈에 띄는 문제다. 그녀가 아는 한 어떤 회사도 실제로 시아노박테리아에 기반한 배양액을 사용하지 않는다. 생산 과정과 원료에 대해 구체적인 세부사항을 질의해도 배양육 회사들은 이런 민감한 데이터를 절대 공개하지 않았다. 그래서 최신 연구에서는 회사들이 소의 태아 혈청을 사용한다는 가정을 세웠다. 그녀가 알고 있는 최소한의 확실한 정보였기 때문이다. 저스트와 멤피스미츠를 포함한 많은 회사가 논쟁의 여지가 있는 값비싼 혈청을 더 이상 사용하지 않는다고 말하지만 대체품이 무엇인지는 공개하지 않았다. 지식재산권을 지키려는 스타트업들의 조심스러운 태도로 인해 투오미스토 같은 학자가 연구에 정확성을 기하기란 거의

• 광합성으로 에너지를 합성하여 산소를 만드는 미생물.

불가능하다. 세포배양육 업계가 투명성을 더 많이 확보해야 하는 이유다.

"그들은 무엇을 하고 있는지 말하지 않고 콘퍼런스에서도 발표하지 않습니다. 그래서 업계 내부에서 현재 무슨 일이 벌어지는지 추적할 수가 없습니다." 그녀는 잠시 말을 멈췄다. "저는 그들이 너무 낙관적이라고 생각해요."

다시 말하지만, 배양육의 친환경적 약속에 환호할 이유는 많지만, 한편 이들 회사의 생산 공정이 실제로 얼마나 지속가능한지는 알 수 없다. 환경 보호를 위해 신이 내린 선물이라는 식인 세포배양육의 마케팅에서 이런 점을 감안해야 한다. 그래도 재래식 육류 생산에 비해 토지와 물 등을 보존한다는 측면에서 업계와 학계 모두 의견이 일치한다. 따라서 새로운 식품의 가능성을 열 첫 번째 모자이크 조각이 무엇일지, 저스트와 다른 회사의 연구실에서 무슨 일이 벌어지는지, 여전히 흥분 가득한 기대감을 안고 바라보게 된다. 그들의 시도가 성공한다면 빌럼이 힘들게 개척한 아이디어를 SF 소설을 넘어 가능성이 가득 찬 미래로 실현하는, 독창성과 과학의 결합이 될 것이다.

2017년 9월 테트릭은 저스트가 빌럼의 원천 특허를 취득했다고 발표했다. 로스앤젤레스 비즈니스계의 거물, 존 베인의 유사 특허도 함께. 이날 발표에서 회사는 빌럼의 딸 아이라를 회사의 공식 고문으로 임명한다고 밝혔다.

이 소식에 다른 세포배양육 스타트업들은 멈칫했지만, 저스트의 지식재산권을 관리하는 웨인 제토Wayne Szeto의 말에 모두가 놀랐다.

그는 〈쿼츠Quartz〉와의 인터뷰에서 입장을 밝혔다. "우리는 특허에 관해서 열린 마음입니다. 흑백 논리로 '우리와 함께 놀거나 아니면 아예 빠져라'[5]라는 식으로 진행하진 않을 겁니다."

그러나 저스트는 법적인 의미에서 특허권을 어떻게 활용할 수 있는지 정확히 설명하지 않았다. 현재까지는 저스트가 특허를 이용해 특정 생산 공정에 이의를 제기한 적은 없다.

테트릭은 빌럼 판 엘런이 남긴 짐을 이어 가겠다는 입장인 것 같다. 그는 60년 이상 이어진 유산을 완수하고 세포배양육을 판매하는 첫 번째 사람이 되기를 열망한다. 대중의 상상력을 사로잡을 새로운 아이디어의 문을 열어 이 분야의 새로운 장이 시작됐음을 널리 알리고 싶어한다. 하지만 그가 이 역할을 다할 수 있는 준비를 끝냈는지, 대체 어떻게 이뤄낼 수 있을지, 아직은 아무것도 알 수가 없다.

네덜란드의 꿈

04

새해를 이틀 앞둔 2017년 12월 29일, 테트릭과 반려견 골든레트리버 엘리는 샌프란시스코 공항에서 KLM 네덜란드항공 비행기에 탑승했다. 세계를 반 바퀴 돌아 암스테르담으로 향할 예정이었다. 그곳에서 세계 최초로 세포배양육을 상업적으로 판매할 수 있기를 기대했다.

그들의 여행이 어떤 파급력을 불러올지 아는 사람은 아무도 없었다. 몇 주 전부터 테트릭을 비롯해 소수의 인원으로 꾸린 팀은 여행의 세부사항을 꼼꼼히 점검하면서 드물게 찾아온 기회를 성공으로 이끌 수 있도록 총력을 기울였다. 선적 시간과 관련한 규정을 반복해서 조사하고, 심지어 안에 무엇이 들었는지 명확히 보여주기 위해 영양 성분을 적은 패널을 꼼꼼하게 검토했다.

그러나 복잡한 문제가 또 있었다. 테트릭이 아는 한 지금까지 누구도 세포배양육을 미국이 아닌 다른 나라의, 미국과 분리된 소비 시장으로 선적을 시도한 적이 없었다. 세포배양육 상자가 세관을 통과할 수 있는지 알 방법이 전혀 없었다. 하지만 반드시 통과해야 했다. 테트릭은 빡빡한 기한에 맞춰 움직였다.

2018년 1월 1일, EU는 1997년 제정한 신소재 식품novel food°을 정의한 법안에 '식물, 동물, 미생물, 세포배양, 광물 등에서 유래한 제품'뿐만 아니라 새롭고 혁신적인 생산 공정을 이용하여 만들어진 제품 역시 포함하도록 식품에 대한 정의를 확대하는 개정을 실시했다. 이 법안에 따르면 저스트와 같은 회사는 공식 신청서를 작성하여 세포배양 오리고기 초리소를 검사하는 과정을 거친 뒤 신소재 식품으로의 등재를 요청할 수 있었다. 테트릭의 검토에 따르면 EU의 식품 정책 개정에 잘못된 점은 없었다. 하지만 회사가 제출한 신청서가 심사 과정을 통과하는 데 최대 2년까지 걸릴 수 있다는 점이 문제였다. 테트릭은 새 법이 시행되기 전에 시장에 제품을 내놓고 싶었다. 새로운 제도가 자리 잡기 전에 배양육을 판매할 수 있도록, 세포배양육이 현재 식품체계에서 예외로 인정받아 판매할 수 있는 법적 근거가 있으리라 생각했다. 그렇다 해도 신청서는 작성해야 했다. 신청서가 처리되는 동안 배양육 제품을 판매할 수 있으리라 예상했다. 가능성이 크진 않지만 해낼 수 있다고 믿었다.

세포배양육을 현실화하려면 기술을 개발하고, 자본을 모으고, 소매점과 레스토랑에 제품을 출시하는 등 물리적 행위뿐 아니라 기술과 관련된 긍정적 담론을 만들어내는 추상적 노력도 필요했다.

네덜란드에서 저스트의 세포배양육 제품을 출시하는 일은 테트

• 　일반적이지 않은 방법을 써서 만든 식품 또는 비영양적 혜택을 주는 식품.

릭에게는 말 그대로 금광을 캐는 일과 같았다. 배양육 개념의 발상지였고, 진보적 기후 정책의 역사를 지닌 곳인 데다 그는 빌럼 판 엘런의 특허까지 소유했다.

이번 일을 성공시키기까지 대략 48시간이 남아 있었다. 시간은 똑딱똑딱 흘렀다.

10시간 30분간의 비행 끝에 테트릭은 암스테르담 스히폴 Schipol 국제공항 입국장에 들어섰다. 그곳에서 자신의 수화물이 화물 운반용 컨베이어 벨트 위로 나오기를 기다렸다. 길고 지루한 몇 분이 지나갔다. 기다리고 또 기다렸다. 마침내 컨베이어 벨트 앞에 혼자 남았음을 깨닫고, 근처 고객서비스 센터로 돌진했다. 머릿속에 악몽 같은 시나리오가 펼쳐졌다. 수화물에 있는, 가치를 매기기 힘들 정도로 소중한 약 1킬로그램의 세포배양육을 어느 의심 많은 세관원이 압수했을지도 모른다는 두려움이 몰려왔다. 초침이 째깍거리며 시간이 흐르는 동안 테트릭은 초조하게 서서 네덜란드 세관원과 결전을 벌일 준비를 했다.

항공사 직원이 컴퓨터로 화물 목록 시스템을 살폈다.

아무것도 나오지 않았다.

옆자리의 직원이 화물 식별 정보 목록을 훑어 내려가면서 또 다른 시스템을 뒤졌다. 1분 정도가 흘러갔다. 테트릭에게는 길고 긴 시간이었다.

이 항공사에는 화물 목록 시스템이 얼마나 많을까? 갑자기 궁금해졌다.

직원 하나가 고개를 들었다.

"글쎄요, 샌프란시스코 공항에서 실리지 않은 것 같군요." 그가 말했다.

짐은 아예 미국을 떠나지 않았고, 여전히 8,700킬로미터 떨어진 곳에 있었다. 항공사의 선적 오류 때문이었다.

한편으로는 좋은 소식이었다. 일단 배양육을 네덜란드 세관에 압수당하는 악몽은 아니었으니까. 하지만 이제는 기한을 맞추기가 불가능하다고 느껴졌다. 짐이 선적되어 전 세계를 돌아 약속 날인 1월 1일에 맞춰 도착할 가능성이 있을까?

그는 난감해하는 KLM 직원들에게 간청했다. 그들은 테트릭의 짐을 찾아 가능한 한 빨리 네덜란드로 오는 항공편에 실어 오겠다고 약속했다. 그동안 테트릭은 그저 기다리는 수밖에 별도리가 없었다. 짐은 12월 29일 늦은 오후쯤 도착할 터였다. 새로운 식품법이 발효되기 전에 판매에 성공하려면, 배양육이 미국에서 출발해 네덜란드에 도착한 다음 세관을 거쳐 대략 36시간이 지나기 전에 그의 손안에 들어와야 했다. 1년 중 공항이 가장 바쁜 연말 휴가철이었다.

테트릭은 아이라 판 엘런과 함께 그녀의 넓은 선상 가옥에 머물 계획이었다. 두 사람이 만나자 눈앞에 닥친 역사적 순간에 대한 서로의 마음속 흥분과 걱정이 조금은 가라앉았다. 두 사람의 운명은 지구를 반 바퀴 돌아올 항공기에 달려 있었다.

아이라는 여전히 긴장을 털어버리지 못했다. 테트릭 역시 마찬가지였다. 시간을 보내기 위해 그는 암스테르담으로 나가 기분을 전환할 만한 일을 찾았다. 영화관으로 가서 〈몰리의 게임Molly's Game〉을 절반쯤 보다가 나왔다. 올림픽에 출전한 스키 선수가 포커계의 거물로 변신한 실화 기반 영화임에도 집중할 수가 없었다. 그는 아이라에게 전화를 했고 그녀는 그를 태우러 영화관으로 차를 몰고 왔다. 두 사람은 선상 가옥으로 돌아와 잠잘 시간이 될 때까지 안절부절못했다.

다음 날 아침 테트릭이 잠에서 깨어났을 때, 아이라는 이미 일어나 손님을 위해 아침 식사를 준비하고 있었다. 그녀는 레인지 앞에 서서 동네 비건 정육점에서 사 온 소시지와 베이컨을 구웠다. 두 사람은 침묵 속에서 식사를 했다. 비건을 위한 세계 최첨단 고기가 배달되기를 기다리면서 동네 정육점에서 사 온 비건 고기를 묵묵히 씹었다.

그때 누군가가 문을 두드렸다.

배달원이 상자 하나를 건넸다. 기다리고 기다리던 상자였다. 샌프란시스코에서 밤을 새워 날아온 짐을 KLM 직원이 직접 갖다주었다. 그렇게 테트릭은 역사적 판매를 개시하기 전까지 15시간 정도를 확보했다. 상자에는 오리 초리소 한 덩어리와 오리 소시지 한 줄이 들어 있었다.

고기를 손에 넣은 테트릭과 아이라는 그녀의 밴을 타고 암스테르담 북쪽으로 차를 몰아 잔담Zaandam으로 향했다. 북해 운하를 끼고 위치해 네덜란드 산업의 주요 허브 역할을 하는 도시였다. 그들은 폴 리테코Paul Riteco라는 사람이 공동 소유한 레스토랑으로 향했다. '데 호프 옵 드스바르테 발비스De Hoop op d'Swarte Walvis'라는 이름의 식당으로, '검은 고래의 희망'이라는 뜻이다. 역사적인 의미가 있는 장소였다. 새하얀 식탁보가 덮인 레스토랑의 이미지와는 거리가 먼

일이 이뤄지던 곳이었다. 고기와 기름을 얻기 위해 네덜란드 사람들이 고래를 잡던 시절, 사냥에 성공한 배가 들어오면 바다에서 지금 레스토랑이 있는 곳으로 거대한 고래 사체를 끌어와 껍질을 벗기고 부위별로 해체했다. 그래서 악취가 진동했는데, 특히 여름에는 햇볕에 뜨뜻해진 사체에서 나는 썩은 냄새가 거리 구석구석까지 퍼졌다고 한다.

잔담은 목가적인 도시였다. 자로 그은 것처럼 똑바른 모양의 운하와 유서 깊은 목조 주택, 전통적인 풍차 등 인공물도 많았다. 암스테르담은 풍차 제재소를 발명하여 네덜란드 산업을 황금시대로 이끌었다. 16세기와 17세기에 암스테르담의 조선업은 나라 전체를 위한 경제 활동의 주요 원천이었다. 한편으로는 네덜란드 동인도회사가 세워지고 세력을 확장하면서 세계를 정복한 영향도 있었다. 풍차 제재소의 등장으로 커다란 목선을 과거보다 빠르고 저렴하게 제작하기 시작했다. 많은 신기술이 그랬던 것처럼, 기존 기술자들은 반발했다. 특히 암스테르담 목수 조합이 크게 분노했다. 이들은 도시 경계 안에 제재소 설립을 금지하는 법안을 이끌어내는 데 성공했다. 몇 킬로미터 떨어진 잔담의 농민 공동체는 남쪽을 살피며 기회를 찾고 있었다. 그들은 새로운 기술을 받아들이기로 했고, 이렇게 네덜란드 조선업의 중심이 암스테르담에서 잔담으로 넘어갔다.

목재 공장에 이어 곧 밀가루, 기름, 페인트, 제지 공장이 들어서면서 잔담은 네덜란드 산업을 이끄는 도시로 떠올랐고 전 세계의 주목을 받았다. 당시 이 작은 유럽 국가는 세계에서 가장 발달한 선진국이었다. 1697년에는 실제로 러시아 황제 표트르 1세가 직접 상트

페테르부르크에서 잔담까지 건너와 일주일을 지내면서 네덜란드 선박 제조 기술을 연구했다. 자국민을 위해 그리고 고국의 현대화를 앞당기기 위해 기술을 배워 돌아가고 싶었던 것이다.

유래가 깊은 산업의 역사와 특히 신기술을 포용하려는 도시의 적극성을 볼 때, 아이라는 잔담이 세포배양육을 개시하기에 최적의 장소라고 생각했다. 자신의 나라를 위해서만이 아니라 아버지의 유산을 기리는 기념비가 될 것이었다.

현재 여행사들은 잔담을 과거 네덜란드의 삶을 체험할 수 있는 지역으로 마케팅한다. 잘 보존된 목조건물에 풍차까지 더해져 매년 관광객 수천 명이 잔담을 찾는다. 그런 이유로 아이라와 테트릭은 잔담이 전 세계에 배양육을 소개하기에 이상적인 장소라고 생각했다. 세계 곳곳에서 찾아온 호기심 많은 관광객에게 옛 문물과 신기술이 결합된 모습을 보여주자는 것이다. 거대한 고래의 죽음으로 삶을 이어갈 수 있었던 곳이라니, 이보다 더 좋은 장소가 어디 있겠는가.

"수많은 관광객이 계속해서 도시를 찾아올 것이고, 그들이 저스트의 배양육을 맛볼 수 있게 하고 싶었어요." 아이라가 말했다.

테트릭은 12월 31일에 고기를 판매했다. 리테코는 500그램당 11달러라는, 엄청나게 할인된 가격으로 500그램 조금 넘게 샀다. 리테코의 어린 딸이 다가와 아버지 옆자리를 맴돌았다. 그는 역사적 순간을 목격하는 흔치 않은 기회가 딸의 미래에 큰 도움이 되기를 바랐다. 테트릭은 이 레스토랑에서 손님에게 공급할 고기를 직접 만들 수 있도록 소규모의 생산 설비 설치도 계획 중이라고 말했다.

소량의 고기가 암스테르담의 네모NEMO 과학박물관에도 팔렸다. 박물관은 배양육과 관련된 개념을 중심으로 전시회를 계획했다. 판매 장면을 찍은 영상을 보면 테트릭이 박물관 측 인사와 아이라 사이에 서 있다. 그의 왼편에 선 아이라는 침묵 속에 달아오른 얼굴로 눈물을 가까스로 억누르는 모습이다. 이를 알아챈 테트릭이 아이라에게 아버지가 이곳에 계시면 어떤 생각을 하겠느냐고 물었다. 그녀는 몸을 앞뒤로 흔들며 차마 말을 꺼내지 못하고 미소만 지었다. 그 순간에 테트릭은 역사를 만들었다.

그는 돌아오는 비행기 안에서 역사의 가장자리를 타고 올라 미지의 세계를 향해 밝아오는 여명을 만끽했다. 승리감이 그리 오래가지 못하리라는 사실을 당시에는 알지 못했다. EU의 규제정책은 미국 못지않게 변덕스러웠다.

암스테르담의 공포

05

새로운 소식을 실은 검은색 밴 한 대가 밤안개를 헤치며 깊게 잠이
든 암스테르담의 동쪽 끝 거리에 멈춰 섰다. 나는 문을 열고 조수석
에 올라탔다. 아이라 판 엘런은 곧바로 기어를 바꾸며 밴을 출발시
키더니 좁은 도로를 따라 내려갔다. 왼편의 조용한 운하에는 선상
가옥이 줄지어 정박해 있고, 오른편에는 키가 큰 네덜란드식 아파
트가 보초병처럼 늘어서 있었다. 가로등 불빛이 그녀의 우울한 표
정을 비스듬히 비쳤다.

"좋지 않은 소식이 있어요." 아이라가 말했다.

암스테르담은 유럽에서 다른 나라보다도 자율성이 강한 도시다.
도시 역사학자 러셀 쇼토Russell Shorto에 따르면 "개방을 향한 뿌리 깊
은 헌신"을 지닌 시민들이 빠르게 건설한 도시다. 나는 아이라의 아
버지를 취재하고 세포배양육의 역사를 좀 더 배울 겸 막 도착한 길
이었다. 하지만 그녀는 나를 환영할 만한 기분이 아니었다. 2018년
3월의 어느 습한 저녁, 밴의 운전대를 잡은 아이라는 패배감까지는

아니더라도 불안과 화로 상기된 표정이었다. 네덜란드 국민으로서 자랑스러운 순간은 아니었다. 그녀는 가속페달을 밟아 오스터독Oosterdok 터널을 통과해서 북쪽으로 질주했다. 밴은 네덜란드에서 유명한 네모 과학박물관 아래 도로를 지나갔다.

불과 몇 시간 전인 쌀쌀한 오후에 네덜란드 관료가 예고 없이 박물관 사무실을 찾아 엄중한 경고를 전했다. 네덜란드 식품안전청 직원이었다. 그들은 몇 달 전 네모 과학박물관이 네덜란드 공공기관으로서는 처음으로 저스트의 세포배양육을 구매했다는 사실에 놀랐다. 아직 세계 어느 정부도 승인하지 않은 '고기'를 박물관은 그저 전시만 할 계획이었지만, 정부의 규제 당국은 불법인 상품을 불법으로 구매했다고 간주하고 단속에 나섰다.

관련자 모두가 조심스러워했지만, 특히 아이라는 가장 혁신적이고 잠재력이 큰 미래 식품에 공격적 태도를 보인 첫 당사자가 모국의 정부라는 사실에 부끄러웠다. 이는 세포배양육을 현실화하기 위해 노력하는 스타트업들의 움직임을 겨냥한 경고사격이었다. 당국이 이들의 제품을 회의적으로 바라본다는 것은 시장에 배양육을 내놓는 과정이 더 험난하고 더 오랜 시간이 걸릴 것이라는 분명한 신호였다. 마음 급한 실리콘밸리 스타트업들의 예상보다도 훨씬 더 느리고 고단한 길이 될 터였다.

아이라의 밴이 암스테르담 도심을 지나 버스정류장에서 기다리던 코어트 판 멘스보르트Koert van Mensvoort를 태웠다. 그는 세포배양육을 열렬히 지지할 뿐만 아니라, 재미있고 독특한 레시피를 상세히 적은 배양육 요리책[1]의 저자이기도 했다. 책에 실린 '단풍나무

훈제 연구실 양고기'는 세포배양 양고기를 통나무처럼 둥그렇게 잘라 만든 요리다. '구운 공룡' 레시피에서는 선사시대 공룡 고기를 인간이 맛볼 수 있을 것처럼 재미있게 표현했다. 위스키에 적신 사각형 고기 조각에 이쑤시개를 꽂아놓은 이미지는 특히 섬뜩했고, 각 이쑤시개에는 카녜이 웨스트나 마일리 사이러스 같은 대중문화 스타의 사진이 붙어 있었다. 다음 페이지에는 섬뜩하게 연예인을 감상하는 방법을 설명한다. 그들의 닮은꼴을 극소량 먹어보는 것이다.

그날 밤 아이라의 표정과는 극명하게 대비될 만큼 코어트의 태도는 유쾌했다. 그녀는 두 손으로 핸들을 꼭 붙잡은 채 정면을 응시하면서 눈물을 참으려 했으나 허사였다. 우리를 태운 차는 암스테르담의 도시 경계를 넘어 깊은 밤 속을 질주했다.

"불법적인 고기를 구매했다는 이유로 기소하겠다며 공무원들이 네모 과학박물관에 찾아갔어요." 차 안에서 그녀가 설명했다. 말끝에 씁쓸한 여운이 맺혔다.

"아, 정말이에요? 진짜 싸움을 원하는 겁니까?" 코어트가 되물었다. 그의 말이 지루한 침묵을 깨고 잠시 허공을 떠다녔다.

"그들은 우호적이지 않아요." 그녀가 말했다. "오늘날까지도 여전히 배양육에 공격적인 태도를 보인다는 사실이 무척 슬퍼요."

그녀는 다시 밴을 돌려 이제는 어두워진 네덜란드 고속도로 위를 달렸다. '잔담행 북쪽 방향 도로'라는 이정표가 보였다. 테트릭이 소량의 배양육을 팔았던 폴 리테코의 역사적인 레스토랑으로 가는 길이었다. 도로는 아래로 경사져서 네모 과학박물관 아래로 뚫린 거대한 지하도로 이어졌다. 아이라가 건물 바깥쪽 한구석에 있는 사무실을 가리켰다. 몇 주 전에 테트릭이 판매를 성사시킨 곳이었다.

"그들의 입장을 받아들이기가 무척 힘들어요. 아버지의 관점에서 보더라도 우리는 이제 모든 준비를 끝냈기 때문이에요." 그녀가 설명했다. "네덜란드는 기회를 놓치고 있어요. 마침내 일을 성사시킬 곳을 찾았다고 생각해서 저는 정말 기뻤거든요."

코어트가 밝은 목소리로 답했다.

"또 다른 장애물이 나타났다고 봅니다. 그걸 넘느라 시간이 좀 더 걸릴 뿐이죠." 그가 말했다. "그렇지만 우리 일은 자랑스러워할 만하다고 생각합니다."

우리는 도로를 벗어나 자갈밭으로 들어섰다. 아이라가 좁은 주차 공간에 밴을 천천히 주차한 뒤 시동을 껐다. 우리 세 명은 3월의 한기가 서린 밤공기 속으로 내려섰다. 나는 굽이진 길을 따라 내려가며 코트의 지퍼를 올리고 스카프를 단단히 여몄다. 어두운 잔Zaan강의 둑으로 이어지는 길이었다. 강물을 따라 전통적인 모양의 네덜란드 풍차 몇 개가 불길하게 솟아 있었다. 밤을 지키는 강건한 체구의 파수꾼들 같았다. 희미한 달빛만이 그들을 비췄다. 우리의 발소리를 제외하면 적막하기만 한 밤 풍경이 마치 장례식장 같은 분위기를 풍겼다. 아이라가 재채기를 했다. 공기 중으로 세 사람의 입김이 하얗게 흩날렸다.

그녀가 어두운 잔강을 바라봤다. 암스테르담 해안을 향해 남쪽으로 강물이 휘감아 흘렀다. 아이라는 돌멩이 하나를 던지면 닿을 수 있는 거리에 있는 목조건물을 향해 손짓했다. 창문에서 어서 오라는 듯이 따스한 불빛이 흘러나왔다. 레스토랑 '데 호프 옵 드스바르테 발비스'였다. 이 레스토랑에서 저녁을 먹기 위해 예약해두었다. 아이라는 건물을 보자 네덜란드 정부를 향한 화가 다시 솟구쳤다. 목소리에는 분노가 묻어났다. 기후변화로 인해 파리 기후협정이 연내에 발효되고 매년 동물 수십억 마리가 불필요하게 죽어가는 등 모든 것이 위태로운 상황에서, 어떻게 다른 곳도 아닌 그녀의 정부가 배양육을 시장에 내놓으려는 시도에 맨 먼저 찬물을 끼얹을 수 있을까? 만약 네덜란드 정부가 지지를 보냈다면 전 세계에 강력한 메시지를 보낼 수 있었을 것이라고 아이라는 말했다.

"네덜란드는 위대한 국가였고, 지금도 위대한 국가라는 사실을 보여줄 수 있었어요." 아이라가 발치에 있는 자갈을 차며 한숨 쉬듯이 말을 내뱉었다.

재래식 요리를 지켜야 할 유산으로 보는 국가나 대륙에서 첨단 고기 제품을 시장에 받아들이기란 결코 쉽지 않은 결정이다. EU 집행위원회는 이런 제품을 어떻게 출시할지를 결정하는 역할을 맡는데, 27개 회원국 전체에서 배양육을 지칭할 이름을 정하는 권한까지 포함한다. 네덜란드 식품 규제 당국이 테트릭의 계획을 중단시킬 당시에도, 유럽에서는 재래식 음식을 복잡하게 변형한 새로운 식품을 두고 이미 열띤 논쟁이 계속되고 있었다.

2017년 독일 농업부장관 크리스티안 슈미트Christian Schmidt는 식물성 돼지고기로 만든 소시지를 뜻하는 "비건 커리부어스트vegan curry-wurst"[2]와 같은 용어의 사용을 전면 금지했다. 비육류 대체품이 소비자를 혼란스럽게 한다는 주장이었다. 그 뒤 몇 년 동안 더 극렬하게 옥신각신했고, 이에 대한 해답은 브뤼셀의 EU 본부에서 내놓아야 했다.

우리는 레스토랑으로 발걸음을 옮겼다. 새하얀 멋진 식탁보와 십자형 대들보가 걸린 천장, 메뉴에 적힌 음식부터 벽을 꾸민 푸른색과 흰색의 델프트Delft* 타일까지, 곳곳에 네덜란드 역사가 스며 있었다.

주인 폴 리테코가 입구에서 우리를 반겼다. 그는 불행한 뉴스를 접한 터라 자신이 소비자에게 세포배양육을 최초로 판매할 식당 주인이 될 수 없다는 사실을 이미 알고 있었다. 그는 식당 건물의 오랜 역사를 이야기하며 복도를 따라 우리를 안내했다. 내 머리 위로는 기다랗고 치명적인 유물이 걸려 있었다. 고래를 잡고 죽일 때 쓰던 작살이었다.

저녁 식사 분위기는 그리 유쾌하지 못했다. 아이라, 코어트, 폴은 직접 그날 사건을 자꾸 되짚고 재구성했다. 규제 당국은 레스토랑에도 나타났을까? 아직은 아니었다. 리테코가 냉장고에 저장해둔 배양육을 가지러 올까? 그는 절대 빼앗기지 않을 생각이었다.

그들은 맞서기 어려운 행정조치에 직면했을 때 나타나는 일종의 불안감 때문에 불안정한 모습이었다. 불투명한 시스템에서 관료 조직 내부의 어떤 업무체계로 인해 이런 결정이 내려졌는지 알 수 없었다. 정확히 누가 네모 과학박물관으로 쳐들어가라고 명령했을까? 누구에게 연락해야 할까? 정부의 결정을 바꾸기 위한 최고의 방법

---

* 네덜란드 조이트홀란트 Zuid Holland주에 있는 도시로, 유명 도자기 회사 '로얄 델프트'의 고장.

은 무엇일까?

선택지는 두 가지였다. 하나는 정부가 시작한 게임에 참여하는 것이다. 더 큰 대의를 위한 행동을 취해달라고 규제 당국을 향해 주장하고 탄원서를 내고 간청하는 방법이다. 분명 해를 넘길 것이다. 아니면, 분노에 찬 아이라가 염두에 두고 있는 '시민 불복종'을 선택할 수 있다.

상황을 타개할 전략을 찾기 위해 머리를 함께 맞댔다. 항의할 수도 있고, 대중을 향해 캠페인을 벌일 수도 있다. 막무가내로 아이라가 집에서 세포배양육을 만들 수도 있다. 위법 행위임이 분명하지만.

"저는 빌럼 판 엘런의 딸이에요." 그녀가 말했다. "전 세계가 내 행동을 이해해줄 거라고 생각해요."

그렇지만 반대의 결과를 불러올 수도 있었다.

2019년 4월 1일 EU 의회의 농업위원회는 비건용 육류나 유제품을 제조하는 회사가 '버거' '스테이크' '우유'와 같은 용어를 마케팅에 사용하는 것을 금지하는 법안을 의결했다. 만약 세포배양육 회사가 유럽에서 자사 제품에 대한 반응을 측정한다면, 확실히 냉랭 그 자체였을 것이다.

세포배양육이 생물학적으로 '진짜 고기'라는 주장에 이런 움직임이 어떤 영향을 미칠지 단언하기에는 아직 이르지만, EU에서 농업계가 벌이는 극렬한 정치적 로비는 완화될 기미가 보이지 않는다. 보호무역주의로 매도할 수 있을지라도 기득권을 지키려는 힘은 여전히 강력하다. 신흥세력이 기존 육류 시장에서 한 자리를 차지하는 것은 힘겨운 도전이다. 경쟁하려면 창의성을 더 발휘해야 했다.

하지만 저스트가 법제화된 신청 과정을 공식적으로 거쳐 배양육을 신소재 식품으로 등록하고 판매를 시도한다면 어떨까? 일단 EU에서 명시한 규제 조건을 충족하면 저스트는 머지않아 계속 네덜란드 땅에서 배양육을 출시할 수 있지 않을까?

"조시는 신청서를 내지 않을 거예요." 아이라가 침울하게 대답했다. 네덜란드가 기회를 놓쳤다며 거듭 아쉬워했다. 그녀는 테트릭이 배양육을 시장에 내놓는 일을 최우선으로 여기는 것을 알았다. 그의 에너지가 다른 나라로 옮겨갈 수도 있다는 뜻이었다. 테트릭이 네덜란드를 향한 꿈을 접고, 최종 확정까지 최소한 2년이 걸리는 EU의 신소재 식품 신청 절차에 참여하지 않으리라는 의미였다.

나는 아이라와 나눈 대화를 곰곰이 되새겨봤다. 세포배양육을 판매하려는 노력을 네덜란드 당국이 갑작스럽고 불쾌하게 중단시키자 아이라는 감정적인 타격을 입었다. 아버지의 유산을 내려놓아야 할지 아니면 다른 경로의 타개책을 찾아 더 강력하게 추진해야 할지 갈림길에 서 있었다.

며칠 뒤 암스테르담을 떠나 미국으로 돌아가는 길에 안부 인사를 할 겸 아이라에게 전화를 걸었다. 그런데 목소리에서 조급한 기색이 느껴졌다. 놀랍게도 그녀가 감옥에 갈 수도 있는 행위를 시도할 때쯤 내가 전화를 건 모양이었다. 대중의 관심을 끌기 위해 일종의 쇼를 벌이려는 것이었다. 불법임을 알면서도 주방에서 세포배양육을 키울 생각을 하고 있었다. 그리고 기꺼이, 간절히 체포되기를 원한다고 말했다. 그녀는 일본 세포배양육 회사인 인테그리컬처가 판매하는 기계를 구하려고 알아보기까지 했다. 원시적인 형태의 세포배양육을 키워내는, 전자레인지 크기의 신기한 제품이었다. 그녀는 이것들이 모두 정부에 대한 저항의 표시라고 말했다.

충격적이었다. 그녀의 열정 때문에 충격을 받은 것은 아니었다. 분명 그녀가 자신의 명분에 대해 헌신적이라는 사실은 이미 알고 있었다. 다만, 그녀가 시도하려는 수단은 극단적 활동가가 할 만한 형태였기 때문에 충격받았다. 테트릭과 같은 비건 기업가가 변화를 일으키려는 방식과는 거리가 멀었다. 테트릭은 실용적인 접근 방법에 더 관심이 있었다. 아마 그녀는 그런 방법으로는 아무것도 이룰 수 없다고 느끼는 것 같았다.

"조시는 이미 네덜란드에 관심을 잃은 것 같아요. 이곳에서는 아무런 진척도 없을 것만 같네요." 아이라의 목소리에 실망감이 가득했다.

몇 주 뒤 나는 저스트의 샌프란시스코 본사에서 테트릭을 만났다. 실제로 그는 네덜란드에서 거래에 실패했다는 사실을 마음속에서 정리해버린 것 같았다. 그는 자신의 노력이 왜 성과를 거두지 못했는지를 아주 사무적으로 설명했다. 그에게는 이미 지난 일이었다.

"네덜란드 식품 규제 당국은 만장일치로 세포배양육이 신소재 식품체계에 속한다고 판단했어요. 그들은 1997년 이전에 판매된 적이 없다면 신소재 식품으로 간주하겠다고 생각하고 있었습니다." 배양육이 잔강 옆에 있는 역사적인 레스토랑에서 판매되더라도 네덜란드의 일반 식품체계에는 포함되지 못했을 것이라고 덧붙였다.

테트릭의 마음은 이미 다른 데로 가 있었다. 암스테르담은 후순위로 밀렸다. 그는 싱가포르 규제 당국과 미팅을 했다. 아시아 도시 국가의 여러 현지 레스토랑과 이미 협상까지 시작한 참이었다. 자신의 아이디어를 실현할 수 있는지 가능성을 알아보고 있었다. 분명히 테트릭은 자신의 세포배양육을 빌럼 판 엘런의 고향에서 처음으로 판매하려는 노력을 멈췄다. 어려운 결정이었지만 순전히 사업성과 난도를 고려한 결과였다.

그사이 저스트는 다른 나라로 좀 더 폭넓은 관심을 기울였다. 그의 팀원이자 대변인인 앤드루 노예스Andrew Noyes는 심지어 어느 나라에서도 음식 관련 규제를 받지 않는 공해公海 상에 배를 띄우고 회사의 세포배양육을 선보이자는 아이디어까지 제시했다.

테트릭은 2018년 초에 세포배양육을 시장에 내놓을 수 있기를 바랐다. 계획이 부산되고 관련 규제 범위가 더 명확해지면서 연말까지 추진하려 했던 기회의 창이 모두 빠르게 닫혔다. 미국 규제 당국이 어떤 자세로 나올지도 여전히 불분명했다. 그는 싱가포르, 홍콩, 아랍에미리트를 포함한 여러 정부와 협상을 시작하면서 돌파구를 찾으려 했다.

세포배양육을 연구하고 개발하는 일 자체도 분명히 큰 도전이다. 하지만 세계 각국의 규제 당국이 쌓아놓은 장벽을 무너뜨리기 위해서는 더 큰 패기가 필요했다.

굴레를 벗고

06

테트릭은 야구 방망이를 어떻게 힘주어 잡는지, 자신의 어깨를 야구 방망이가 어떻게 스치며 돌았는지 10대 시절의 감각을 기억해 내려 애썼다. 힘껏 휘두른 야구 방망이가 공기를 갈랐다.

스윙!

제자리로.

스윙!

야구 방망이가 바람 소리를 내며 등 뒤로 힘차게 넘어갔다. 뒤편에는 그와 체구가 비슷한 동창생이 미소를 머금고 서서 지켜보고 있었다. 적갈색 머리카락이 돋보였던 소년 조시 보크의 미소는 여전했다. 그는 테트릭의 스윙 자세를 고쳐주기 위해 앞으로 나섰다.

테트릭은 그 무엇도 쉽게 얻는 법이 없었다. 그는 앨라배마주 버밍엄의 가난한 가정에서 자랐다. 어머니는 미용사로 일했고 아버지는 온갖 직업을 전전했다. 때때로 집세를 내지 못했고 고난이 끊이지 않았다. 그가 열세 살이 될 때까지 가족은 열네 번이나 이사했다.

새로운 집, 새로운 친구, 새로운 곤경에 매번 익숙해져야 했다. 테트릭의 부모는 그가 아홉 살 때 이혼했다. 4년 뒤 그의 가족은 버밍엄에서 북쪽으로 1,400킬로미터나 떨어진 필라델피아 교외에 있는 펜실베이니아 웨인Wayne까지 옮겨갔다.

"어머니와 아버지는 이혼한 이후에도 단지 가족의 형태를 유지하고 싶다는 이유 하나 때문에 함께 옮겨 다녔습니다." 테트릭이 회상했다.

전학을 온 그는 다른 아이들과 어울리려고 노력했다. 길고 긴 수업이 끝나고 학교 종이 울리면 래드너고등학교Radnor High School의 복도는 건물 정면으로 나 있는 세 개의 문으로 이어졌으며, 부산스러운 10대 학생 수백 명이 내뿜는 불안정한 에너지가 넘쳐났다. 학생들은 로커에서 각자의 짐을 챙겨 필라델피아를 둘러싼 교외로 쏟아져 나갔다.

테트릭은 다른 학생들과 함께 학교 본관 근처의 잔디밭으로 달려갔다. 그러면 디젤 가스를 내뿜는 노란 스쿨버스가 덜컹거리면서 다가와 학생들을 태웠다. 그 근처 야구장에는 늘 학생들로 북적였다. 스쿨버스를 기다리는 학생들은 홈플레이트* 근처에 모여 스윙 연습을 하며 시간을 보냈다.

테트릭은 야구 방망이를 휘두르다가 보크를 만났다. 그때 그들에게 필요한 건 그게 전부였다. 스포츠를 좋아했던 두 사람은 서로 호감을 느끼며 성인기까지 이어지는 기나긴 우정의 초석을 쌓았다.

• 야구에서 주자가 득점하기 위해 밟는 마지막 베이스.

테트릭에게는 보크와의 우정이 가장 절실했다. 그는 이글스 팀의 라인배커Line backer•가 되기를 열망했다. 보크는 시카고 컵스 팀의 투수가 되기로 결심했다. 실제로 보크 가족의 반려견에게 시카고 컵스의 백업 포수이자 1루수인 엑토르 비야누에바Héctor Villanueva의 이름을 붙일 정도였다.

테트릭과 보크의 고등학생 시절 사진을 보면 두 소년이 나눈 유대감이 잘 드러난다. 두 사람의 우정이 어떻게 발전했는지도 잘 보인다. 사진 속 테트릭은 불편한 듯한 표정을 짓고 있다. 그는 근육질 팔이 드러난 회색 탱크톱을 입고 사진 경계선 바깥으로 세워진 서커스 천막을 향해 청동 메가폰에 입을 대고 무언가를 외친다. 하지만 실제 행동을 지휘하는 사람은 그의 뒤편에 있다. 초점이 살짝 벗어나서 흐릿하게 보이는 보크가 활짝 미소를 짓고 있다. 그의 표정을 보면 전체 시나리오를 감독한다고 추정할 수밖에 없다.

내 짐작은 그리 틀리지 않았다.

"말하자면, 여기 이 사진에 모든 것이 요약돼 있습니다." 테트릭이 말했다. "이 사람이 나예요. 분명 지금의 저와는 몸이 다르지만요."

그는 사진 속 보크의 얼굴을 두드렸다.

"하지만 여기 이 미소는, 내가 지금 하는 일에 근본적인 확신을 주고 있어요." 그가 말했다. "어찌 된 노릇인지 그는 내 마음과 심장을 파고들었어요. 마치 '좋아, 저기 서커스에 사람이 가까이 다가가지 못하도록 설득해'라고 말하는 것 같아요. 그리고 그저 미소만 짓

• 상대 팀 선수들에게 태클을 걸며 방어하는 수비수.

고 있죠. 그가 '이 모든 것을 내가 기획했어. 전략을 만들었어'라고 하는 것 같아요."

그렇다면 테트릭은 사진 속 자신을 한마디로 뭐라고 요약했을까?

굴레를 벗고.

내가 질문을 던졌을 때 그의 머릿속에 떠오른 표현이다. 10억 달러 규모인 기업의 CEO에게서 들을 것이라고 기대할 만한 말은 아니었다. 하지만 목적 없이 방황하던 젊은 시절에 삶의 의미를 갈구하던 테트릭은 채식주의를 알게 되었고 활동가가 되기로 결심했다. 그가 회사를 차린 이유이기도 했다. 그리고 단순히 식물 기반 식품을 만드는 데만 집중하는 것이 아니라 세포배양육 분야에 진출하기로 결정한 배경이기도 했다.

하지만 전 세계에 배양육의 새로운 미래를 알리겠다는 그의 계획을 구체적으로 이해하려면 먼저, 무엇이 그를 일반인과는 동떨어진 희한한 분야로 이끌었는지를 고려해야만 한다. 왜냐하면, 정말로 테트릭은 배양육 같은 분야와는 전혀 관련이 없이 살았기 때문이다.

조시 보크는 조시 테트릭에게 가장 친구가 필요한 시기에 그의 인생에 들어왔다. 혼란한 청소년기를 같이 보냈을 뿐만 아니라 서로 믿음을 나눈 사이가 됐다. 감탄하고 존중할 수 있는 사람, 자신이 본질적으로 다른 어떤 사람보다 세상에서 더 큰 역할을 할 수 있다고 믿게 도와준 사람이었다. 처음에 그들은 스포츠를 통해 연결되었지만 우정이 깊어지며 대화의 죽이 정말 잘 맞았다. 테트릭은 언제나 동물을 사랑했다. 하지만 이런 성향이 어떻게 동물 해방 운동으로 이어졌는지, 어떻게 투지가 생겨나 적극적인 활동가가 됐는지는 확실하지 않다.

테트릭이 동물 해방 운동에 처음으로 나선 때는 동물 학대 문제로 서커스에 항의하던, 젊은 시절의 회색빛 오후였다. 하지만 아마도 더 중요한 것은, 그가 소속감을 느낀 인상적인 젊은 시절의 한순간이었다는 사실이다. 보크는 그의 의형제였다. 테트릭은 고등학생 시절 자신의 집에서 보낸 시간보다 보크의 집에서 보낸 시간이 훨씬 더 많았다고 회상했다.

그들은 항상 서로 붙어 지냈다. 함께 축구와 야구를 했고 삶의 목적에 대해 긴 대화를 나눴다. 때때로 그들은 보크 집 주변 거리 모퉁이에 있는 할리우드 비디오 가게로 가서 테이프가 늘어질 정도로 오래된 NBA 농구 게임 비디오와 레슬링 비디오를 빌렸다. 그리고 그곳에서 동물권을 옹호하는 데 영감을 준 테이프를 우연히 발견했다.

"그곳에 그냥 앉아 있었습니다." 테트릭이 기억을 되살렸다. "우리는 '이게 뭐지?' 싶은 상태였어요."

화면 속에서 후추 빛의 정적이 강렬한 색깔로 바뀌었다. 병원 수술실 중앙에 자리한 수술대 위에 사람이 누워 있었다. 마스크를 쓰고 가운을 입은 의사 여러 명이 환자를 둘러싸고 있다. 카메라는 환자의 심장을 확대해서 보여줬다. 형광등이 붉게 빛나면서 빠른 속도로 박동하는 심장을 의사들이 이리저리 쿡쿡 찔러대고, 심장 박동 속도가 더 빨라졌다. 그러더니 갑자기 인간의 가장 중요한 장기가 마지막 한숨을 내쉬듯 커다랗게 부푼 다음 둔중한 정적으로 가라앉았다. 동시에 반복해서 울리던 병원 장비의 날카로운 소리가 단조롭게 계속되는 "삐" 소리로 바뀌었다. 화면이 검은색으로 바뀌면서 밝은 진홍색 자막이 나타났다. 비뚤어지고 흐릿하게 번진 1978년 작 공포 영화의 제목은 〈죽음의 얼굴들 Faces of Death〉이다.

이 영화를 만든 사람은 '코난 르 클레르 Conan Le-Cilaire'라는 가명으로 불렀다. 그는 〈가디언〉과의 인터뷰[1]에서 '살인자 코난'이란 뜻이 마음에 들어서 이 프랑스어를 이름으로 정했다고 말했다. 이 고어물이 가정에서도 시청할 수 있도록 VHS Video Home System로 발매됐을 때 특히 호기심 많은 10대들의 관심을 끌었다. 비디오 겉면에 적힌 '46개국에서 금지됐다!' 같은 광고 문구가 많은 젊은이를 유혹했다. 실제로 이 영화를 금지한 국가는 소수에 불과했지만 이 비디오는 충격적인 광고 문구에 걸맞은 위력을 발휘했다. 오늘날 정치적으로 활발히 활동하는 많은 비건 활동가가 이 영화의 영향력을 언급한다.

화면은 다시 인체 이미지로 전환되는데 이번에는 영안실이 무대다. 시체는 피가 모두 빠져나가 경직되면서 손가락과 발가락이 가늘고 옹이 진 나뭇가지처럼 뒤틀렸다. 장의사는 시체를 토막 낸다. 나는 어둠 속에서 재빨리 리모컨을 찾아 10분 정도 빨리감기를 한다. 이제 화면에서 나를 반기는 것은 핏불 두 마리가 치열하게 싸우는 장면이다.

"이 동물들은 오직 한 가지 삶의 방식만 알고 있다. 주인들은 동물들이 동족들과 전쟁만 벌이도록 길들였다." 화면에서 설명이 흘러나온다. 그런 다음 초원에서 풀을 뜯는 소와 양이 나오더니, 전기 충격기로 양을 죽이고 소의 목을 자르는 장면이 나온다.

"서구 문화는 굶주린 사람을 먹일 수 있는 궁극적인 살상 기계를 개발했다." 설명이 이어진다. "이를 도살장이라고 부른다."

텔레비전 앞에 앉아 있던 어린 10대들은 끔찍한 살육의 현장을 마주했다. 이 영화는 일반적으로 노출을 금기시하는 삶의 잔혹한 부분을 폭로했다.

영화를 본 두 소년에게 잔상이 새겨졌다. 오늘날 그들이 표현하듯이, 죽음에 관한 생각에 마음을 빼앗겼다. 도살장에서 벌어지는 섬뜩한 죽음의 디테일에 숨어 있는, 순전한 피와 살로 이루어진 생명체를 향한 잔혹한 폭력의 비밀을 직시했다. 그리고 당시 비건 세계로 입문하려던 테트릭과 보크는 한 가지 분명한 질문을 떠올렸다.

"왜 우리가 살기 위해 다른 존재가 죽어야 하지?"

고등학교를 졸업한 뒤 보크는 펜실베이니아주 스크랜턴Scranton 북동쪽에 위치한 사립학교인 키스톤칼리지Keystone College에 진학했다. 학업을 마친 뒤에는 워싱턴 D.C.로 이사했는데, 그곳에서 길을 걷다가 우연히 미국동물보호협회Humane Society of the United States 본부를 보았다. 동물을 만날 수 있겠다고 생각하며 들어간 건물 안에는 정장 입은 사람들로 북적였고 그들 대부분은 변호사였다. 그들은 동물권을 위해 일하고 있었다. 일자리를 문의한 보크는 정부 부처의 한 부서에서 인턴으로 일할 수 있다는 소식을 빠르게 접했다. 그 이후로 줄곧 그곳에서 일했는데, 최근에는 세계적으로 활동하는 거대 식품 회사를 상대로 우리에 가두어 키우지 않는 닭이 생산한 달걀만 사용하도록 설득하려 애쓰고 있다.

그에 비해 테트릭은 웨스트버지니아대학교West Virginia University를 선택했고 뉴욕 이타카Ithaca에 있는 코넬대학교로 편입하기 전까지 그곳에서 2년 반을 보냈다. 2004년 학사 학위를 받은 뒤 미시간대학교 로스쿨에 합격했다. 법 공부에 특별히 열정을 느껴서는 아니었다. 여전히 삶의 뚜렷한 목적을 찾지 못하고 있었다. 하지만 로스쿨 입학시험을 보고 법대에 진학하는 것이 크게 나쁘지는 않다고 여겼다. 아마도 세계를 긍정적으로 바꿀 힘을 얻을 수 있으리라 생각했다고, 그는 회상했다.

"미시간대학교 로스쿨에 다니는 동안 케냐에서 시간을 보냈습니다." 그가 말했다. "학교는 저를 싫어했습니다. 근본적으로 제가 로스쿨에 다니고 싶어 하지 않는다는 사실 때문에 그들은 곤혹스러웠을 겁니다."

그렇지만 그는 로스쿨 공부를 끝마쳤고 아프리카로 돌아가 몇 년간 라이베리아Liberia 정부와 관련된 유엔 프로젝트 일을 했다. 라이베리아 정부가 사회와 환경 문제를 해결하기 위한 사업을 찾는 것을 도와주고 사업가가 자본을 투자하도록 세금 우대 제도를 만들었다. 그는 남아프리카공화국과 케냐에서도 시간을 보냈다. 아프리카에 있는 동안 테트릭은 사회 정의를 구현하기 위한 프로젝트 일을 했다. 길거리에서 성매매하는 어린이를 학교로 돌려보내는 일도 프로젝트의 일환이었다. 그는 모어댄미More Than Me라는 자선단체에서도 잠깐 일했다. 이 교육 단체는 테트릭이 떠난 이후에 공동 설립자가 학교에서 학생들을 학대했다는 죄로 고발되며 크게 비난받았다.

그동안 테트릭은 자기 일이 기껏해야 탁상공론에 불과하다고 느꼈다. 하는 일에 뚜렷한 성과가 있기를 바랐지만, 욕심만큼 구체적이고 실제적인 접근은 아니었다. 항상 스승처럼 여기는 보크와 비교하면서 테트릭은 자신이 해온 일에 불만족했다. 그가 유엔의 관료주의적인 복잡한 사무 및 경제 정책과 씨름할 때, 보크는 구체적인 목표 아래 동물권 활동가로서 성과를 만들어냈다. 보크는 식품회사가 동물 친화적인 재료를 사용하도록 설득했다. 우리에 갇힌 암탉이 생산한 달걀을 사용하지 않겠다는 확답도 받아냈다. 보크는 실제 성과를 거두었을 뿐만 아니라 운동권 내에서도 점점 두각을 드러냈다.

"조시는 분명히 도움이 되는 일에 자신의 삶을 쏟아부었고 그동안 저는 아프리카에서 긍정적인 일을, 우리 모두가 납득할 수 있는 무언가를, 내가 실제로 알아볼 수 있는 무언가를 찾느라 시간을 보냈습니다." 테트릭이 말했다. "서류상으로는 모든 일이 잘 진행됐습니다. 하지만 비영리단체나 국제기구에서의 경험이 제게 그다지 와닿지는 않았습니다."

테트릭은 2009년 미국으로 돌아와 버지니아주 리치몬드Richmond에 위치한 맥과이어우즈McGuireWoods라는 회사에 취직했다. 전용 사무실과 개인 비서가 있는 특전에도 불구하고, 그는 심지어 출근 첫날부터 둥그런 구멍에 네모난 자신을 억지로 끼워 맞추는 듯한 느낌을 받았다. 비서가 사무실을 안내하고 문을 닫자마자 테트릭은 밀실공포증에 빠졌다.

그는 문을 열고 곧바로 비서가 앉아 있는 책상으로 직진하면서 물었다. "근처 어디로 가서, 그러니까 뭐, 이 부근에 있는 가까운 커피숍 같은 데서 업무를 좀 살펴봐도 될까요?"

비서는 잠시 그를 올려다보다가 무미건조하게 답했다. "안 돼요.

오늘은 업무 첫날이잖아요. 이 모든 일을 막무가내로 커피숍으로 들고 갈 수는 없습니다."

그는 사무실로 돌아가 문을 닫고, 곧바로 이 회사에서 일하기로 한 결단이 얼마나 어리석었다고 생각했다.

"그 일이 객관적으로 세상을 위해 선한 일일지라도, 사실은 그렇지도 않았지만요. 만일 실제로 그렇다고 가정하더라도, 저는 감당할 수 없었습니다. 업무를 처리할 수가 없었어요. 업무 처리 방식이 너무 답답했어요. 그곳에서는 제가 분명 형편없는 변호사가 될 것 같았습니다."

테트릭이 버지니아의 한 명문 로펌에 스스로를 가둔 것은 분명 잘못된 선택이었다.

회사도 곧 그 사실을 깨달았다. 같은 해 3월, 테트릭은 〈리치몬드 타임스 디스패치Richmond Times-Dispatch〉에 "당신은 지구를 구할 수 있다"라는 제목의 기명 칼럼을 기고했다.[2] "공장형 농장 우리 안에서 잔인하고 비정한 취급"을 받으며 고통스러워하는 700억 마리 동물에 관한 내용을 포함한 글이었다. 이 부분이 문제가 되었다. 2006년 당시, 매년 돼지 2,700만 마리를 가공하여 돼지고기 270톤 이상을 생산하는 다국적 육류 회사 스미스필드푸즈Smithfield Foods는 맥과이어우즈의 주요 고객사였다. 기사가 나간 직후 테트릭은 해고됐다. 그는 기쁜 마음으로 회사를 떠났다.

테트릭은 내내 보크와 연락을 주고받으며, 소속을 잃은 불안감을 달래고 안정을 찾는 데 도움이 될 만한 일을 찾기 위해 친구와 함께 부단히 고심했다.

"보크는 내 안에 있는 잠재력을 감지했지만, 이를 쏟아부을 곳을 찾을 수 없었어요." 테트릭이 말했다. "그가 나를 처음 만났을 때는 그런 곳이 있었어요. 야구장이라 불리는 곳이었죠. 축구장도 있었습니다. 하지만 우리는 이제 나이가 들었고, 그는 내가 미국동물보호협회에는 별 관심이 없다는 사실을 알고 있었어요. 그렇다면 나를 어떻게 해야 할까요? 나란 녀석을 도대체 어느 구석으로 처박아야 할까요?"

테트릭은 여전히 동물 해방 활동가로 일하고 싶었다. 그렇지만 라이베리아, 남아공, 케냐에서 수년을 보내면서 비영리기구가 당면한 문제를 해결하는 데 얼마나 무능한지를 내부에서 반복해 지켜본 경험이 발목을 잡았다.

"우리는 항상 잘못된 선택지를 두고 고민하며 자랐어요. 비영리기구에서 일하면서 좋은 일을 많이 할 수 있지만 돈은 벌지 못하든가, 회사에서 일하며 좋은 일을 하지는 못하지만 어쩌면 좋은 일을 하는 곳에 기부할 수도 있다는 두 가지 생각이었죠." 그가 말했다.

테트릭은 속으로 이렇게 생각했다. **정말로 자본주의를 받아들여야만 할까?**

"내게 어떤 길이 맞을까, 고민이 많았어요." 그가 말했다.

그렇게 고등학교를 졸업하고 10여 년이 지난 뒤, 그는 그만의 도시, 그만의 집을 찾지 못한 채 남의 소파 위에서 뒤척이는 자신을 발견했다. 20대 후반부를 터벅터벅 지나가는 중이었다. 손안에 인상적인 이력서를 들고도 여전히 소속된 곳 없이 안갯속에서 방황하며 인생의 길을 찾고 있었다. 그때가 2011년이었다. 그는 대학 시절

에 만난 전 연인이자 당시는 친구 사이였던 질 헌덴스키Jill Hundenski
의 집에 머물렀다. 두 사람은 지금도 가까운 사이다.

햇볕이 잘 드는 그녀의 거실에서 반려견과 함께 앉아, 태트릭은
앞으로 무엇을 해야 할지 고심하며 머리를 쥐어짰다. 이력서에 드러
난 그의 이력은 분명히 대단했지만, 만족스러운 성취를 이루지 못한
채였다. 그는 여전히 친구 집 소파에 처박혀 방향을 찾지 못하고 앞
으로 어떤 일이 다가올지조차 가늠할 수 없었다.

"꼭 돈 문제만은 아니었어요. 그보다는 '대체 내가 어떻게 살고
있는 거지?'라고 자꾸 되뇌었습니다." 그는 회상했다. "아프리카에
서 무언가를 해보려 했지만 기대했던 대로 잘되지 않았습니다. 중
요하다고 생각한 일을 조금이라도 이뤄보려고 했지만요."

어느 날 당시 미국동물보호협회 부회장직을 맡고 있던 보크가 캘
리포니아에 출장을 왔다가 테트릭에게 들렀다.

"조시, 나는 뭘 해야 할지 모르겠어." 테트릭이 말했다.

테트릭의 어릴 적 친구는 이미 자기 분야에서 성공의 표본이 되어
있었다. 보크는 잔혹한 사육환경을 개선하기 위해 사람들이 우리에
갇힌 암탉이 낳은 달걀을 소비하지 않도록, 지칠 줄 모르고 밀어붙
이는 중이었다. 그는 월마트, 제너럴밀스generalmills, 크로거Kroger, 맥
도날드 같은 회사가 달걀 공급망을 바꾸게 하기 위해 일했다. 또 전
국적인 선거 단체를 통해 정치권을 자극해 법률 개정 운동도 벌였
다. 그 결과 보크는 많은 동물권 활동가가 굉장히 존경하는 위치에
올랐다.

"내 말 잘 들어." 고뇌하는 친구에게 보크가 말했다. "너는 꼭 회

사를 세워야 해. 기업형 동물농장 시스템의 한 부분이라도 무너뜨릴 방법을 찾을 회사를 만들어야 해. 달걀부터 시작해보는 것은 어떨까?"

테트릭은, 나중에 와서 생각해보니, 회사를 시작하라는 보크의 열성적인 권유가 얼마나 모순적이었는지를 깨달았다. 무엇보다 보크는 기업가적 자질을 갖춘 사람이 아니었다. 사업을 성공적으로 벌여본 적도 없고 장사꾼 기질도 없었다. 이해타산에도 밝지 않았다. 더구나 보크는 비건 입장에서 그들이 무너뜨리고자 하는 '시장'이라는 괴물과 싸울 수 있는 강력한 수단으로 자본주의를 이용할 수 있다는 아이디어를 갑자기 생각해냈다.

사실 테트릭에게는 전혀 낯설지 않은 개념이었다. 몇 년 동안 그를 자극하던 아이디어였다. 〈리치몬드 타임스 디스패치〉에 기고했던 운명적인 칼럼에 그는 이렇게 썼다. "세계에서 가장 큰 수요에, 당신의 강점을 실현하고 의미를 찾을 역동적인 기회가 있다. 물론 돈을 벌 기회도 함께."

2011년 12월 11일, 두 남자는 함께 저스트를 설립했고 차고에 사무실을 차렸다. 첫 제품으로는 달걀이 들어가지 않는 마요네즈를 포함해 비건 소스를 만들 계획이었다. 당시 회사의 주요 목표는 달걀산업에 충격을 주는 것이었다. 최종적으로는 식물을 원료로 하여 경쟁력을 갖춘 액상 달걀을 만들기를 희망했다.

초창기부터 보크는 회사 운영에 관여하지 않았다. 현재도 회사 지분이 전혀 없다. 그렇지만 테트릭과 긴밀하게 연락하며 저스트 내부에서 진행되는 일을 속속들이 알고 있다. 테트릭은 회사의 시작부터 줄곧 CEO를 맡고 있다. 돌이켜보면 그는 저스트 설립 때부터 보크를 전적으로 신뢰했다.

"그가 없었다면 회사를 세우지도 못했을 겁니다." 테트릭이 말했다. "그는 초기 아이디어와 목표를 제시했고 저를 북돋웠습니다."

테트릭은 실리콘밸리에 입성한 열성적인 기업가가 대체로 하는 일들을 따라 했다. 작은 팀을 꾸려 초기 제품 개발에 착수했으며 가능성 있는 투자자에게서 새로운 사업을 키울 종잣돈을 끌어오고자 애썼다.

실리콘밸리 벤처투자사들이 저스트의 목표와 사업에 많은 관심을 보이며 한동안 투자가 활발히 이루어졌다.

저스트는 비건을 위한 소스와 쿠키 반죽 제품군으로 약간의 악명이 섞인 명성을 얻었다. 하지만 주요 목표는 비건을 위한 달걀 대체품을 만드는 것이었다. 가혹한 사육환경에서 암탉이 낳는 달걀을 판매하는 기존 업계를 비난하는 활동가와 이를 통해 교육받은 대중이 늘어가면서(보크의 노력에 힘입어) 더 많은 투자자가 관심을 보였다. 테트릭이 잠재적 투자자에게 던진 질문은 단도직입적이었다. '만약 동물에게 해를 끼치지 않고, 값싸고 품질이 좋으면서 확실한 달걀 제품을 받아들이지 않을 이유가 있을까?' 그는 효과가 있으리라고 확신했다. 그리고 이 아이디어를 시장에 실현시킬 사람은 바로 자신이라고 투자자들을 설득했다.

테트릭이 개최한 제품발표회는 코슬라벤처스Khosla Ventures가 50만 달러의 종잣돈을 투자할 만큼 인상적이었다. 코슬라는 인터넷, 우주 기술, 생명공학 회사에 초기 투자를 감행하는 것으로 알려

진 실리콘밸리의 벤처투자사다. 선마이크로시스템스Sun Microsystems
의 공동 설립자이자 역사 깊은 벤처투자사 클라이너퍼킨스Kleiner
Perkins의 전임 파트너였던 억만장자 비노드 코슬라Vinod Khosla가 설
립하고 운영까지 겸하고 있다. 이후로도 테트릭은 코슬라벤처스에
서 더 많은 투자금을 끌어냈다. 코슬라벤처스는 저스트의 가장 큰
투자사로서 회사 운영에 주요한 영향력을 행사할 수 있게 됐다. 또
테트릭은 페이팔PayPal과 팔란티어Palantir의 공동 설립자인 피터 틸
Peter Thiel과 세일스포스닷컴Salesforce.com의 설립자인 마크 베니오프
Marc Benioff와 같은 저명인사의 투자도 받았다.

외국에서도 관심을 받았다. 홍콩에서는 재계의 거물 리카싱李嘉誠
과 서우카이쉬안周凱旋이 막대한 자본으로 전도유망한 스타트업에
광범위한 투자를 하고 있었다. 두 사람은 오랜 세월 운송, 부동산, 금
융서비스, 소매업, 에너지 및 유틸리티 사업 등 거대한 산업 포트폴
리오를 운용하며 돈을 벌었다. 저우카이쉬안은 아시아의 모바일 인
터넷 공급업체에 수익성 높은 투자를 진행해온, 능력 있는 사업가였
다. 리카싱은 아시아에서 부유한 사업가 명단에서 가장 윗부분에 이
름이 자주 오르는, 베일에 싸인 거물이었다. 그는 플라스틱 제조업,
부동산, 소매업으로 상당한 재산을 벌어들였다. 이 홍콩 커플은(저우
카이쉬안은 그들 사이가 산초 판사[3]와 돈키호테의 관계와 비슷하다고 설명
했다) 300억 달러 이상의 자본을 보유했다고 알려졌으며, 시장 변화
를 주도할 인물을 알아보는 예리한 안목을 자랑했다. 그들은 슬랙
Slack과 페이스북의 초기 투자자이기도 했다. 함께 호라이즌스벤처
스Horizons Ventures라는 벤처캐피털을 운영하던 두 사람은 식품 업계

와 전혀 관련이 없던 한 남자로 인해 저스트가 일으킨 바람의 낌새를 알아챘다.

사실, 저스트는 설립자들이 서니 부Sonny Vu라는 창업가를 만나는 행운이 없었다면 시작조차 할 수 없었을지도 모른다. 그는 웨어러블 기기 제조업체를 세워 이름을 알린 기업가로서, 특히 건강에 집착하는(하루에 40가지 영양제를 먹고 스스로를 슈퍼푸드 파우더 감정가라고 부르는) 사람이었다. 서니 부는 이제 막 창업한 회사를 호라이즌스벤처스와 연결했다.

서니 부는 하이테크 달걀 대체품을 만들겠다는 저스트의 목표에 완전히 매료됐다. 저우카이쉬안 역시 마찬가지였다. "실제로 그녀는 그들을 보기 위해 당장 그다음 주에 날아왔습니다." 서니 부는 회상했다.

하지만 그때의 만남 뒤로는 한동안 침묵이 이어졌다. 서니 부는 저우카이쉬안에게서 미팅에 대해 아무런 말을 듣지 못했다고 말했다. 그리고 저스트 역시 적어도 5주가 지날 때까지 잠잠했다.

"그런 다음, 리카싱 회장이 테트릭과 함께 식물성 액상 달걀로 만드는 스크램블 요리 시연회에 참가했습니다." 그가 말했다. "불과 6주 만에 2천만 달러라는 거액의 투자 유치는 난생처음 접했습니다."

사실이었다. 보크와 테트릭은 홍콩 방문을 계획했다. 비행기가 착륙하는 순간은 무척 소란스러웠다. 비행기에서 내려서자 그들은 저스트가 내건 비건의 사명에 진정으로 관심을 보이는 세계에 들어섰다는 것과, 아시아에서 가장 부유하고 영향력 있는 투자자에게서 자본을 지원받는 상황을 실감했다.

"마치 저스틴 비버가 비행기에서 내리는 것 같았습니다." 그들의 좋은 친구이자 동료 비건 활동가인 폴 샤피로Paul Shapiro가 말했다. 보크와 함께 미국동물보호협회에서 일하는 그는 두 사람 모두와 친한 사이였다.

비건 마요네즈와 식물성 액상 달걀을 파는 두 남자에게 팝스타를 맞이하는 듯한 환영식은 분명 어울리지 않았다.

"카메라를 든 사람들이 우리를 둘러쌌습니다. 아이폰 플래시가 터졌고 마이크가 우리 얼굴 위로 밀고 들어왔습니다." 보크가 회상했다.

홍콩 기자들은 재래식 고기와 유제품을 대체하려는 이들 식품이 근본석으로 환경에 어떤 영향을 미칠지 궁금해하며 미국 기자들과 같은 질문을 던졌다.

제품을 얼마나 현실화하였는가? 이 새로운 식품 기술이 기업형 동물농장 시스템을 실제로 위협하기까지 시간이 얼마나 걸리겠는가?

뒤이어 쏟아진 많은 관심은 저스트를 실리콘밸리의 첫 번째이자 유일한 푸드테크 유니콘 기업으로 만들었다. 테트릭은 방향을 찾아냈고 지금은 그 길을 걷는 데 전념하고 있다. 하지만 기업형 동물농장 시스템을 열정적이고 요란하게 허물어뜨리려는 새로운 시도에 모두가 열광한 것은 아니었다.

전략 전술

07

실리콘밸리의 흔한 무용담처럼 저스트는 맨 처음에 샌프란시스코 371번가에 있는 소박한 집 차고에 본부를 꾸렸다. 현재 본사에서 자동차로 잠시 달리면 도착할 수 있는 거리에 있는 집이었다. 당시에는 가내수공업을 하듯 규모가 빠듯했다. 소마 지구SoMa district의 구석에 직원 30여 명이 북적거리는, 크기에 비해 목표가 거창한 푸드 테크 회사였다.

2014년 차고가 한창 분주한 어느 날, 편지 한 장이 날아들었다. 세계적 규모의 거대 식품 기업인 유니레버Unilever가 보낸 편지였다.

정중하게 표현된 메시지는 분명했다. 유니레버는 저스트의 비건 마요네즈 제품인 '저스트마요Just Mayo'에 주목했다. 거대 식품 회사는 저스트마요가 광고법과 제품 인증 기준을 위반했다고 주장했다. 비건용이라 해도 달걀을 함유하지 않은 제품이 '마요네즈'일 수는 없다는 얘기였다. 그러면서 해결책으로 저스트가 제품명을 바꿔야 한다고 주장했다. "만약 제품명을 바꾸지 않는다면…"이라는 경고도 잊지 않았다. 이 내용은 직원들 사이를 떠돌면서 사기를 떨어뜨렸고 모두를 혼란스러운 침묵 속에 빠뜨렸다. 불안한 공포가 차고 안에 물결처럼 번져나갔다. 나중에 테트릭은 충분히 이해할 수 있는 반응이었다고 회상했다. 직원 대부분이 그런 편지를 접하는 환경에서 일해본 적이 없었기 때문이다.

"직원들은 세상에서 가장 크고 사악한 부기맨bogeyman•을 상상했어요." 테트릭은 당시 분위기에 대해 말했다. 회사는 패닉 상태에 빠졌다. "빌어먹을 놈들이 우리 회사 문을 닫게 만들 거야. 이런 식으로는 절대로 제품을 팔 수 없어. 회사를 바꿔야만 해."

달걀이 원료인 재래식 식품을 모방하여, 달걀이 들어가지 않는 대체품을 만들면 부닥치게 되는 문제가 있다. 대체하려는 바로 그 제품을 생산하는 거대 식품 기업의 분노를 불러일으킬 수 있다는 점이다. 식품 혁명의 역사를 살펴보면 확실히 터전을 잡은 브랜드가 자신의 영역을 침범하려는 신입을 친절하게 대한 사례는 거의 찾아볼 수 없다. 저스트에도 분명 같은 일이 벌어지고 있었다. 이 작은 회사와 직원들은 큰 압박을 느꼈다.

테트릭은 어려운 선택에 직면했다.

그는 회사를 지키기로 결정했다. 제품명을 바꿀 필요성을 느끼지 않는 이유를 자필 편지로 유니레버에 보냈다. 면도날처럼 얇은 근거에 기댄 논리였다. 그는 정부가 '마요네즈'라는 용어에 대한 정의를 구체화했고, 정의에 따르면 기본 원료에 달걀이 포함되어야 한다는

• 미국 어린이들이 무서워하는 악귀.

사실을 인정했다. 하지만 저스트가 판매하는 제품명에 '마요네즈'가 아닌 '마요'라고 표기했으며 이는 아직 정부가 정의를 내리지 않은 용어라고 주장했다.

유니레버는 더욱 공격적인 언사를 쏟아냈다. 이 거대 기업은 테트릭의 차고로 계속해서 편지를 보냈다. 소송을 벌이겠다는 위협이 적혀 있었고 실제로 유니레버는 2014년 할로윈에 저스트를 상대로 소를 제기했다.

테트릭은 갈림길에 서 있는 상황을 인지했다. 아마도 인생에서 가장 중요한 분기점이었을 것이다. 만약 그때 굴복했다면 지금 상황은 많이 달라졌을 것이다. 저스트는 현재와 같은 회사 형태를 유지할 수 없었을지도 모른다.

그는 주변 사람에게 조언을 구했다. 몇몇은 저스트가 유니레버에 비하면 보잘것없는 신생 회사이므로 싸워 이길 가능성은 거의 없다고 말했다. 저스트의 제품을 시장에 널리 공급한 상황도 아니었으며, 실제로 대형 소매점보다는 작은 식품점의 진열대에서 더 찾기가 쉬웠다. 소송비용을 감당해가며 유명 식품 회사와 싸우기보다는 제품명을 '비건 드레싱vegan dressing'으로 확실하게 바꾸고 손실 위험을 막아야 한다고 했다.

하지만 테트릭은 그런 조언에 거부반응을 보였다. 심지어 그와 같은 방법을 고민할수록 고향 모습이 자꾸 떠올랐다고 말했다. 그는 비건 마요네즈가 원래 제품명 그대로 진열대에 올라가야 한다고 주장했다.

"제 고향 앨라배마가 판단에 결정적 역할을 했습니다." 그는 말했다. "앨라배마에서는 그 누구도 비건이라는 딱지가 붙은 제품을 사지 않을 겁니다. 단 한 명도."

이 드라마를 지켜본 누군가는 원칙과 비전을 지킨 단호한 젊은 리더에게 감명받을지도 모른다. 그런 인식이 완전히 틀렸다고 말할 수는 없다. 하지만 그가 혼자 최종 결정을 내린 것은 아니었다. 당시 방어 전략을 주도한 사람은 테트릭이 아니었다. 누구나 짐작할 수 있으리라. 당시 테트릭은 수화기를 들어 워싱턴 D.C.로 전화를 걸었다.

"조시, 이 문제를 어떻게 해야 하지?"

테트릭은 비영리 기구의 업무 방식이 절대 자신과 맞지 않는다고 공공연히 떠들곤 했지만, 그와 보크가 유니레버와 싸우기 위해 세운 전략은 바로 비영리 기구와 활동가가 사용하는 방법 그대로였다. 그들은 만약 유니레버와 같은 거대 기업이 조그만 스타트업에게 잘난 체하며 간섭하고 괴롭히는 모습을 소비자가 본다면, 무척 분노하리라고 예상했다. 테트릭은 유니레버와 맞선다면 그리고 운이 따라준다면, 그와 이제 갓 출범한 회사가 더 강해질 수 있을 것이라 판단했다. 본질적으로 저스트는 보크가 일하는 미국동물보호협회나 페타의 전술을 활용할 필요가 있었다. 다만 기업 간의 분쟁 환경에 맞게 조정해야 했다. 구체적으로 미디어와 진정서 등의 수단을 활용해 캠페인을 벌였다. 저스트라고 왜 하지 못하겠는가? 테트릭은 그의 회사를 저녁 식탁 자리의 대화에서 '핍박받는 약자'로 등장시키려 했다. 물론 위험은 따랐다. 그와 저스트가 대중의 평가에서는 이기더라도, 법정 싸움에서는 소송비용에 파묻힐지도 몰랐다.

저스트는 레스토랑 경영자이자 음식 비평가인 앤드루 지먼Andrew Zimmern[1]에게 체인지닷오아르지Change.org●에 청원서를 올리고 서명과 지지를 보내줄 것을 요청했다. 제목은 '친환경 식품 회사를 괴롭히지 마라'였으며 최종적으로 11만 1천 명의 서명을 이끌어냈다. 청원서에는 이렇게 적혀 있었다. "600억 달러 규모의 기업이 세상에 이로운 목표를 가진 스타트업의 성공을 막으려 하는 힘자랑을 우리는 두 단어로 부른다. '대기업 갑질.'"

대중의 관심이 청원에 쏠리자 언론이 주목했고 얼마 지나지 않아 샌프란시스코에 본사를 둔 CBS 계열사 KPIX는 저스트와 식품 업계 거인의 전쟁에 관한 짧은 이야기를 방영했다.

"웬일인지 〈드러지 리포트Drudge Report〉가 관심을 보였습니다!" 테트릭이 소리쳤다. 그때 일이 떠올랐는지 상기된 얼굴이었다. 〈드러지 리포트〉에 실린 기사는 곧바로 CBS 뉴스 보도로 이어졌고 이후 사람들 입에 오르내리며 퍼져나갔다.

동시에 음식 블로거가 이 싸움에 달려들었다. 나중에 식물성식품협회Plant Based Foods Association 회장이 된 미셸 사이먼Michele Simon은 유니레버가 소송을 제기한 지 한 달 뒤 이에 관한 글을 써서 자신의 사이트 잇드링크폴리틱스닷컴EatDrinkPolitics.com에 게재했다. 미셸은 글을 올린 인터넷 주소를 〈뉴욕타임스〉의 식품 업계 담당 기자 스테파니 스트롬Stephanie Strom[2]에게 보냈다.

●   자선과 사회 변화 등의 이슈에서 홀로 해결할 수 없는 일을 실현하기 위해 대중의 지지를 청원하는 온라인 사이트.

바로 하루 뒤인 11월 10일, 미국의 유력 신문에 실린 유니레버와 저스트의 분쟁에 관한 상세한 기사가 수많은 독자에게 전해졌다. 일주일 뒤에 미국 AP통신이 자체 취재 기사를 썼고 다시 〈뉴욕타임스〉에 후속 기사가 실렸다.

"저는 〈뉴욕타임스〉 기사를 액자에 넣어 사무실에 걸어뒀어요." 미셸 사이먼이 말했다. "제 활동가 경력에서 가장 재미있는 사건이었습니다."

테트릭의 기억에 따르면 이후 대략 30여 일 동안 일반 소비자 여럿이 유니레버의 공식 페이스북 페이지를 찾아가 어떻게 그런 작은 회사를 공격할 수 있는지에 관한 비난 글을 수십 개 남겼다.

"유니레버는 이런 상황을 겪어본 적이 없는 것 같았습니다." 테트릭이 말했다. "캠페인을 벌인 지 33일인가, 34일쯤 뒤에 유니레버는 소송을 취하했습니다."

저스트 직원들에게는 매우 중요하고도 놀라운 승리였다.

저스트는 작은 기업의 특징인 민첩함을 장점으로 키워서 덩치가 큰 경쟁 기업을 상대하는 법을 간파했다. 그리고 당시에 유행하기 시작한 소셜 미디어라는 도구를 효율적으로 활용해서 소비자의 관심을 충분히 끌어들였고, 효과적인 자기방어에 성공했다.

"어떻게 하면 적의 거대한 몸집을 오히려 적을 공격하는 전략으로 활용할 수 있을까요?" 테트릭이 즐거운 표정으로 말했다. "전략을 어떻게 살짝 바꿨을까요?"

순전히 그만의 아이디어는 아니었지만, 효과적인 전략을 찾아내 목표를 이룬 것은 테트릭에게 기념비적이었다. 하지만 곧 또 다른 전쟁이 그를 기다리고 있었다.

테트릭이 유니레버와 싸우느라 정신이 팔린 동안, 달걀 소비를 촉진하는 관변 단체가 신생 스타트업을 공격하기 위한 계획을 세우는 데 몰두했다. 미국달걀협회American Egg Board는 유니레버와 달리 1년 이상 저스트를 지켜보면서 테트릭의 꿈을 좌절시키기 위해 더 교활하고 치밀한 전략을 준비하고 있었다.

여름이 저물어가는 어느 날 오후 3시 33분에 첫 메시지가 발송됐다.

달걀 농가들은 불평을 늘어놓으며 닦달했다. 그래서 조앤 아이비 Joanne Ivy[3]는 초안을 서둘러 마무리한 뒤 발송 버튼을 클릭했다. 2013년 8월 20일, 테트릭을 인생이 걸린 싸움으로 휘몰아갈 수레바퀴가 움직이기 시작했다.

"저는 달걀 생산자와 달걀 가공업자 들에게서 많은 이메일을 받았습니다." 아이비는 이렇게 적었다(아이비는 이에 대한 논평을 거부했다). 당시 그녀는 미국달걀협회의 CEO를 맡고 있었다. "에덜먼Edelman에게 이 신제품이 달걀산업에 가져올 위기와 주요 위협 요인을 살펴보고 이 상황을 어떻게 헤쳐나가야 할지에 대한 업무를 맡겼으면 합니다."

에덜먼은 수익 규모로 볼 때 지구상에서 가장 큰 홍보 회사였다. 2011년 영국에서 벌어진 전화 해킹 스캔들 사건 당시, 루퍼트 머독 Rupert Murdoch의 뉴스코퍼레이션News Corporation이 위기 대응을 맡겼던 회사다. 앞서 2000년대 들어 소매업자들이 이미지 개선을 목적으로 자금을 지원해 만든 '월마트를 위해 일하는 가족들Working Families for Walmart'이라는 사이비 전위 집단을 기획하기도 했다. 트랜스캐나다Trans-Canada를 대리해 키스톤 엑스엘Keystone XL 파이프라인 사업을 지원하는 캠페인을 벌인 바로 그 회사였다.

아이비는 저스트의 달걀 없는 마요네즈 제품에 대해 그리고 언젠가 달걀 없는 스크램블드에그 제품을 팔겠다는 야망에 대한 소문을 포함해, 협회 내 다른 임원에게 편지를 썼다. 이 이메일은 새내기 비건 스타트업과 2년간 벌일 치열한 싸움의 도화선이 됐다. 미 농무부와 달걀산업 로비 단체가 손잡은 거대한 힘과의 대결이었다. 어느 시점엔가 미국달걀협회는 저스트의 달걀 없는 마요네즈 제품의 판매를 막기 위해 특정인을 고용해 홀푸드마켓Whole Foods Market•을 설득하려는 음모를 꾸몄다. "홀푸드가 우리 편이라면 어떤 홍보 효과가 있을지 상상해보세요." 다른 이메일에서 미국달걀협회의 마케팅 담당 임원인 엘리사 말로버티Elisa Maloberti는 이렇게 말했다.

이처럼 달걀 업계 사람들은 저스트를 향한 전면 공격을 은밀하게 설계하고 감행했다. 달걀 업계가 배후에 엄청난 선수들을 포진시켰지만 그들의 전략은 눈부실 만큼 화려한 실패로 끝나고 말았다. 저스트는 유니레버를 상대로 대승을 거두자마자 미국달걀협회의 공격에 맞닥뜨린 상황이었다. 테트릭은 기득권을 가진 식품 업계가 신생 스타트업의 시장 진입을 방해하기 위해 술수를 부린다는 대중의 의심을 증폭시켰다. 연방법에 따른 정보공개 청구를 통해 미국달걀협회가 어떤 일을 꾸몄는지 밝혔다. 이때 확보한 이메일[4]로

• 유기농 식품을 주로 판매하는 미국의 슈퍼마켓 체인점.

55억 달러 규모의 달걀 업계가 당시 비건 스타트업을 좌절시키기 위해 얼마나 단호하게 결심했는지가 드러났다. 블로거들에게 저스트를 폄하하는 글을 쓰라며 돈을 지불했고, 어느 시점엔가는 화가 난 달걀 업계 임원들이 "돈을 모아서 '테트릭을' 압사시키면 어떨까?"라는 농담을 이메일로 주고받은 사실도 밝혀졌다.

"저는 사람들이 기득권을 가진 식품 업체들의 악의를 과장하는 줄 알았어요." 테트릭이 말했다. "그런데 실제로 접하니 '우와, 진짜였네'라는 생각이 들었습니다."

저스트를 방해하려는 모든 시도는 성공하지 못했다. 최종적으로 연방수사국은 미국 의회가 정한 관영 농민 단체의 행동 강령을 미국달걀협회와 미 농무부가 위반했다는 사실을 밝혀냈다.

테트릭은 능력을 최대한 발휘해 난관을 뚫고 회사를 이끌었다. 그리고 식물 원료 제품을 출시하며 점점 더 많은 소비자를 확보했다. 5년 동안 주요 소매점으로 진출해 매출을 올리면서 회사를 성장시켰다. 2014년 저스트의 달걀 없는 마요네즈는 월마트, 코스트코, 크로거, 달러트리Dollar Tree, 세이프웨이Safeway와 홍콩의 고급 소매점에까지 출시됐다. 그래도 여전히, 불충분했다. 특히 테트릭에게는.

길 잃은 강아지

08

회사를 설립하고 5년이 지난 어느 날, 테트릭은 손바닥을 힘없이 싱크대 위에 올려놓은 채 홀로 주방에 서 있었다. 2016년 4월이었다. 슬픔과 분노로 혼란스러운 표정이었다.

불과 몇 시간 전에 그는 형 조던Jordan과 보크, 친구 질Jill과 함께 미션 돌로레스 공원으로 슬픈 여행을 다녀왔다. 테트릭과 7년의 세월을 보낸 반려견 골든레트리버 제이크를 위한 여행이었다. 암으로 시달리다 생명이 끝에 다다른 무렵 제이크는 생의 마지막 순간을 가장 좋아하는 장소인, 햇살이 따스하게 비치고 수풀로 뒤덮인 도심지의 공원 둔덕 위에서 보냈다.

그들은 제이크가 멕시코 부채야자나무와 인도 월계수가 드문드문 있는 푸른 잔디밭을 방해받지 않고 혼자서 거닐 수 있게 했다. 이윽고 황혼이 공원 위로 조용히 드리우자 수의사 한 명이 도착했다.

보크는 수의사가 펜토바르비탈pentobarbital을 주사하기 쉽도록 제이크를 안아 들었다. 개가 평화로운 죽음을 맞기 전, 몇 번의 마지막

호흡을 편하게 쉴 수 있도록 도울 약이었다.

테트릭은 망연한 표정이었다. 샌프란시스코만 연안에서 서쪽으로 몇 블록쯤 떨어진 사우스 파크 1번지에 위치한 자신의 아파트에 들어가 나오지를 않았다. 침실 건너편에 있는 커다랗고 쓸쓸한 거실에서 보크는 혼자만의 생각에 깊이 빠져들었다.

"사랑하는 누군가를 잃은 경험은 처음이었습니다. 완전한 상실 같았죠. 제 인생을 통틀어서." 테트릭이 설명했다. "제이크는 여덟 살이었습니다. 저 역시 처음에는 길 잃은 강아지였습니다. 스스로 무언가를 더 소망하는 인간이 되겠다고 결심했을 때 제이크가 제 곁에 있었습니다."

그는 싱크대를 힘주어 눌렀다.

"내 인생은 도대체 어떻게 돌아가는 거지?" 그의 표정이 어두웠다.

언뜻 보면 테트릭의 삶은 대부분 좋은 쪽으로 흘러간 듯 보인다. 저스트의 대표적 비건 식품은 유니레버와 미국달걀협회의 치열한 로비에도 불구하고 이미 많은 가정에서 명성을 얻었다. 제품 리뷰는 긍정적 내용이 훨씬 많았다.

음식 블로그 시리어스 잇츠Serious Eats[1]에서 시행한 블라인드 테스트에서 저스트의 비건 마요네즈는 실제 마요네즈보다 더 맛있다는 평가를 받았다.

"우리가 테스트한 다섯 가지 마요네즈 중에서 비건 마요네즈는 식초와 레몬의 산미가 모두 느껴지는, 풍부하면서도 가장 균형 잡힌 맛을 지녔다. 만약 '저스트의' 신제품도 이번처럼 성공적이라면 이 기업의 앞날은 무척 밝을 것이다."

스플렌디드 테이블Splendid Table°² 역시 좋게 평가했다. 이 프로그램은 리뷰에서 저스트의 식물성 마요네즈는 대중적인 마요네즈 브랜드 헬만스Hellmann's의 마요네즈와 차이가 느껴지지 않아 둘을 구별할 수 없다고 했다.

남이 보기에 성공한 젊은 CEO가 위기를 겪을 만한 순간은 아니었다. 하지만 테트릭은 신생 회사를 키워나가는 어려움으로 고심했다. 자신의 역할과 능력에 대해 뿌리 깊은 불안감에 시달렸다. 표면을 한 꺼풀 벗겨내면 스캔들 의혹에 시달리고, 불안한 리더로 흔들리는 회사의 민낯이 드러났다.

제이크가 죽기 약 1년 전, 저스트와 관련해 좋지 않은 기사가 나오기 시작했다. 2015년 8월 〈비즈니스 인사이더Business Insider〉는 저스트의 고용 관행에 의문을 제기했다. 2016년, 제이크가 죽은 지 몇 달 뒤에 〈블룸버그〉는 일련의 기사에서 저스트가 인기를 부풀리기 위해 투자자들을 속이고 자사 제품을 사재기하는 불법을 저질렀다고 주장했다.

샌프란시스코만 연안의 푸드테크 회사들 사이에서 이와 같은 속삭임이 끊임없이 들려왔다. 동료 푸드테크 기업인 중에 악감정을 공개적으로 드러내는 이는 거의 없었지만, 테트릭이 실리콘밸리 식품 업계에서 그리 사랑받는 인물이 아니라는 현실을 쉽게 알 수 있었다.

"저는 테트릭이 대중에게 신뢰를 잃었다고 느꼈어요." 2018년 봄

미셸 사이먼은 말했다. 사이먼은 유니레버가 저스트를 상대로 부당한 소송을 제기했다는 글을 올린 적이 있다. "조시 테트릭은 거짓 약속을 했다고 알려졌습니다."

포장 식품을 분석하는 소비자 연구원 커트 제타Kurt Jetta는 원칙을 무시하고 비윤리적으로 행동하는 거짓말쟁이로 테트릭을 묘사했다. "내가 관찰한 결과는 그렇습니다." 2017년 6월 나와 만난 자리에서 제타는 말했다. "당사자는 비평가들을 실컷 비난할 수 있겠지만 윤리적으로 행동하지 않는다면 결국 화를 불러들일 겁니다."

테트릭은 주방에 시무룩하게 서 있었다. 사랑하는 반려견, 제이크가 잠든 지 몇 시간 뒤였다. 수년간 자신을 괴롭혀온 질문을 던졌다. "도대체 내 인생은 어떻게 돌아가는 거야?"

슬픔이 그의 상황을 더 분명하게 드러냈다. 더 해나갈 수 있을까? 더 버틸 수 있을까? 그리고 테트릭은 다시 보크에게 향했다. 보크는 거실에 조용히 앉아 오후의 일을 되새겼다. 둘은 브레인스토밍을 시작했다. 몇 가지 아이디어를 모았다. 하나는 비욘드미트 버거나 임파서블푸즈의 제품처럼 기존 고기를 대체할 식물성 고기를 개발하는 일이었다. 하지만 육식을 열렬히 즐기는 사람은 그저 식물을 원료로 한 모방 제품에 결국 만족하지 못하리라는 결론에 도달했다.

그 순간 보크가 다음과 같은 질문을 던졌다. "세포배양육 업계에 진입할 가능성을 찾아보면 어떨까?"

테트릭은 즉시 긍정적으로 반응했다. 영감을 얻은 것 같았다. "동물의 고통에 기대지 않는 경제 시스템을 만드는 거잖아." 그가 말했다. "자본주의가 동물을 위하도록 해보자."

그들은 이미 달걀을 대체할 수 있는 식물 원료 모델 개발에 성공을 거두었다. 과연 동물 세포까지 범위를 넓혀 또다시 지속가능한 동물 원료 제품을 만들어낼 수 있을까?

보크와 대화하고 얼마 지나지 않아 테트릭은 세포농업 분야의 발전에 매진해온 비영리단체 뉴하비스트를 방문해 세포조직 기술자 몇 명과 대화를 나눴고 에이탄 피셔를 채용했다. 그의 임무는 저스트가 관련 연구에 전념할 수 있는 연구실을 만들고 자금 마련의 실현 가능성을 파악하는 일이었다. 피셔는 긍정적인 보고서를 제출했다. 그리고 당연하게 저스트의 세포배양육 연구실을 설립하는 일을 맡았다. 처음에 연구실은 비밀리에 운영됐다. 저스트 내부에 이 사실을 아는 사람은 아홉 명에 불과했다.

테트릭은 회사 직원들이 세포배양육을 미지의 영역으로 느낄 수 있다고 보고, 비밀에 부치기로 했다. 물론, 6개월 안에 새 프로젝트가 실패로 끝날 가능성도 있었다. 하지만 만약 성공한다면 그는 전 직원에게 발표하기 전에 새 연구실이 회사 내에 이미 잘 자리 잡은 부서가 되기를 바랐다.

과거에 대형 저장고로 사용하던 곳을 비밀 연구실로 활용했다. 세포계를 보관하기 위한 냉동장치, 소형 생물반응기, 세포가 각각 다른 환경과 배양액에서 어떻게 자라는지를 과학자가 관측할 수 있는 검사 장비 등을 갖추어 운영했다. 지금도 여전히 사용하는 공간으로, 지금은 아래층에 새로 지은 연구실까지 있어 훨씬 그럴 듯해보인다. 출입구 바로 안쪽에 제이크를 찍은 커다란 사진이 걸려 있다.

테트릭이 영감을 쏟아 사업을 성장시키며 분투했지만 실리콘밸리의 언론, 특히 쏟아지는 〈블룸버그〉 기사를 쏟아내며 목소리를 키운 반대론자들을 잠재우기란 쉽지 않았다. 게다가 불만을 품고 퇴사한 직원이 미디어를 통해 전 보스를 저격했다. 대개 익명 공격이 많음에도 불구하고, 테트릭이 원칙을 무시하거나 특정한 잘못을 저질렀음을 실제로 증명한 사람은 없었다.

회사 내에서도 테트릭의 경영 스타일에 의문이 제기되었다. 분명히 말하자면, 테트릭은 자신이 타고난 리더가 아님을 인정한다. 테트릭이 스스로에 대해 설명한 내용을 봐도 함께 일하기에 그리 편한 사람 같지는 않았다.

"잘 모르겠습니다. 제가 자란 환경 때문인지, 빌어먹을 이유는 모르겠지만, 상황이 너무 조용하면 저는 몹시 지루함을 느낍니다." 테트릭이 말했다.

"맨 앞에서 뛰지 않는다면 절대 아무것도 이룰 수 없을 겁니다. 하지만 매일매일을 최전선에서 뛰어야 한다면 정신적으로, 육체적으로 견디기 힘듭니다. 바로 이 점이 도전과제라고 생각합니다. 어떻게 사람들을 항상 최전선에 가깝게 위치시킬 것인가? 균형을 잡기가 무척 어렵다는 것을 알았습니다."

사람들은 최전선에서의 업무를 편하게 느끼지 않았다. 지난 수년 동안 많은 직원이 저스트를 떠났다. 내가 이 책을 쓰는 2년간 세포배양육 실험실 이직률만 해도 100퍼센트였다. 리더 격이던 과학자 두 명은 회사를 떠나 각자 세포배양육 스타트업을 설립했다(저스트는 세포배양육 연구실에 이전보다 더 많은 인원이 일하고 있다며 반박한다). 직원이 익명으로 고충을 나눌 수 있는 글래스도어Glassdoor와 같은 온라인 게시판에는 테트릭과 그의 경영 스타일에 대한 불평 글이 많이 게시된다.

"'저스트' 내부의 분위기를 정상으로 볼 수는 없습니다. 지적이고 검증된 리더십으로 성공한 회사와 비교가 안됩니다." 회사를 나온 어느 직원의 이야기다. "'저스트' 내부를 들여다보면 매우 심각한 질병의 징후가 보입니다. 무슨 질병인지 모두가 안다고 생각합니다."

신랄한 평가[3]는 계속된다. "테트릭은 거짓되고, 교활하고, 성마르고, 관심종자이고, 무능력하면서도 스티브 잡스를 닮고 싶어 합니다. 늘 '트위팅 프레지던트tweeting President'•를 보는 듯했습니다. 그래서 회사를 그만뒀습니다. 우리는 날마다 사기꾼이면서 점잖은 사람인 척하는 그의 인지 부조화를 더는 견딜 수 없었습니다."

직원들의 문제 제기는 테트릭의 사적인 문제로까지 비화됐으며 2013년 하비에르 콜론Javier Colón이라는 직원이 해고되면서 세상에 알려졌다(콜론은 이에 대한 논평을 거절했다). 〈블룸버그〉 보도에 따르면 두 사람 사이의 분쟁은 고용 계약에 관한 문제였다. 테트릭이 그를 해고할 경우 3개월 치 월급에 해당하는 퇴직금을 주기로 한 조항을 3주에 해당하는 퇴직금으로 바꾸려 하면서 분쟁이 발생했다고 알려졌다. 콜론은 부당 노동행위라며 저스트를 상대로 소를 제기했지만, 문제는 사적으로 해결됐다.

알려진 바에 따르면 콜론은 테트릭과 개인적으로도 엮여 있었다. 당시 그는 테트릭의 연인과 친구 사이였다.

•　미국 도널드 트럼프 대통령을 풍자하는 표현.

앞선 〈블룸버그〉 보도[4]에 따르면 콜론이 쓰던 회사 전화기가 고장 났을 때 테트릭이 다른 회사 전화기를 쓰라며 건넸는데 그 안에 테트릭이 다른 직원과 바람을 피운다는 사실이 담긴 문자메시지가 있었다. 콜론은 테트릭과 데이트하는 자신의 친구에게 이를 알렸다. 몹시 화가 난 그녀는 테트릭에게 그 여자를 해고하라고 요구했다. 테트릭은 이런 문자를 보내며 거절했다. "코슬라가 나를 잡아 죽일 거야. 엄청난 소송이 벌어질 수도 있어."

비노드 코슬라는 왕성하게 활동하는 실리콘밸리의 벤처투자자로 저스트의 주요 초기 투자자다. 어떤 측면에서 보면 기업가로서 테트릭의 원죄는 코슬라의 환심을 사려 한 것인지도 모른다. 그에 힘입어 성장했지만 성장통은 가볍지 않았다.

코슬라벤처스에 처음 접근할 당시 테트릭은 기업을 적절히 운영하는 법에 대해 거의 무지했다. 실리콘밸리의 거인 투자자를 상대하는 방법에 대해서는 말할 것도 없었다. 당시 그의 은행 계좌에는 3,000달러도 채 남아 있지 않았다. 그러면서도 자신과 보크의 아이디어를 실현하고 싶다는 욕망으로 불타올랐다. 테트릭이 회상하기로는 이런 상황이 협상에서 코슬라벤처스에 극도로 유리하게 작용했다.

그는 자금 지원 조건을 명시한 서류에 서명했다. 테트릭은 회사 이사회 자리는 지켰지만, 저스트 지분 40퍼센트를 양도하고 법인 이사회의 대표권을 비롯해 상당한 권한을 양도해야만 했다.

"그들은 고용과 해고는 물론 다른 모든 주요 사항을 결정할 수 있었습니다." 테트릭이 말했다. 그런데도 그는 서류 아래의 점선 부분에 서명할 수밖에 없었다.

2011년 첫 투자를 받은 때부터 2014년 12월 시리즈 C 투자•를 받을 때까지 계속해서 코슬라벤처스는 저스트에 근본적인 변화를 불러올 만한 제안을 반대할 수 있는 거부권을 보유했다.

"때로는 자신의 목을 옭아맬 올가미를 스스로 매듭짓고 있다는 사실을 깨닫지 못합니다." 그가 말했다.

테트릭은 코슬라벤처스가 '노No'라는 두 글자를 내뱉으면 자신이 복종해야만 한다는 사실을 깨달았다. 테트릭의 표현대로라면, 회사를 다른 방향으로 이끌고 싶을 때는 허락을 받아야만 했다. 예를 들어, 세포배양육의 세계에 뛰어드는 것이 현명하다고 판단하더라도 코슬라벤처스나 다른 주요 투자자가 승인 도장을 찍어주지 않으면 실행할 수가 없었다. 이런 상황에 그는 몹시 지쳐갔다.

테트릭의 발언에 관한 의견을 묻자 코슬라벤처스는 이의를 제기했다.

"'허락'이라는 표현은 적절하지 않습니다." 코슬라벤처스의 공동 창업주이자 저스트 이사회의 전 멤버였던 사미르 카울Samir Kaul이 말했다. "회사의 지배권은 조시에게 있습니다." 카울은 테트릭의 일부 사업 전략을 걱정했다고 말했다.

저스트 초기에 테트릭의 목표는 비동물성 원료로 달걀을 대체할

• '시리즈 투자'는 스타트업의 성장 시기와 투자 규모에 따라 A부터 알파벳순으로 표시하며, 시리즈 C 투자는 보통 스타트업 상품의 시장을 키워가는 단계에 하는 투자를 뜻함.

다양한 제품을 만드는 것이었다. 스크램블드에그를 포함해 미국 전역의 대학에 판매할 제품을 개발 및 생산할 계획이었다.

"우리는 함께 콘퍼런스에 참석했고 산책을 했습니다." 카울이 회상했다. "그리고 저는 '조시, 소비자에게 바로 판매할 수 있는 제품을 만들지 않는다면 더 이상의 자금 지원은 어려워요'라고 말했습니다."

그는 테트릭이 비건 식품을 판매한 지 얼마 지나지 않아 회사 노선을 변경했다고 말했다. 변화는 성공하는 듯 보였다. 코슬라벤처스는 탄탄하고 안전한 사업이라고 인식했다. 투자자들은 저스트가 더 규모 있는 기업에 인수되면 많은 돈을 벌 수 있다는 것을 알았으며 회사의 미래를 밝게 내다봤다. 하지만 테트릭은 회사의 경계를 더욱 넓히고 싶었다.

매각하여 많은 돈을 버는 데는 관심이 없던 테트릭은 회사를 더 성장시키기 위해 발버둥쳤다. 계속해서 방망이를 휘두르지 않는다면 기득권을 가진 기업형 동물농장 시스템을 무너뜨릴 수 없다고 생각했다. 벤처캐피털 밑에서는 회사를 기민하게 운영하기가 힘들었다. 회사를 창립할 때 세운 원래 목표를 이루고 싶었다. 그러려면 회사 지배권을, 요샛말로 '신박한' 변화를 통해 재조정해야 했다. 2016년 8월, 저스트가 시리즈 D 투자를 받을 즈음 기회가 왔다.

테트릭은 홍콩에 본부가 있는, 여러 회사가 연합한 투자회사 난펑그룹南豐集團과 협상을 시작했다. 중국건설은행China Construction Bank, 뉴월드그룹New World Group 등 여러 기업이 함께한 이 투자회사는 저스트에 거대한 자본을 기꺼이 투자할 용의가 있었다. 저스트의 회사 가치를 1억 9천만 달러에서 7억 5천만 달러 이상으로 끌어올릴 정도로 거대 규모의 자본이었다.

테트릭의 설명대로 그가 난평그룹과 계약하면 기업 이사회를 재편성하여 투자자 보유 의석보다 회사가 의결권을 가진 일반 의석수를 더 늘릴 수 있었다. 그렇게 되면 투자자들보다 저스트가 회사의 미래에 더 큰 영향력을 미칠 수 있었다. 코슬라벤처스는 이 거래로 인해 영향력을 일부 잃겠지만, 자본의 대량 유입은 투자 당사자 모두에게도 전반적으로 좋은 소식이었다.

코슬라벤처스는 결단을 내려야 했다. 처음 투자를 감행할 당시 저스트의 가치는 겨우 300만 달러였고, 계약 조건은 지분의 40퍼센트였다. 이제 여러 해가 지나 제품이 출시된 뒤 난평그룹이 수지맞는 거래를 제안하자, 코슬라벤처스 앞에 흥미로운 선택지가 놓였다. 투자를 찬성하는 투표를 할 수도 있고(자신의 영향력이 줄어드는 이사회의 구조 변화를 승인한다는 의미다) 아니면 반대하는 투표를 할 수도 있었다. 거래를 승인받기 위해서는, 이사회 의석의 과반수가 필요했다. 테트릭은 코슬라벤처스의 의석수를 제외하더라도 통과시킬 수 있으리라고 믿었지만 그들의 지지가 있다면 훨씬 순조로울 터였다.

코슬라벤처스는 난평그룹의 제안에 찬성하기로 결정했다.

저스트에게는 기념비적 순간이었다. 결과적으로 테트릭이 회사의 노선을 보다 쉽게 변경할 수 있게 됐다. 그리 길지 않은 시간 안에, 저스트는 차고에서 비건 마요네즈를 만들던 회사에서 전체적인 구색을 갖춘 식품 회사로 두각을 나타냈다.

"벤처 자본에 지배되던 회사가, 정확하게 표현하자면, 활동가가 움직이는 회사가 된 순간이었습니다. 진정으로." 테트릭이 말했다.

다음 해인 2017년 봄에 회사는 시리즈 E 투자[5]를 받고 기업 가치를 11억 달러로 끌어올렸다. 저스트는 실리콘밸리 유일의 푸드테크 유니콘 기업이 됐다.

"저는 확실히 반대쪽에 배팅하지는 않을 겁니다." 카울이 테트릭에 대해 위트 있게 말했다. 그리고 사명감에 가득 찬, 열정적이고 능력 있는 젊은 CEO를 존중하며 믿는다는 말을 덧붙였다.

비록 대가를 치렀지만 테트릭은 초기에 부딪힌 장애물 사이를 능숙하게 항해했다. 인상적인 투자 유치와 기업 가치 향상으로 더 많은 관심이 쏠렸다. 회사에 관한 기사가 많이 쏟아졌다. 역시나 테트릭을 대부분 비판적으로 다룬 〈블룸버그〉를 통해서였다. 심지어 기사가 실린 어느 인터넷 페이지는 그의 얼굴에 가상의 마요네즈를 던질 수 있는 기능까지 더했다.

그 기사는 익명의 루머를 근거로 저스트가 불법적인 사재기에 연루되었다고 주장했다. 테트릭이 대리 구매로 자사 제품을 사들여 소비자의 관심을 키우려 했다는 내용이었다. 이 기사는 심각한 결과를 초래했다. 미국 법무부와 증권거래위원회가 독자적 조사에 착수한 것이다. 2017년 3월 두 기관은 모두 저스트의 혐의에 대해 '실체 없음'으로 결론을 내렸다.

실리콘밸리 창업 생태계를 흔드는 언론의 행태와 이에 대처하며 얻게 된 실무 지식으로 테트릭은 더 요령 있는 사업가가 되었다. 젊은 기술 스타트업을 규정하고 제한하는 복잡한 법률관계에 더 능숙해졌다. 그리고 이렇게 배운 생존법을 곧바로 써먹을 일이 생겼다.

코슬라벤처스가 지배권을 잃은 지 얼마 되지 않아 시리즈 E 투자가 마무리될 무렵 테트릭은 사내에 쿠데타가 계획되고 있다는 사실을 눈치챘다. 당시 최고기술책임자였던 짐 플랫Jim Flatt, 연구개발 부사장이었던 리 채Lee Chae, 사업개발 부사장이었던 소피아 엘리존도 Sofia Elizondo가 쿠데타의 주역이었다(이들은 논평을 거절했다).

"어떤 빌어먹을 관련이 있는지는 모르겠지만 그들은 최소한 이사회 멤버 중 한 명 이상 그리고 다른 투자자들과 함께 시리즈 C 투자 당시로 회사의 지배 구조를 되돌리려 했습니다. 회사의 가치가 아니라 이사회 구성을 그때로 바꾸려 했습니다."

간단히 정리하면, 세 명의 회사 간부가 테트릭이 회사를 이끄는 노선을 반기지 않았고, 테트릭의 말대로, 그의 등 뒤에서 권력을 빼앗기 위한 음모를 꾸몄다는 얘기다. 만약 그들이 성공한다면 저스트는 테트릭에 의해 통제되지 않고 다른 회사에 인수될 수도 있었다. 그리고 자사 제품을 마케팅하는 대신 기술이전에 집중했을 것이다. 테트릭은 세 명의 간부에 동조한 이사회 멤버가 코슬라벤처스의 인사는 아니었다고 나중에 밝혔다.

"그들은 우리 회사가 직접 우리 제품을 파는 것이 좋지 않은 방법이라고 생각한 것 같습니다." 테트릭이 말했다. "그리고 분명히 세포배양육 아이디어 역시 좋아하지 않았을 겁니다."

테트릭은 그들의 주장에 설득력이 있었다고 말했다. 어떤 면에서는 직접 브랜딩, 마케팅, 판매를 하는 것보다 다른 회사에 제반 업무를 맡겨 제품 생산과 판매에 집중하는 것이 더 효율적일 수도 있다. 이 경우 회사는 많은 비용을 절감할 터였다. 운영, 재무, 연구개발,

제조 부서의 직원을 내보내는 것도 가능했다. 실제 제품 생산에 많은 비용이 들기에 기술이전을 택하면 회사의 간접비를 크게 줄일 수 있다. 고정비용을 300만 달러에서 100만 달러로 낮출 수 있었다.

"하지만 그들이 진행하려던 방식은 아주 엉터리였습니다." 그가 말했다. 그들이 이사회 멤버 및 투자자들과 연합하여 어떻게 기정사실화Fait accompli 했는지를 설명했다.

세 명의 직원은 계획을 실행하기 전에 테트릭에게 들키는 상황을 예상하지 못했던 것 같다. 정확하든 그렇지 않든, 회사에서 언론으로 정보가 새어나간다고 판단한 테트릭은 애플의 전직 보안팀장에게 추천받아 GRA라는 보안 회사를 고용했다. GRA는 전면 조사에 착수했다. 그런데 전혀 예상하지 못한 사실이 밝혀졌다. 세 명의 임원이 테트릭을 쫓아내려는 계획을 주고받은 이메일이 드러난 것이다.

그들은 종종 저스트의 투자자들 및 이사회 멤버들과 저녁 식사와 술자리를 함께하며 그들의 의도를 관철시키려 했다.

2017년 3월에는 가족에게 다음과 같은 내용의 이메일을 보내기도 했다. "내가 이렇게 열심히 일하는 이유는 정말 큰돈을 벌 기회가 있기 때문이야."

한 달 뒤 두 명의 임원은 저스트의 미래에 관해 이렇게 농담하는 이메일을 주고받았다.

"지배구조가 바뀌면 우리가 최고운영책임자를 맡을 수도 있어."

"그리고 최고재무책임자CFO, 최고마케팅책임자CMO 까지."

"그럼 시설은? 청정룸 3⋯. 아 그리고 4⋯. 그리고 5⋯."

"그럼 최고시설책임자도."

테트릭은 분노했다. 이들 세 명을 해고하고 이사회 중 한 멤버에게 사퇴할 것을 요구했다. 결국 오바마 전 행정부의 관료인 캐슬린 시벨리어스Kathleen Sebelius를 포함한 많은 위원이 이사회 멤버가 아닌 회사 고문으로 남기를 선택하면서 이사진 전체를 개편했다. 이사회는 결국 재구성되었지만, 테트릭은 이제 이전과는 다른 방식으로 회사의 운명을 지배할 수 있게 됐다.

그리고 저스트를 떠난 짐 플랫, 리 채, 소피아 엘리존도는 함께 브라이트시드Brightseed라는 회사를 창업했다. 머신러닝machine learning•을 이용해 유전학적으로 식물 구조를 깊숙이 파고들어 새로운 식품을 만드는 데 필요한 특정 수요를 어떤 성분으로 충족시킬 수 있는지를 밝히는 회사였다. 이는 저스트의 과수원 시스템과 크게 다르지 않았다.

쿠데타 사건과 정부 조사, 소문과 비난을 퍼부은 언론 등을 떠올릴 때면 테트릭은 여전히 긴장한다.

그는 저스트의 분주한 본부 한가운데에 놓인 소파에 앉아 있다. 오후 6시가 훨씬 지났는데도 방에는 활기가 넘친다. 책상에 앉아 일하는 사람들, 회사의 테스트 키친에서 바삐 오가는 요리사들, 세포 배양육 연구실로 걸어 들어가는 누군가. 반려견들 역시 여전히 사무실 주변을 뛰어다닌다.

"좀 더 사려 깊고 성숙해지기 위해 그런 소란을 겪은 것이 부끄럽습니다. 하지만 제게는 필요했던 일입니다. 정말 그렇습니다. 그런

• 인간이 학습하는 능력을 컴퓨터에서도 가능하게 만드는 인공지능 기술.

말도 안 되는 일을 겪어야만 했습니다." 이제 회사 조직은 안정된 듯 보였다. 최소한 테트릭의 비전이 잘 자리 잡은 것 같았다. "정말 자랑스럽습니다. 지금 이 자리에 있는 사람들에게 큰 신뢰를 느낍니다." 테트릭이 말했다.

여러 굵직한 사건은 저스트를 다음 단계로 이끌었고 세포배양육 개발을 최우선 과제로 남겼다. 하지만 그는 이 도전을 감당할 수 있을까?

새로운 고기를 일반 소비자의 주방 식탁 위에 올려놓는 첫 번째 주자가 되고 싶다는 간절한 바람으로 강력하게 밀어붙이지만, 분명 테트릭이 최적의 인물은 아니다. 스타일을 만들어내는 천재 스티브 잡스도 아니고, 공급망을 조성하는 장인 제프 베이조스도 아니다. 빌 게이츠의 비전도 없다. 심지어 자신이 속한 업계와 관련해 마크 포스트나 수많은 다른 사람처럼 전문 과학적 배경을 가지고 있지도 않다.

테트릭은 유능한가? 그렇다. 끈질긴가? 물론이다. 하지만 새로운 바람에 타고난 리더인가? 글쎄.

이 지점에서 테트릭은 신기한 인물이다. 실리콘밸리에서 가장 성공적인 푸드테크 스타트업을 창업하고 운영하는 인물이 전문지식도 없다니.

하지만 그 또한 그의 강력한 추진력에 걸림돌이 되지는 않았다. 테트릭은 목적이 생기면 반드시 쟁취해야만 하는 부류의 사람이다. 계속해서 삶에 대해 질문을 던졌고 임무를 수행하기 위해 새로운 방법을 찾는 내적 동기부여가 끊임없이 작동했기에 지금의 위치에 올랐다. 욕망과 추진력은 무시할 수 없는 요인이다. 대단한 이야기를 풀어내는 그의 능력도 마찬가지다. 이런 장점에 힘입어 다른 세포배양육 회사의 CEO들과 차별화하는 강점을 갖췄다.

네덜란드에서 겪은 재앙은 극복하기가 쉽지 않은 현실을 보여준다. 하지만 테트릭은 여전히 가장 먼저 세포배양육을 시장에 내놓겠다는 목표를 포기하지 않았다. 저스트가 만든 고기를 상점 진열대에 올려놓고 판매할 수 있도록 허가받기 위해 전 세계를 이리저리 뛰어다니며 규제 당국을 설득하고 있다.

다른 많은 회사와 뛰어난 과학자, 기업가 들이 그를 뒤쫓는다. 여러 스타트업은 각자 고유한 방법으로 세포배양육을 완성했고 또한 규제 환경에도 주목한다.

나는 샌프란시스코만 연안에 위치한 다른 스타트업을 돌아보고 이스라엘, 유럽으로 떠나는 일정을 잡았다. 그동안 테트릭은 목표를 달성하기 위한 방법을 찾는 데 집중했다.

마지막 남은 자

09

에게해 상공 어딘가에서 승무원이 몸을 기울이며 부드러운 목소리로 물었다.

"파스타와 소고기 또는 쿠스쿠스*와 닭고기가 있습니다."

나는 쿠스쿠스와 닭고기를 선택했다. 승무원은 피타**와 후무스***, 채 썬 당근과 사각형으로 자른 오이로 만든 샐러드를 올린 플라스틱 접시를 내밀었다. 쿠키와 작은 물컵이 놓이고 메인 요리는 뚜껑이 덮인 알루미늄 용기 안에 담겨 있었다.

가로수가 무성한 스데롯 벤 구리온Sderot Ben Gurion 도로를 따라 늘어선 텔아비브의 카페에 앉아 있다고 스스로 최면을 걸면서, 접시 바깥쪽 음식부터 식사를 시작했다. 재빨리 후무스를 다 먹고 용기

• 　 밀가루를 손으로 비벼 만든 좁쌀 모양의 알갱이. 또는 이것에 고기나 채소 스튜를 곁들여 먹는 북아프리카의 전통 요리.

•• 　 가운데를 갈라 다른 재료를 넣어서 먹을 수 있는 길고 둥글넓적한 빵.

••• 　 으깬 병아리콩과 오일, 마늘을 섞은 중동 음식.

의 뚜껑을 열었다. 두 가지 색깔이 보였다. 쿠스쿠스의 베이지색과 닭으로 만든 미트볼 세 개를 덮은 토마토소스의 빨간색이었다. 미트볼을 얇게 썰어서 정확히 내가 기대하던 것을 찾아냈다. 바로 가공된 하얀색 닭고기였다.

며칠 앞서 디디에 투비아Didier Toubia를 만났다. 그는 세포배양육 스타트업 알레프팜스의 공동 창업자다. 이 회사는 텔아비브에서 남쪽으로 약 19킬로미터 지나 있는 작은 도시 레호보트Rehovot에 위치한 연구소에서 시작했다. 투비아가 '고기 페이스트Meat paste'라고 부르는 것은 미트볼 하나를 뭉칠 수 있는 양의 근육조직 세포 덩어리로, 배양육 스타트업 대부분이 이 물질을 만든다. 만약 세포배양육이 주요 소비시장 진출에 실패한다면 아마도 항공사에는 판매할 수 있을지도 모르겠다고 생각하면서, 다시 접시에 놓인 미트볼을 포크로 찔러 부서뜨렸다. 지중해 위 하늘 어딘가에서, 나는 비행기에서만 배양육을 맛볼 수 있는 미래가 오지 않길 바라며 빌럼 판 엘런의 꿈을 떠올렸다.

그러나 거룩한 땅Holy Land•에서 일주일을 보낸 뒤, 나는 이스라엘 스타트업 집단이 세포배양육의 꿈을 좇는 실리콘밸리 회사에 커다란 위협임을 명백히 깨달았다. 만약 세포배양육을 시장에 가장 먼저 내놓는 회사가 미국 회사가 아니라면 이스라엘 회사일 확률이 높다. 많은 사람이 제2의 실리콘밸리라고 인정하는 이스라엘에는 알레프팜스, 슈퍼미트, 퓨처미트테크놀로지스 등 세 개의 세포배양

•　팔레스타인을 뜻함.

육 스타트업이 있다(요즘 내가 면밀히 관찰 중인 미국의 세포배양육 스타트업은 여덟 곳이다).

6월의 따스한 날 오후에 투비아를 만났다. 우리는 상업 지구에 위치한, 한 특징 없는 건물 3층에 있었다. 당시 알레프팜스는 다른 회사와 연구 공간을 같이 썼다. 같은 건물의 다른 층에는 슈퍼미트가 있었다.

이스라엘 정부는 전망이 밝고 시장 변화를 주도할 아이디어를 가진 기술의 초기 단계 투자에 매우 적극적이다. 또 기술 개발을 촉진하기 위해 수많은 보조금을 지급한다. 이스라엘 혁신청Israel Innovation Authority의 2,500만 달러 규모인 푸드테크 인큐베이터에도 자금을 지원하는 특혜를 제공한다. 혁신청은 매년 다양한 분야의 굶주리고 야심 찬 창업자에게 조건부 대출을 제공하기 위해 약 5억 달러를 준비한다. 그들이 실패하면 정부는 지원금 전액을 돌려받지 않는다. 성공을 거둬야 지원금을 회수한다.

아냐 엘단Anya Eldan은 혁신청의 스타트업 부서 책임자다. 그녀는 시장의 변화를 주도할 기술을 알아보는 재능이 특출나다. "돈을 100퍼센트 돌려주는 스타트업은 충분한 위험을 감수하지 않은 것으로 판단합니다." 혁신청을 방문한 내게 그녀가 설명했다. "우리 역할은 경쟁력 있고 혁신적인 창업 생태계를 구축하는 것입니다."

미국에는 비교할 만한 프로그램이 존재하지 않는다.

세포배양육 기술이 가져올 명백한 경제적 상승효과와는 별개로, 이스라엘은 이 기술이 성공하면 국가의 식량안보에 도움이 되리라는 점을 인지하고 있었다. 이스라엘은 한정적 국토와 수자원으로 인해 식량을 자급자족하는 데 한계가 있다. 매년 상당한 규모의 식량을 수입해야 하는 상황이다. 정부가 조취를 취하지 않으면 상황은 나아질 것 같지 않았다.

2017년 말 EIU Economist Intelligence Unit 와 듀폰DuPont이 발표한 식량안보지수[1]에 따르면 지난 10년간 식량안보는 전반적으로 개선됐지만 중동, 북아프리카, 남미에 위치한 나라에 위기의 조짐이 파악되었다. 예측이 불가한 세계 경제성장률, 심화되는 불평등, 기후변화와 정치적 혼란 등으로 늘어나는 강제 이주가 전 세계 많은 지역에 걸쳐 식량안보에 부정적 영향을 미칠 수 있다고 예견한 것이다. 다른 곳에 비해 몹시 상황이 좋지 않은 지역도 생겨날 전망이다. 전체적으로 식량이 부족할 것이다. 유엔은 2050년에 지구촌이 세계 인구를 감당할 수 있으려면 농업 생산량[2]을 약 70퍼센트가량 늘려야 한다고 예상했다.

만약 미래에 이스라엘 기반의 세포배양육 회사가 배양육을 생산 및 판매할 수 있다면 이스라엘의 식량 무역 적자 상태는 달라질 수 있다. 미국 회사가 비건 활동가와 같은 목표를 동기로 하는 반면 이스라엘 회사는 자국 보호를 위한 장기적 목표로 커다란 동기가 작동한다.

알레프팜스는 이스라엘의 북부 하이파Haifa에서, 테크니온공과대학Technion Institute of Technology 바이오의학공학부 학장이자 저명한 연구자인 슐라미트 레벤버그Shulamit Levenberg가 설립했다. 복잡한 혈관 시스템, 즉 몸 전체에 분포하는 동맥과 정맥에 대한 그녀의 전문지식은 알레프팜스에 독특한 학문적 엄격함과 야망을 더했다. 저스트와 멤피스미츠는 레벤버그의 공동 창업자인 투비아가 '고기 페이스트'라고 부르는 형태에 많은 관심을 쏟는다. 닭다리, 오리 카니타스 carnitas,* 너깃 같은 가공품을 생산하기 위해서다. 알레프팜스는 세포가 배양액에서 자라는 과정을 아예 건너뛰고 싶어 한다. 원통형 바이오리액터에서 고기 조각을 배양하기보다는 스테이크 형태와 같은 3D 구조의 소고기를 키우는 것이 주요 목표라고 투비아는 설명했다.

저스트를 비롯해 미국 내 많은 푸드테크 기업은 영양분을 농축한 용액에 세포를 넣은 뒤 착상시켜 자라게 한다. 하지만 투비아와 레벤버그는 살아 있는 동물 몸속에서 작동하는 메커니즘을 근사치로 모방하는, 좀 더 복잡한 시스템을 구현하겠다는 목표를 세웠다. 인공 혈관 모형 시스템을 통해 세포에 배양액의 영양분을 직접 주입하겠다는 것이다. 이렇게 고도의 목표를 세우는 과정에 별다른 어려움은 없었다. 제품을 시장에 내놓는 시기가 조금 늦어질 수는 있지만, 더욱 더 다양하고 품질 좋은 고기를 제공하는 최고의 회사가 되겠다는 꿈이 있기 때문이다. 투비아는 2023년쯤 전 세계에 스테이크 제품을 전면 출시할 수 있기를 바란다. 그렇지만 그 역시 어느 나라 시장에 먼저 진출할지는 결정하지 못했다.

업계에서는 고기 배양에 필요한 혈관 모형 시스템을 건축 공사장에서 쓰는 '비계 쌓기'라는 용어로 표현한다. 투비아는 이를 토양이 없는 상태에서 영양분을 혼합한 용제를 이용해 채소를 키우는 수경

• 멕시코의 튀긴 고기 요리로 흔히 타코에 넣어 먹음.

재배에 비유한다. 이렇게 독특한 시스템을 만들어내려는 시도가 이상해 보일 수도 있지만, 알레프팜스는 이단아가 되는 일을 부끄러워하지 않는다. 투비아의 표현에 따르면 그들은 항상 자연적 절차와 과정을 개선하기 위해 과학기술을 활용했다. 자신이 먹어야 할 음식이 자연이냐, 인공이냐를 물어서는 안 된다고 그는 단언했다. 그보다는 "이것은 좋은 음식인가, 아닌가?"를 자문해야 한다는 것이다.

물론 혈관 모형 시스템을 구현하는 일은 결코 만만치가 않다. "우리는 완전 백지 상태부터 시작했습니다." 포유류의 세포계는 조류의 세포계보다 관리하기가 훨씬 더 까다롭다고 투비아는 설명했다. 세포배양 닭고기를 만드는 회사는 주로 근육세포를 키우는 데 초점을 맞추지만, 스테이크를 만들려면 지방세포 또한 완벽하게 키워내야 한다.

이스라엘을 다른 세계와 구분 짓는 특징은 창의성으로 뭉쳐진 정신력이다. 이스라엘 사람들은 진정으로 과학을 한계까지 밀어붙이며 도전했다. 그들은 첫 번째는 아닐지 몰라도 언젠가 최고의 위치에 오를 것이다.

이스라엘에서의 마지막 날, 평소보다 조금 일찍 일어났다. 텔아비브 여기저기에 솟아 있는 탑들 너머로 태양 빛이 붉게 물들었다. 도시 너머 서쪽으로 뻗어가던 빛의 파도는 마침내 지중해 가장자리에 다다른다. 이른 아침부터 운동하는 사람들로 해변 길이 북적인다. 조각 같은 근육을 지닌 남자가 해변을 따라 달리고 여러 명이 한데 모여 체조와 요가를 한다. 나는 근처 커피숍으로 걸어가 채소가 많은,

전형적인 이스라엘식 아침 식사를 주문했다. 시장 진출에 앞서 있는 세포배양육 회사를 이끄는 롬 크슈크Rom Kshuk를 만나러 온 길이었다.

크슈크는 텔아비브 외곽에 살지만, 그의 회사인 퓨처미트테크놀로지스의 본사는 예루살렘에 있다. 예루살렘에 있는 히브리대학교의 교수이자 생체의학 엔지니어인 야아코프 코비 나미아스Yaakov Koby Nahmias가 2017년에 창업한 회사다. 퓨처미트테크놀로지스는 근육세포를 키우는 대신, 성분 요소와 배양액을 더 적게 필요로 하는 결합조직을 키우는 기술 개발에 앞장서고 있다. "언젠가는 목축농에 이 기술이 담긴 장치를 팔고 싶습니다." 그가 말했다. "여러 종류의 세포가 든 캡슐을 이용해 고기를 만드는 장치입니다."

퓨처미트테크놀로지스는 B2B* 기업이 될 방법을 모색하고 있다. 자기 브랜드로 세포배양육을 만들어 출시하고자 하는 다른 회사에게 기술과 장비를 판매하려는 것이다. 첫 번째 제품은 저스트가 추진하는 것처럼 민스미트mincemeat**가 될 것이다. 만약 제품을 완성한다면 회사는 생산비용을 줄이는 데 총력을 기울일 예정이다. 크슈크는 회사의 궤도를 쉽게 결정했다고 말했다. 업계 내부에서 지구촌 식품 시스템을 바꿀 수 있는데 왜 굳이 소매점에서 타이슨 같은 강적과 맞서겠는가?

2019년 10월 회사는 이 사업의 초기 단계에서 모든 세포배양육

•   Business To Business의 약자로, 기업 간 거래를 뜻함.
••   파이 소로 쓸 수 있도록 다진 고기에 사과, 건포도, 지방, 향료 등을 섞은 음식.

스타트업 중 두 번째로 큰 규모의 시리즈 A 투자인 1,400만 달러를 받았다(멤피스미츠가 2017년에 1,700만 달러를 투자받았다[3]). 크슈크는 투자액의 상당 부분을 텔아비브에 짓는 세계 최초의 세포배양육 제조 시설을 건설하는 데 쓸 계획이라고 말했다.

이번 투자는 시카고에 본사를 둔 벤처캐피털 S2G 벤처스가 주도했으며, 식품과 농업 분야의 벤처캐피털인 중국 기업 비츠바이비츠 Bits x Bites 와 타이슨푸즈Tyson Foods 의 계열사인 타이슨벤처스Tyson Ventures가 참여했다.

"퓨처미트테크놀로지스가 집중하는 시장의 변화를 주도할 기술은 우리의 핵심 사업과도 연관이 있습니다. 앞으로도 지속적으로 투자할 계획입니다." 타이슨벤처스 대표 에이미 투Amy Tu 는 이렇게 소감을 밝혔다. "우리는 늘어나는 세계 인구를 먹여 살릴 수 있는 단백질을 생산할 대체 기술의 사업 기회를 확대하는 중입니다."[4]

퓨처미트테크놀로지스는 2020년 언저리쯤 완성해 운영할 생산 시설에서 2020년 말, 아니면 2021년에는 더 확실하게 초기 제품을 출시하고자 했다.• 테트릭이 그들을 시장에서 물리치지 못한다면 이스라엘은 업계 최선두 국가가 될 것이다. 그리고 초기 제품이 국내 시장에서 제일 먼저 팔리고 대중화되면 이스라엘은 새로운 식품에 대한 규제 철폐 경쟁에서 선진국이 될 것이다. 이 문제는 장단점이 있다. 먼저 기술 친화적인 시장에서 세포배양육을 소비자와 연결하고 다른 나라의 규제 당국이 추세를 따라오도록 설득할 수 있

• 2021년 6월에 세계 최초로 생산 시설을 가동하기 시작함.

다는 점이 장점이다. 단점은, 미국 회사가 이스라엘 시장을 우선적으로 염두에 두지 않는 이유와 같은데, 규모가 매우 작고 EU나 중국처럼 인구가 더 밀집된 지역으로 진출할 수 있는 교두보 역할을 할 수 없다는 점이다.

마크 포스트가 확실히 깨우쳐준 것처럼, 전 세계의 모든 기술적 진보에도 불구하고 여전히 해결해야 할 과제는 많았다. 2013년, 새로운 개념을 세상에 소개한 포스트는 모사미트 운영을 시작했다. 본부는 암스테르담에서 남쪽으로 약 210킬로미터 떨어진 중소도시 마스트리흐트에 있다. 1992년 EU를 만든 마스트리흐트 조약을 체결한 곳이다. 어느 쌀쌀하고 조용한 아침에 나는 마스트리흐트를 방문했다. 암스테르담 중앙역에서 네덜란드어로 적힌 이정표를 더듬더듬 읽으며 반질반질 윤이 나는 궤도열차를 찾아 푹신한 회색 좌석에 몸을 묻었다.

열차가 역에서 빠져나와 적막하게 잠든 도시 외곽을 철커덩거리며 통과했다. 빠른 속도로 평평한 네덜란드 시골 지역을 가로질러 달리자, 암스테르담의 분주한 도심에서 비치는 불빛이 뒤로 물러서며 길을 내줬다. 생생한 분홍빛과 오렌지색으로 빛나는 상쾌한 태양의 광채에 푸르른 전원이 뒤덮여 있었다. 1시간이 채 지나지 않아 하늘이 바삭바삭한 푸른빛을 되찾았다. 열차가 풀을 뜯는 소 떼를 지나칠 때, 통근자들이 기차를 오르내리는 소리를 눈을 감고 감상했다. 신문을 펼치는 소리, 나지막이 나누는 대화 소리가 들려왔다.

눈을 뜨자 목적지에 도착하기까지 10분 정도가 남아 있었다. 미지근한 졸음을 쫓아버리고 약속된 만남에 늦지 않게 갈 방법을 찾아보기에 충분한 시간이었다. 마스트리흐트는 마스Maas 강가에 위치한, 인구 28만 명의 아늑한 도시였다. 벨기에와 국경을 맞댄 마스트리흐트는 자기네가 네덜란드에서 가장 오래된 도시라고 주장한다(이곳에서 북쪽으로 2시간 반 거리의 네이메헌Nijmegen 주민은 무슨 소리냐며 반박할 것이다). 세월의 흔적이 보이는 집들이 늘어선 자갈길도 오랜 역사의 일부인 듯했다.

날씨가 맑은 아침은 오히려 추웠다. 재킷의 옷깃을 바짝 치켜세우며 마스트리흐트대학교 생리학부가 있는, 위엄이 넘치는 학문의 전당을 향해 맞바람을 뚫고 걸어갔다. 현대적인 구조의 거대한 건물이 편평한 풍경 위로 두드러져 보였다. 건물 정문에서부터 기묘한 모양의 계단이 이어졌다. 명문 대학 시설에 들어간다기보다는 마치 UFO에 탑승하는 기분이었다.

다른 세포배양육 회사들과 달리 포스트는 국립대학과 공동으로 회사를 소유했다. 그래서 학계에 매여 있지 않은 다른 민첩한 스타트업과 달리 움직임이 굼뜨다고 평가받았다. 공동소유 형태는 라이선스 계약과 유사했다. 네덜란드 납세자는 그의 연구에 공공자금을 투자하고 수익을 돌려받는다.

포스트는 키가 컸다. 문틀에 머리가 걸릴 것 같았다. 세련된 안경 뒤에서 회청색 눈빛이 나를 내려다봤다. 목소리는 낮고 신중했다. 전 세계에 알려진 세포배양육 선구자에게 어울리는 목소리였다. 무엇보다 그는 빌럼 판 엘런과 함께 연구했던 사이다. 2013년, 빌럼 판 엘런이 평생을 바쳐 꿈꾸던 새로운 개념의 실제적 증거인 세포배양육을 세계 최초로 대중에게 공개한 사람도 포스트였다. 세계적으로 화제를 모은 공개 행사 이후 그가 어떤 작업을 하고 있는지 궁금했다.

그의 대답은 '지방fat'이었다.

발표회 당시 조리된 패티는 온전히 근육조직으로만 만든 것이었다. 그러나 고기의 식감은 대부분 지방에서 비롯된다. 또 고기 맛의 절반 정도는 근육이 아니라 지방세포 특유의 향기가 좌우한다. 지방이 없다면 소고기나 닭고기, 다른 동물에서 추출한 세포로 만든 배양육 모두 맛이 거의 같다. 지방이 더해져야 맛을 통해 무슨 고기인지 구별할 수가 있다. 그러나 포스트의 설명에 따르면, 지방은 근육과 키우는 방법 자체가 다르다.

"근육조직과 달리 지방조직을 배양하는 연구는 아직 미흡합니다." 그가 말했다.

그의 연구 성과에 미국과 유럽의 주요 기업들이 많은 관심을 보였다. 2018년, 포스트는 2021년까지 세포배양 소고기를 소비시장에 내놓는 조건으로 880만 달러를 투자받았다. 제약회사 머크Merck와 유럽 전체에 설비를 갖춘 스위스 육류 가공업체 벨푸드그룹Bell Food Group이 자금의 상당 부분을 투자했다. 식품산업에 대한 머크의 첫 투자[5]로, 모사미트에 효과적인 지원을 약속한다는 것은 세포배양육 기술의 커다란 잠재력을 인식했다는 신호였다.

"고기에 대한 수요는 하늘 높은 줄 모르고 치솟고 있습니다. 미래에는 축산업만으로 감당하기 어려울 것입니다." 벨푸드그룹 회장 로렌츠 비스Lorenz Wyss는 투자를 발표하면서 이렇게 말했다. "이 기술이 환경을 생각하는 소비자가 선택할 수 있는 진정한 대안이라고 믿습니다. 그리고 육류산업에 관한 우리의 노하우와 전문지식을 이 전략적 파트너십에 활용할 수 있어서 기쁩니다.”

모사미트가 다른 세포배양육 회사와 차별화되는 핵심 요소는 고기를 즐겨 먹는 사람이 경영한다는 사실이다. 마크 포스트는 비건이 아니다. 스테이크를 즐겨 먹는다. 그가 이 분야에서 일하는 주된 이유는 식량안보와 환경의 미래를 우려하기 때문이다. 소를 키우는 목장주 앞에서도 그는 아무 주저 없이 전 세계 소의 개체 수를 5억 마리에서 약 3만 마리로 줄이는 것이 궁극적 목표라고 밝힌다. 그리고 배양육 생산을 위해 그중 일부에서 세포를 채취할 계획이라고 설명했다.

미국의 세포배양육 회사 대부분은 대외적인 메시지와 마케팅에 민감하기에 경영자는 사업의 장밋빛 전망만을 말한다. 만약 기술적인 어려움이나 과학적인 진퇴양난에 부딪힌다면, 직설적인 질문을 받아도 결코 솔직하게 답하지 않는다. 회사의 신제품을 향한 대중의 낙관과, 현미경 아래에서 실제로 벌어지는 매우 복잡하며 크고 작은 난관이 도사리는 현실 사이에는 일종의 장막이 드리워져 있다. 그러나 포스트는 마음속까지 철저한 학자인 모양인지, 감추는 것이 없었다. 그는 세포배양육에 대해 생각하고 말하는 것을 즐겼다. 세포배양육이 대중 앞에서 지글지글 구워지기 전에 먼저 해결해야 할 도전 과제와 지적 퍼즐이 많다고도 인정했다.

포스트는 오로지 외과의사가 되고 싶어 1982년 위트레흐트대학교Universiteit Utrecht에서 의학 학위를 취득했다. 그러나 2년 동안 환자를 진료한 뒤, 생각한 길이 아니라고 판단했다. 외과의사는 사회에서도 존중받고 높은 수입이 보장된 직업이다. 포스트는 환자를 진료하는 일은 좋았지만, 실제 진료가 거의 반복적인 행위다보니 지루했다고 털어놓았다.

"동료들은 내게 아무런 지적 도전도 요구하지 않았고, 저는 환자들을 상대하기에 너무 이기적인 성격이었습니다." 그가 말했다. "실용적인 문제 해결 방식은 저와 맞지 않았습니다."

그가 시원시원하게 대답하자 나는 참지 못하고 껄껄 웃었다.

동료 의사들과 의논한 뒤, 그는 수술실이라는 테두리 안에서 일하는 대신에 정치인과 목장주, 시장 상인, 사회학자, 육류 회사 임원, 투자자 등 다양한 사람과 토론하고 배우는 데 시간을 보냈다.

사무실 맞은편에는 실험실이 있다. 포스트는 보안출입증을 소매에 문질러 닦은 뒤 육중한 문을 열었다. 연구실 풍경은 익숙했다. 모든 세포배양육 실험실 모습은 기본적으로 같다. 현미경, 스테인리스 재질의 세포배양 기기, 배양액과 성장 세포로 채워진 작은 유리병과 페트리접시, 하얀색 가운을 입은 연구원 등. 물론 각각의 회사를 진짜로 차별화하는 것은 최종 연구 결과다. 포스트의 목표는 식물을 재료로 한 버거 패티(임파서블푸즈와 같이)에서 흔히 볼 수 있는 지방 보충재를 쓰지 않고 소고기를 배양해내는 것이다. 지방 보충재는 배양하기 힘든 지방을 대체하기 위해 사용한다. 상징적인 식품인 버거 패티를 만드는 도전 과제의 성패는 소고기에 달려 있었다.

"제대로 된 제품을 만들려면 솔직한 태도가 중요하다고 생각합니다." 그가 말했다. "기술 난도가 높은 제품을 만들면 소비자의 의심을 사기 쉽습니다. 하지만 사실을 왜곡하거나 '아, 그런데 이 제품은 잘 알다시피, 코코넛 오일 20퍼센트를 포함합니다'와 같은 말로 소비자를 혼란스럽게 하고 싶지는 않습니다."

갑자기 호기심이 생긴 나는 혹시 대답하기 곤란한 동시에 한 번도 받지 않은 질문이 있느냐고 물었다.

"그 누구도 제게 '이것은 동물복제cloning가 맞나요?'라고 물어본 적이 없습니다." 그가 말했다. "아무도요."

나는 그가 던진 미끼를 물었다.

"동물복제가 맞나요?"

"물론, 그렇습니다." 그의 말에 우리는 동시에 어색한 웃음을 터뜨렸다.

"생물학적 관점에서 동물복제는 성적 교합이 없는 재생산입니다." 그가 설명했다. "음, 저희가 하려는 바가 바로 그와 같은 재생산입니다. 사실 그런 질문을 받지 않아서 다행입니다. 이런저런 설명을 해야 하기 때문입니다. 그리고 설명을 들은 사람들은 세포배양육에 제 생각과는 다른 의미를 부여하겠죠."

"동물 몸속에서 일어나는 일 중에 인간이 도저히 복제할 수 없는 것이 있나요?" 내가 물었다.

그는 의자에 앉은 채 뒤로 기대서 잠시 천장을 바라봤다.

"네, 있습니다." 그가 대답했다. "모든 유기체는 믿을 수 없을 정도로 복잡합니다. 세부사항을 속속들이 이해할 수는 없습니다."

물론, 당연한 말이다. 소의 몸속에서 일어나는 메커니즘을 어느 정도는 이해할 수 있다. 생명체가 움직이는 데 몸속의 특정 화학물질이 다른 화학물질과 어떻게 상호작용하는지도 통찰할 수 있다.

그러나 더 많은 해부학적 측면, 생명체 안에서 일어나는 모든 일을 완전히 파악할 수는 없다. 우리는 우리가 무엇을 모르는지조차 알지 못한다. 예컨대 몸을 움직이는 행동이 동물의 신체조직에 얼마나 중요할까? 살아 있는 동물은 풀을 뜯고 이리저리 돌아다니면서 움직인다. 그런 기본적인 생명 활동에 본질적으로 특별한 무언가가 있을까? 그리고 조직 내 단백질 구성에 어떤 물리적 영향을 미칠까? 이를 통해 육질을 결정하는 가장 미세한 단위는 무엇일까? 분자 단위일까?

업계에서 사려 깊은 리더로 꼽히는, 핀리스푸즈의 CEO 마이크 셸던과 나눈 대화를 기억한다. 그는 핀리스푸즈에서 일하는 과학자들이 엄청난 노력을 기울여 동물의 움직임이 고기 품질에 믿을 수 없을 정도로 커다란 영향을 미친다는 사실을 밝혀냈다고 말했다. 우리가 양식 참다랑어를 먹지 않는 이유와도 관련이 있다고 설명했다. 참다랑어는 바다에서 최대 3미터까지도 자라며, 강한 조류에 맞서 수천 킬로미터를 헤엄친다. 같은 참다랑어를 양식장의 작은 테두리 안에 넣어 기르면 생리적으로 다르게 성장하고 고기 질도 달라진다.

포스트의 설명에 따르면 동물의 면역체계와 관련된 의문도 고려할 문제다. "세포배양 시스템에는 면역체계가 결여되어 있습니다." 그가 말했다. "이 사실이 어떤 중요한 역할을 할까요? 우리는 알지 못합니다."

하지만 그가 가장 의문스러워하는 점은 배양세포 조직의 가장 미세한 수준과 관련이 있다. 세포 주위에 있는, 믿을 수 없을 정도로 복잡한 유기체가 없다면 인간이 어떻게든 싸우고 해결해야 할 또 다른 장애물을 맞닥뜨린다는 점이다.

"한 가지 위험 요소가 있습니다. 우리가 세포복제에 너무 많이 의존한다는 것입니다." 포스트가 설명했다. "모든 복제 과정에서, 면역체계의 DNA는 돌연변이에 무척 민감하게 반응합니다. 복제에 너무 많이 의존하면 유전적으로 변형되거나 불안정한 세포가 생긴다는 사실이 많은 사례를 통해 검증됐습니다."

이 점은 세포배양육을 만드는 데 심각한 문제를 일으킬 수 있다. 실험실의 과학자들은 특정 동물의 세포에서 유전적 차이가 나타나는 복제 횟수를 알아냈다. 일반적으로 전체 세포 주기가 한 번 실현되는 데는 몇 시간이 걸릴 수 있다. 문제는 많은 수량의 세포를 동시에 복제하면 기하급수적으로 성장한다는 사실이다. 가장 이상적인 이론은 세포가 자신과 정확하게 동일한 세포를 복제한다고 가정하는 것이다. 하지만 현실은 그렇지 않다. 가령 생쥐는 약 4세대의 세포복제를 거치면 돌연변이가 빠르게 발생한다.

자연적으로 일어나는 DNA 복제는 믿을 수 없을 정도로 대단한 생명 현상이다. 인간 세포는 분열할 때마다 약 30억 개의 정확한 뉴클레오티드nucleotide• 염기서열을 복제하여 새로 형성된 세포에 전달한다. 하지만 때때로 생명은 커브볼을 던진다. 즉, 무언가 알 수 없는 일이 발생하면 굉장히 적은 양의 폴리메라아제polymerase 효소••가 전달되거나 잘못된 뉴클레오티드를 새로운 DNA 서열에 삽입해

• 핵산의 구성 성분.
•• 많은 뉴클레오티드가 결합한 고분자 물질인 폴리뉴클레오티드의 합성 효소.

버린다. 대부분의 편집 오류는 DNA가 대비하여 갖추고 있는 수리 메커니즘으로 자연스럽게 수정할 수 있다. 하지만 가끔은 실수가 발생해도 수정 과정을 거치지 않는 일이 생긴다. 과학자들은 오랫동안 왜, 어떻게 이런 일이 발생하는지 밝히기 위해 노력해왔다.

"다행히 아직 소, 돼지 또는 인간의 근육세포에서는 이런 현상을 발견하지 못했습니다." 포스트가 말했다. "인간과 거대 포유류의 세포에서는 이런 현상이 발생하지 않는 것 같습니다. 저뿐만 아니라 다른 과학자들도 같은 결론을 내렸습니다. 하지만 이런 현상이 언제든 발생할 수 있다고 가정해야 합니다. 그래서 문제에 대처할 방법을 찾아야 합니다. 질문을 계속해서 던져야 합니다."

그는 유전자 변형 세포를 먹는 것이 건강에 위협적이지 않다고 설명했다. 어찌 됐든 오늘날 우리는 식물을 뽑거나 소를 죽인 뒤 요리해 먹는다. 그의 설명대로 살아 있는 돌연변이 세포를 먹고 건강상 문제가 생길 염려는 없다. 돌연변이 문제는 건강이나 맛에 영향을 미치는 것이 아니라, 생산 규모를 키우는 일을 훨씬 더 어렵게 만드는 문제를 불러일으킨다.

돌연변이가 최종적으로 세포배양 조직의 영양적 가치에 어떤 영향을 미칠지에 대해서는 아직 해소되지 않은 의문점이 있다. 그렇지만 포스트가 현재 실험실에서 배양 조직을 관찰하고 시식용 시제품을 개발하고 살펴보는 과정에서 최우선으로 고려한 문제는 아니다.

"그러나 내가 '그런 잠재적 문제를' 확인할 수 없다는 사실이 실제로 아무런 문제가 없다는 의미는 아닙니다." 포스트는 매우 조심스러운 말투로 말했다.

나는 포스트의 사무실에서 테트릭이나 다른 누군가가 먼저 소비 시장에 세포배양육을 내놓겠다고 공개적으로 선언할 때 마음이 편했는지를 물어본 순간을 떠올렸다. 그의 반응을 어렵지 않게 이해했다. 이제 막 부상하는 이 업계의 모든 사람이 내 질문에 같은 반응을 보였다. 관건은 테트릭이 내놓을 고기의 품질에 있었다. 어떤 제품이든 간에 모두가 매우 정밀하게 품질을 검증할 것이기 때문이다.

"그게 바로 가장 큰 관심사입니다. 제가 통제할 수 없는 문제죠." 포스트는 말했다. "제가 조시에 관해 전해 들은 바로는, 상당히 통제하기 힘든 성격이라는…. 이 분야에서는 정말 조심해야 합니다."

포스트가 그런 인상을 받은 것은 사실 어찌 보면 당연했다. 나 역시도 궁금했다. 실리콘밸리에서 날아오는 뉴스를 열심히 읽는 사람이라면 저스트의 높은 이직률, 관계 당국의 조사, 시끄러운 경영권 쿠데타 시도 같은 소식을 들으면서 테트릭의 경영 능력에 충분히 회의를 품을 수 있다.

사실 세포배양육 업계의 기업가들은 서로에 대해 험담할 만큼 경쟁자의 연구실 안에서 실제 무슨 일이 일어나는지 알지 못한다. 진실은 소문보다 더 미묘하다. 포스트가 테트릭에게 느끼는 회의감을 이해할 수 있었다. 저스트의 세포배양육 실험실의 기초를 닦은 과학자들은 모두 떠나 자기 회사를 차렸고, 언론에 다른 문제들이 보도되기도 했다. 제일 먼저 배양육을 시장에 내놓겠다는 조시의 경쟁 심리는 다른 동료 회사를 크게 압박할 뿐이었다.

하지만 어떤 제품을 가장 먼저 출시할지 기업이 철저하게 신경을 써야 한다는 점에서 포스트의 직감은 정확했다. 업계 전체가 정말 주의해야 한다. 시장에 내놓는 시기와 배양육의 품질뿐만 아니라 마케팅 방법에 대해서도 주의를 기울여야 한다. 대부분 가업을 이어 소를 키우는 목장주와 과학자 들 사이에는 분명 세포배양육에 대한 회의와 두려움이 존재한다. 그런데 심지어 배양육 스타트업의 선두주자들이 제품을 시장에 내놓겠다는 신호를 자꾸 보내는 시점에도, 미국육류과학협회American Meat Science Association의 그 누구도 실제 배양육을 본 적조차 없었다. 이 단체는 동물 근육조직의 성장과 발달 과정을 포함해 육류에 대한 지식 대부분을 축적하는 데 기여하고, 육질 측정, 식품 안전, 마케팅을 돕는 과학자로 구성된 국가 조직이다. 세포배양육을 받아들이는 데 도움을 줄 수 있는, 대중에게 신뢰받는 잠재적 파트너. 기득권 세력이 신뢰하는 단체이기도 하다.

물론 세포배양육 샘플을 협회에 반드시 제공해야 하는 것은 아니다. 하지만 고기를 오랫동안 연구한 일류 과학자로 구성된 조직은 흔히 먹는 재래식 고기와 세포배양육의 차이점을 조사해서 대중의 이해를 도울 수 있다. 실제로 2018년 여름, FDA가 이 주제로 연 공개 간담회에서 전 미국육류과학협회 협회장 론다 밀러Rhonda Miller는 이렇게 말했다.

"식육 과학자들은 세포배양 조직을 과연 육류라고 불러야 하는지 그리고 어떻게 규제해야 하는지를 결정할 수 있는 정보가 충분하지 않습니다. (…) 전통적으로 생산된 육류와 비교하고 이해하는 데 근거가 되는 요소들, 즉 안전성, 구성 요소, 영양 측면의 생물학

적 이용 가능성, 기능성, 감각적 특성과 관련된 평가에 필요한 배양
조직 샘플을 제공받지 못했기 때문입니다."

비전문가 입장에서 세포배양육이 정확히 무엇인지를 설명하기란
사실 꽤 어려운 일이다. 기본 원리만 이해하자면 그리 어렵지는 않
겠지만. '지방조직과 근육조직을 길러 둘을 합치면, 진짜 고기가 된
다.' 이것이 전부다. 그러나 이런 간단한 서술을 넘어 세부적으로 복
잡한 과정과 내용을 설명하는 일은 완전히 다른 차원이다. 확실히
하자면, 다른 많은 가공식품도 마찬가지다. 팝 타르트Pop-Tart*에 도
대체 무엇이 들어가는지 누가 알겠는가? 고기는 우리가 먹는 전체
식품의 한 축을 이루는 기본 기둥이다. 자신이 먹을 고기가 어떻게
저녁 식탁 위에 올라오는지 소비자가 더는 이해할 수 없다면 어떤
일이 발생할까?

이와 같은 현실을 인정하는 것은 초창기 산업의 가장 어려운 도
전이다. 이제 막 떠오르는 세포배양육이라는 분야에서는 특히 더
그렇다. 세포배양육을 알고 이해하는 수준에서 일반 소비자와 학위
를 여러 개 소지한 첨단 과학자 사이의 격차는 드넓은 바다만큼 상
당하다.

본사가 캘리포니아에 있는 멤피스미츠의 CEO 우마 발레티는 제
품이 시장에 나올 시점이 가까워지면 세포배양육에 관한 공개적인
질문에 답변이 이루어질 것이라고 설명했다. 이미 심장전문의로 유

---

* 미국 시리얼 제조사인 켈로그의 제품으로, 구멍이 뚫린 얇은 과자 안에 달콤한 필링
을 넣은 페이스트리.

명했던 발레티는 10년간 줄기세포를 이용해 고기를 배양할 수 있을지를 고민하다가 마침내 2015년 8월 멤피스미츠를 설립했다.

어느 화창한 오후 버클리 본사에서 만난 그는 이렇게 말했다. "구할 수 있는 모든 자료를 모아 샅샅이 연구했습니다. 모든 조각이 이미 인류 앞에 존재하기에 단지 그 조각을 맞추면 된다고 점점 더 확신하게 됩니다."

처음부터 그는 소비자의 신뢰를 얻는 일이 최우선 과제라고 말했다. 모든 것을 감추며 비밀리에 회사를 운영할 수는 없다고 했다. 세포배양육을 둘러싼 논의는 당연히 공개적으로 이뤄져야 한다는 뜻이다. 그래서 멤피스미츠는 시식회를 열어 기자들이 고기를 먹어보게 했다. 발레티는 기존의 유명 육류 회사 브랜드로 제품을 판매하기 위해 라이선스 계약을 하기보다는, 회사 고유 브랜드로 제품을 출시하겠다는 목표를 세웠다. 긴밀하게 소통할 수 있는 피드백 채널을 만들고, 소비자를 제품 개발 과정에 최대한 참여시키기 위해서였다. 이는 회사 전체를 아우르는 철학이다.

"우리 회사에 참여한 모든 사람은 일생에 한 번 올 만한 의미 있는 일을 할 기회를 찾았습니다. 소비자에게 우리가 쌓아온 경험을 보여줘야 그 기회를 완성할 수 있다고 생각합니다." 그는 말했다. "만약 우리가 정말 잘 해낸다면, 그때 기회를 더 크게 확장할 수도 있을 겁니다."

그는 소비자와 가장 효과적으로 의사소통하는 방법이 저녁 식탁에 놓이는 접시에 실제 제품을 담는 것이라고 믿었다. 이것이 배양육이 맛도 좋고, 안전하며, 영양가가 높은지를 묻는 질문에 대답하는 가장 좋은 방법이라고 생각했다. "일단 맛을 보면 그때부터 마법이 일어날 겁니다." 그가 설명했다. "식품이 안전하다고 주장하며 싸워봤자 큰 의미가 없습니다. 당국의 지침을 절대적으로 따라야 합니다."

"우리는 기존 업계보다 훨씬 수월하게 이력을 추적할 수 있는 생산 공정을 갖췄습니다." 그가 계속 말했다. "모든 원료는 추적이 가능하고 전체 공정은 한곳에서 이뤄집니다. 생산 절차마다 수차례 안전을 점검하고 누구나 확인할 수 있는 영양 분석표가 있습니다."

그때 멤피스미츠의 한 연구원이 오리고기 배양육 샘플과 구스베리, 케이퍼*를 곁들인 접시를 들고 왔다. 오로지 소금과 후추로만 양념한 뒤 프라이팬에 구운 요리였다.

나는 접시를 내려다보며 치킨 텐더와 비슷한 외관에 감탄사를 연발했다. 발레티는 강렬한 눈빛으로 내 반응을 살폈다. 내가 배양육을 들어 좀 더 자세히 살펴보려 하자, 그가 몸을 앞으로 기울이며 가까이 다가왔다.

발레티는 고기의 질감과 생김새를 특별히 더 주의 깊게 살펴보라며 재촉했다. "바로 먹을 수도 있지만, 실제로 일부를 떼어내서 냄새를 맡아보고 육질을 확인해보십시오. 실제 고기처럼 느껴지는지 알고 싶습니다. 우리가 이루려는 성과 중 정말 중요한 부분입니다."

이렇게 질 좋은 배양육은 처음이었다. 몇 달 전 저스트에서 오리 파테와 초리소를 시식했지만, 이 제품은 손에 쥐고 떼어내면서 질

• 지중에 연안에 자생하는 식물로, 주로 꽃봉오리 부분을 향신료로 씀.

감을 느낄 수도 있는 완전한 근육조직이 있었다. 너깃을 집어 들어 한입 베어 물었다.

손가락으로 고기를 뜯어 살펴보면서 맛을 음미하는 동안 10초 정도 침묵이 흘렀다.

"오, 와우!" 고기의 섬유질 형태에 주목하며 탄성을 내뱉었다. 실제 닭가슴살을 떼어낼 때는 닭고기가 사실 여러 가닥의 실처럼 떼어진다. 실험실에서 이런 질감을 복제해내기는 정말 어렵다. 멤피스미츠의 과학자들은 세포들이 이런 조직을 복제해낼 수 있게 올바른 배양액을 구하고 바이오리액터 기술을 찾아내야 했다. 바로 이들이 해낸 것이다. 그리고 내 손에 시제품이 놓여 있었다.

"100퍼센트 세포배양육 제품인가요?" 내가 물었다.

"맞습니다." 발레티가 대답했다.

"정말 대단하군요." 내가 말했다. 지금까지 살피고 경험해본 제품 가운데 확실히, 기존 고기에 가장 가까웠다.

"고기에서 기대할 수 있는 모든 것을 담았습니다. 온전히 세포를 배양한 결과물입니다." 옆에 서 있던 과학자가 말했다.

"멋지군요." 너무 감동적이어서 존경심마저 들었다.

"비동물성 제품으로는 결코 이런 경험을 할 수가 없습니다." 발레티가 말했다. 임파서블푸즈나 비욘드미트가 출시한 식물성 원료의 고기 대체품을 의식하는 말이었다.

제품에 대한 발레티의 자신감은 상당했다. "모든 시식회에서 우리는 고기에 되도록 아무것도 바르지 않으려고 합니다." 그가 설명했다. "만약 이 고기를 우리 요리사 한 명의 손에 쥐여주고 '좋아,

이걸로 아주 고급 식사를 만들어봐'라고 하면, 물론 훌륭한 요리가 나오겠지요. 하지만 시식회의 주요 목적은 사람들이 실제 이 배양육의 맛을 느껴야 한다는 겁니다. 그래서 우리는 오직 소금과 후추만을 사용해 조리합니다."

마치 만나기 힘든 미래의 어느 한 모퉁이를 돌아 나온 것 같은 몽롱한 기분으로 멤피스미츠 본사 건물에서 나왔다. 전 세계에서 이뤄지는 노력과 성과는 인상적이었다. 특히 이제는 결실을 맺으며, 방금 직접 맛본 다양한 제품으로 실현하는 중이었다.

서로 경쟁하는 스타트업들은 모두 하나의 꿈으로 묶여 있다. 그리고 모두들 꿈을 실현하고 싶어 한다. 세포배양육을 사서 맛보고 싶어 한다. 가장 고귀한 동기인, 환경을 보존해서 인간이 지구라는 행성의 좋은 구성원이 될 수 있도록 세상이 바뀌는 모습을 보고 싶어 한다. 그러나 모두 같은 꿈을 꿈에도 불구하고, 이 젊고 세계적인 기업에서 일하는 모든 사람의 입장이 같지는 않다. 어떤 제품은 다른 제품들보다 과학적으로 더 앞서 있다. 이 때문에 여러 스타트업은 누가 먼저 시장에 고기를 내놓을지 그리고 소비자가 어떻게 받아들일지 궁금해하며 서로 의심의 눈길을 보낸다.

현재 가장 중요한 궁금증은 이 새로운 고기가 도대체 세상 어느 곳에서 최초로 소개될 것인가 하는 점이다. 테트릭은 2017년 6월 저스트의 제품을 제일 먼저 시장에 내놓겠다고 자신했었다. 2018년 말까지 레스토랑이나 상점에서 저스트의 배양육을 찾을 수 있으리라 확신했었다. 심지어 내심 그보다 몇 달 앞서 성공하기를 바랐다. 그러나 그 뒤, 네덜란드에서 세포배양육을 출시하려던 테트릭의 야망이 무너지는 상황을 지켜보면서, 저스트의 임직원들은 사회가 세포배양육을 받아들일지를 결정하는 열쇠는 과학적인 진보나 기술력이 아니라 정부 규제 당국에 있다는 사실을 분명히 깨달았다. 그리고 이런 논쟁이 가장 격렬하게 펼쳐지는 나라가 바로 미국이었다.

짐승의 심장부

10

키 작은 곱슬머리 남자가 앞으로 나서며 나와 테트릭의 대화를 가로막고는 몸을 숙여 그의 귓가에 부드럽게 속삭였다.

"알고 있겠지만 오전 10시야." 나지막한 목소리가 들렸다.

"그들의 도살장을 보는 거야?" 테트릭이 물었다.

저스트 본사는 평소와 다름없이 시끌벅적했다. 두 사람의 말을 더 잘 듣기 위해 몸을 앞으로 기울이며 귀를 쫑긋 치켜세웠다.

"그들이 우리를 도축장으로 데려다줄 수 있어."

"한 군데 정도 보고 싶긴 해." 테트릭이 강렬한 눈빛으로 남자를 응시하며 대답했다.

"그들에게 부탁할 수 있어."

"전에도 한 번 헛수고했잖아."

"내가 그들에게 문자를 보낼게." 남자가 말했다. "말썽을 일으키고 싶지는 않지만, 일단 연락을 한번 해볼게."

"좋아." 테트릭이 머리를 끄덕였다. 그리고 고개를 돌려 무슨 사정인지 궁금해하는 내 눈빛을 봤다. 그는 천장을 잠시 올려다보더니 입을 열었다.

에르난 하라미요Hernan Jaramillo는 저스트의 사업개발 담당자다. 저스트가 어떤 직함을 붙여줬든 간에, 그가 비밀리에 하는 일은 대단해보였다. 하라미요는 조만간 다른 대륙에 머물 예정이다. 종종 독한 술을 들이켜면서 다른 기업의 CEO들을 상대로 저스트와의 파트너십 협상에 나설 참이다. 저스트가 세포배양육 업계에 인상적으로 진입하면서 그는 주로 기업과 파트너십을 체결하는 업무에 집중했다.

몇 주 동안 하라미요는 브라질에서 JBS 임원들과 테트릭의 미팅을 중개하려고 애썼다. 가공육 기업인 JBS는 매출이 매년 500억 달러로, 세계 최대 규모다. 만약 미팅이 성사되면 거래 규모가 어마어마할 것이고, 중대한 파트너십의 문이 열릴 것이다.

테트릭은 단순한 자본 투자 이상의 기회를 찾고 있었다. 그는 JBS가 저스트의 기술을 사용하기를 원했다. 퓨처미트테크놀로지스를 제외하면, 이런 시도는 세포배양육 분야에서 저스트가 다른 배양육 스타트업에 비해 두드러진 점이다. 물론 회사 경영권에 간섭이 종종 있겠지만, B2B 모델을 추구함으로써 저스트는 제품의 범위를 극적으로 확장시켰다.

타이슨푸즈나 카길Cargill 같은 거대 기업이 스타트업에 돈을 투자하는 것과, 세포배양육을 자체 생산하기 위해 투자금을 거대 기업 내부로 전환시키는 일은 전적으로 다른 차원이다. 테트릭의 절묘한 한 수였다.

"작은 투자를 여러 번 받아 올 수는 있습니다. 하지만 200만 달러나 300만 달러는 회사에 아무 의미도 없습니다." 그가 말했다. "그러나 인프라 투자는 어떨까요?"

그는 목청을 가다듬으며 잠시 말을 멈췄다.

"난 그들이 직접 바이오리액터를 사 갔으면 좋겠습니다. 무슨 말인지 알겠죠?"

저스트의 새로운 꿈이었다. 그는 더는 투자금을 구하러 다니지 않았다. 그대신 기존 식품 업계 기업과의 거래를 성사시킬 방법을 모색했다. 대규모 자본을 보유하거나 특정 시장을 지배하는 거대 회사, 즉 JBS나 카길, 타이슨푸즈의 임원을 만나기를 원했다. 그들의 회의실로 날아가서 리우데자네이루 외곽에 약 2,800제곱미터 규모의 시설을 세우기 위해 협상하고, 그곳에 거대한 바이오리액터를 설치한 다음 저스트 앞으로 된 수표를 받길 원했다. 저스트는 배양육을 키우는 데 필요한 지식과 라이선스를 제공할 것이다.

"바로 이것이 내가 원하는 것입니다." 테트릭이 말했다. "만약 성사되면 '재래식 육류산업의 종말 신호'가 될 겁니다."

이러한 거래가 궁극적으로 성사될 수 있을지 그리고 이와 같은 유형의 라이선스 계약이 세포배양육 제품 생산의 최선책이자 가장 효과적인 미래가 될지는 아직 입증되지 않았다.

이런 전략은 전통적인 비건 활동가의 의식을 완전히 뒤집는 일이었다. 아주 급진적인 비건 활동가가 어떻게 과거 전략을 바꿔서 변화의 실질적인 주체가 되려고 하는지를 한눈에 보여주는 사례였다. 테트릭과 같은 헌신적인 비건 활동가가 세계 최대 육류 가공 회사의 도축장 한 곳을 우호적 목적으로 방문한다? 테트릭과 같은 비건 활동가가 세계에서 가장 큰 육류 가공 회사와 협력한다? 생각하기에 따라 꽤나 이상하고, 심지어 눈앞에 그런 모습이 벌어지는 것은 더 비현실적이었다.

이런 전략의 변화는 아마도 브루스 프리드리히Bruce Friedrich의 영향력이 커지면서 더 두드러지게 나타나고 있다. 그는 세포배양육 회사를 운영하지도 않고, 고용된 상태도 아니다. 하지만 그가 대표로 있는 워싱턴 D.C.의 비영리단체 좋은식품연구소Good Food Institute는 신생 스타트업 업계를 위한, 일종의 중추신경계 역할을 한다. 이 단체는 정부와 기득권을 지닌 기업에 맞서 세포배양육 회사(및 식물 원료 식품 회사)의 이익을 옹호하고 대변한다. 실리콘밸리의 테트릭과 같은 푸드테크 CEO에게는 상담 센터이자 든든한 배경이다. 세포배양육이 워싱턴 식품 규제 당국의 레이더에 서서히 걸려들자, 이 비영리단체는 전투에서 물러설 줄 모르는 전사가 되었다. 사실 프리드리히는 이 새로운 시대의 동물권 운동을 지지하는 여러 사람 중 한 명일 뿐이고, 아주 부유하고 오래된 비건 활동가를 포함한 지지 세력이라는 모자이크의 한 조각일 뿐이었다. 지금 그와 마주치면 아마 깔끔한 버튼다운 셔츠를 입고 단정하게 면도한 모습일 테지만, 항상 그런 모습은 아니었다.

그들은 아마 볼보를 타고 나타났을 것이다. 프리드리히는 기억을 더듬었지만 확신하지는 못했다. 날씨는 쌀쌀했다. 새벽 3시의 추위 같았다. 하지만 그래, 아마도 그런 종류의 차였을 것이다. 또 정말 어두운 색이었다. 어쨌든 해지기 전까지는 아무것도 할 수 없는 형편이었다. 그러나 그래, 볼보는 핵 확산에 반대하는 가톨릭 좌파의 급진적 활동가가 선택할 만한 차량이다. 아마도 그 차였을 것이다.

날씨는 분명히 차가웠다.

차가 덜컹거리며 멀어지자 당시 스물네 살이었던 프리드리히는 다른 세 명과 함께 노스캐롤라이나주의 롤리Raleigh 남동쪽에 있는 골즈버러Goldsboro 외곽의 숲에 남겨졌고 추위에 떨었다. 1993년 12월 7일이었다. 테트릭이 열세 살 때의 일이다. 맑은 하늘을 뒤덮은 별들이 프리드리히의 무리에게는 천상의 나침반 역할을 했다. 핵 타격기 F-15E 스트라이크 이글의 본거지인, 약 1,330만 제곱미터에 이르는 시모어 존슨 공군기지를 향해 반짝이는 별들이 쏟아졌다. 그들은 숨죽인 목소리로 기도를 읊조리며 이른 아침 공기를 뚫고 전진했다. 울창하고 외진 삼림지대를 통과해 약 1.2킬로미터를 나아갔다.

중고차 볼보와 달리, 핵 타격기 F-15E 스트라이크 이글은 맥도널더글러스 McDonnell Douglas•가 특별히 지상공격용으로 1980년대에 설계한 2인승 고속 살인 기계였다. 최종적으로 유도폭탄의 정밀 사격 정확도를 높이기 위해 레이저 조준기를 설치했는데, 폭격기에서 발사한 1메가톤급 핵폭탄을 공중에서 폭발시키면 반경 3킬로미터 이내가 초토화되었다. 즉, 하늘에서 밝은 빛이 번쩍하면 죽음의 고요만이 남았다.

프리드리히는 시민불복종운동의 원로 필립 베리건Philip Berrigan

• 1997년 보잉에 합병된 미국의 항공기 제조 회사.

(당시 70세), 새로이 서품된 예수회 사제 존 디어John Dear(34세), 볼티모어에서 온 노숙인 권리 운동가 린 프레드릭손Lynn Fredriksson(30세)과 함께였다. 그들은 스스로를 '그리스도의 평화와 생명의 영성을 위한 보습Pax Christi-Spirit of Life Plowshares'이라고 불렀다.

〈워싱턴 포스트〉는 나중에 이 사건을 공군기지에서 벌어진 정치적 반달리즘•1 운동의 첫 사례로 보도했다. 군 대변인인 제이 바버Jay Barber는 대중을 선동하려는 속임수로, 국민의 세금을 낭비한 사건이라며 비난했다.

"그들이 제트기를 파괴하러 왔다면 망치를 가지고 오지는 않았을 겁니다. 다이너마이트를 가져와야 했겠지요." 바버는 기자에게 이렇게 말했다.

프리드리히에 따르면 이 네 명의 활동가는 거의 10개월 동안 이 일을 준비했는데, 그간 이런저런 조사도 했지만 대부분은 '가족이 되기 위해' 함께 시간을 보냈다. 그들은 살아온 삶을 이야기하고, 함께 기도하고 또 기지가 위치한 장소의 지형을 살폈다. 스미소니언 국립항공우주박물관Smithsonian's National Air and Space Museum을 찾아 비행기의 상세한 도해를 수록한 책을 사기도 했다.

행동 개시의 밤이 왔다. 몇 시간 안에 임무를 완수해야 했다. 평화를 지키기 위한 행동과 잇따를 체포에 관한 보도 자료는 이미 작성했으며 오전 6시에 배포할 예정이었다. 그때쯤이면 계획한 일을 완수했으리라.

•   고의적으로 공공시설이나 예술품 등을 파괴하는 행위.

"누구에게도 휴대전화 같은 것은 없었습니다. 1993년에 벌어진 일이었죠. 우리 중 누구도 다른 이들과 연락할 방법이 없었습니다." 프리드리히가 말했다.

그들은 어두운 둔덕을 기어올라 정상에서 언덕 너머를 바라보고 는 모두 얼어붙고 말았다.

"젠장."

기지 전체에 환한 불빛이 넘쳐흘렀다. 어둠 속에 몸을 숙인 활동 가들과 제트기 무리 사이로 수천 명이 분주히 오갔다. 기지는 한창 전술 훈련으로 바빴다. 활동가 네 명은 언덕 꼭대기에 앉아 그저 지 켜보았다. 수수한 사복에 긴 머리카락이 마치 히피처럼 보였다. 절 대 있어서는 안 되는 일이 벌어지고 말았다.

침묵 속에 시간이 흘렀다. 아래쪽 기지는 시끄러웠다. 다시 시간 이 흘렀다. 볼보는 사라졌고 돌아갈 곳은 없었다. 또다시 시간이 흘 렀다.

"빌어먹을!" 베리건이 소리쳤다. "그냥 들어간다."

그들은 기지 뒤쪽의 담장을 뛰어넘어 혼란스러운 현장으로 나아 갔다. 당황스럽게도 아무도 그들의 침입을 눈치채지 못했다. 사람들 은 명령에 따라 달리고 소리를 질러댈 뿐이었다. 분명 장소에 어울 리지 않는 복장인 활동가 네 명은 누구의 관심을 끌지도 않았고 행 동에 제약을 받지도 않았다.

"우리는 모두 한 마디도 하지 않았습니다." 프리드리히가 회상했 다. "그냥 비행기로 걸어 올라가서 작은 망치를 휘둘렀습니다. 그때 가 되어서야 주변 사람들이 우리를 주목했습니다."

전투기의 초고주파 안테나를 한 번 내려치자 망치 머리가 날아가고 손잡이는 산산조각이 났다. 마치 만화에 나오는 한 장면 같았다고 프리드리히는 회상했다. 조그만 망치 하나로 약 2만 5천 달러에서 3만 달러에 이르는 피해를 입혔다.

신문 보도에 따르면 단 75초 안에 벌어진 일이었다. 기지에 있던 군인들은 놀라며 당황했다. 하지만 곧바로 네 명을 붙잡았다. 주위에 선 장교들은 무전기에 대고 소리를 질러댔다. "여기는 기지다! 여기는 기지다!"

네 명 모두 고의로 연방 재산을 훼손한 혐의로 기소되어 10년의 징역형과 25만 달러의 벌금형을 선고받았다. 이들은 미국 지방법원 판사 테런스 윌리엄 보일Terrence William Boyle 앞에서 기소된 혐의를 모두 인정했다.

보일 판사의 판결에 따라 존 디어[2], 필립 베리건은 징역 9개월을 산 뒤 석방됐다. 프리드리히와 프레드릭손은 1년을 더 감옥에 있어야 했다. 20년 뒤, 〈내셔널 가톨릭 리포터National Catholic Reporter〉에 실린 편지에서 존 디어는 그때의 경험을 다음과 같이 밝혔다.

"저는 그저 다른 예수회 사제들과 함께 둘러앉아 술을 마시거나 TV를 보기 위해 교단에 들어가지 않았습니다. 성전에서 시민불복종운동을 하다 살해된 예수를 따르고 싶었습니다."

프리드리히는 자신이 선택한 모든 일에 확신을 가지고 임했다. 젊었을 때는 노숙인 문제와 세계적인 빈곤 문제에 집중했다. 군부대 사건 6년 전인 1987년, 그는 프랜시스 무어 라페Frances Moore Lappé의 책 《작은 행성을 위한 식단Diet for a Small Planet》을 읽고 비건이 됐다.

육류산업이 낭비가 심하기에 환경적으로 지속가능하지 않으며, 세계적인 식량 부족의 원인이라고 최초로 비판한 책이다. 그의 내면이 변화한 동기는 사실 전 세계의 굶주린 사람들이나 동물복지와는 아무런 관련이 없었다. 그는 동물에게 9칼로리의 사료를 먹이면 사람에게 1칼로리가 돌아온다고 설명했다. 프리드리히가 보기에 이 사실은 마치 식량이 가장 필요한 사람들의 입에서 직접 음식을 빼앗는 것이나 마찬가지였다.

"동물을 잡아먹기 위해 곡물을 동물에게 먹인다는 생각만으로도 제가 믿는 종교의 가르침에 어긋난다고 생각했습니다." 그가 말했다. "마치 음식을 내버리는 것처럼 부도덕한 행위입니다."

나중에 그는 앤드루 린지Andrew Linzey 의 책《기독교와 동물의 권리 Christianity and the Rights of Animals》를 읽고 깊이 감명받았다.

"그런 다음에도 여러 동기가 있었습니다." 그가 말을 이었다. "갑자기 저는 〈마태복음〉 25장의 관점에서 동물에게 벌어지는 일을 가장 안타깝게 생각했습니다. 다른 동물 역시 인간만큼이나 신의 사랑을 받아야 하는데, 크리스천을 포함한 많은 사람이 동물을 소중히 여기지 않았습니다."

그는 페타에 합류해 함께 일했고, 그곳에서 세포배양육에 관심을 보이는 조시 보크와 다른 영향력 있는 사람들을 소개받았다. 이들은 프리드리히가 새로운 저항의 길을 받아들이는 데 도움을 주었다. 몇 년간의 격렬한 투쟁 속에서 스스로 변화하긴 했지만, 그 분야에 속한 많은 사람에게서 영향을 받은 바도 컸다. 그들은 기존 사회의 전체 시스템을 부정하는 강경한 활동가였지만, 무너뜨리고 싶은 체제의 일부인 자본주의를 이용하는 전략에도 차츰 관심을 보였다. 함께 모인 활동가들의 경력은 다채로웠다. 몇몇은 과학자, 몇몇은 로비스트였다. 기업가도 있었다. 심지어 일부는 벤처투자자였다.

테트릭은 밑바닥부터 회사를 키우면서, 동물복지 문제를 기업의 영역으로 확실히 끌어들였다. 그리고 프리드리히는 '좋은식품연구소'라는 단체를 만들어, 이후 커다란 사회운동의 중심축이 되었다.

영향력 있는 비건 운동가들이 분명 모두 프리드리히처럼 극렬하게 활동하는 것은 아니다. 더 많은 회사가 세포배양육 업계에 진입하면서(현재 30개 이상의 기업이 있다) 투자자를 찾고 있는데, 운 좋게도 초기 단계 후원자로 나서기를 열망하는 비건 투자자 모임도 생기고 있다.

이 아이템을 주의 깊게 살피는 초기 투자회사로는 스트레이도그캐피털Stray Dog Capital, 클리어커런트캐피털Clear Current Capital, 뉴크롭캐피털New Crop Capital 등이 있다. 모두 비건이 중역으로 있는 회사다.

"전 세계를 비건화하려는 실현 불가능한 시도보다는 오히려 자본주의의 상층부에서부터 변화해나가는 것이 더 합리적이라고 생각합니다." 벤처투자가 커트 올브라이트Curt Albright는 말한다.

올브라이트는 26년간 투자은행에서 일하다가 2017년 여름에 은퇴하고 많은 시간을 노스캐롤라이나주 샬럿Charlotte에 위치한 투자회사 비닝스파크스Vining Sparks에서 보냈다. 올브라이트는 소년 시절부터 〈월스트리트저널〉에 실린 주식 정보를 살피며 열심히 연구할 만큼 숫자에 밝았다. 이제 그는 세포배양육 운동에 시간과 에너지를 쏟고 싶었다. 그래서 프리드리히를 찾아가 어떻게 봉사해야 하는지를 물었다. 몇 달을 분주하게 보낸 뒤, 그는 벤처투자사인 클리어커런트캐피털을 설립했다. 그리고 15~20개의 새로운 세포배양육 회사를 지원하기 위해 25만 달러 이상을 투자할 수 있는 투자자를 모집했다. 올브라이트는 세포배양육 스타트업 중 해산물, 특히 참다랑어에 집중한 멤피스미츠와 핀리스푸즈에 가장 주목하고 있다고 솔직하게 말했다.

"저는 투자가 기계에 기름을 칠하는 행위와 같다고 봅니다." 그가 설명했다. "우리는 자본과 유동성이 필요합니다. 자금을 더 많이 확보할수록 기계가 잘 돌아가는 데 도움이 될 겁니다."

만일 비건을 위한, 비건만의 특별한 투자 그룹이 없다면 어떻게 될까? 돈 많은 벤처투자가, 비영리단체, 신탁회사, 재단, 개인투자자 등 헤비급 인사들은 글래스월 신디게이트GlassWall Syndicate라는 투자 모임을 시작했다. 이 모임은 스트레이도그캐피털 회장 리사 페리아 Lisa Feria가 만들었다.

페리아는 식품 기업인 제너럴밀스General Mills에서 경력을 쌓았다. 그곳에서 일하며 사실상 모든 미국 슈퍼마켓에서 판매하는 브라우니와 치리오스Chee-rios•를 만들었다. 그 뒤는 프록터앤갬블Procter& Gamble Company로 이직하여 소비재 분야에서 일했다. 비건을 결심한 무렵이었다. 그녀는 전 세계 식품 공급망에서 동물이 사라져야 한다는 관점에서 투자를 운용한다. 세포로부터 가죽을 키워내든, 비동

•　　오트밀로 만든, 미국의 시리얼 제품명.

물성 젤라틴을 만드는 스타트업에 자금을 지원하든 혹은 세포배양육 창업에 돈을 쏟아붓든, 무엇을 하든지 간에 페리아는 스타트업이 수십억 달러 규모인 기존 산업에 도전하려면 투자자의 관심이 관건임을 알고 있었다.

"저는 세 가지 분야에서 회사를 돕습니다. 첫째 회사가 성장하는데 필요한 자본, 둘째 우리 네트워크를 이용할 수 있게 도와주는 것, 셋째 경쟁사들 사이에서 살아남을 수 있는 분야를 알아내려는 노력역시 함께합니다." 또 일반적으로 스타트업의 초기 단계에 투자한다는 점을 강조했다. "우리는 회사가 잠재력을 보이기도 전에 사라지는 일을 막고 있습니다."

뉴크롭캐피털은 2015년에 설립됐다. 대표인 크리스 커Chris Kerr도 비건이다. 푸드테크 업계에 그가 남긴 발자취는 〈블룸버그 비즈니스위크〉에 실린 기사의 프로필 헤드라인으로 요약할 수 있다. "문을 나선 비건들."[3] 이 기사에서 커는 지난 몇 년간 비건 혁명은 바로우리 앞에 닥친 현실이 되었다고 주장하면서 "자본이 조성되어야한다"라고 단언했다.

"인간 종은 하나의 식품 플랫폼에 갇혀 있다. 그리고 그 규모가 커질수록 실패할 운명이다. 우리 몸을 위한 영양분을 만드는 기존의 견고한 체계에 갇힌 터라, 깨뜨리기가 정말 어렵다." 커의 설명이다.

하지만 새로운 비건 식품을 대규모로 생산하기 위해서는 현재 전세계를 먹여 살리는 복잡한 공정과 같은 단계를 거쳐야 한다. 그리고 이 새로운 스타트업이 세계로 진출하기 위해서는 자본이 필요하다. 그것도 아주 많이. 뉴크롭캐피털은 2,500만 달러를 운용하고 있으며 멤피스미츠, 비욘드미트, 뉴웨이브푸즈New Wave Foods 등을 포함해 여러 회사에 투자했다. 프리드리히는 이 투자회사의 신탁 관리를 맡고 있다.

이제 막 시동을 거는 푸드테크 업계에 투자를 고민하는 이들 중에는 비건만 있진 않다. 식물 기반과 세포배양육 스타트업은 잠재력만으로 몇몇 유명 식품회사와 금융회사의 관심을 끌었다. 골드만삭스는 2018년 1월 노란 완두콩으로 우유 대체식품을 만드는 리플푸즈Ripple Foods를 지원할 투자자를 모집해 최종적으로 6,500만 달러의 자본을 투입했다. 식물을 원료로 한 '임파서블 버거'를 만든 임파서블푸즈는 UBS, 빌 게이츠, 싱가포르 국부펀드, 저스트의 초기 투자자 중 하나인 코슬라벤처스 등에서 자본을 조달받았다. 타이슨푸즈, 카길, 리처드 브랜슨Richard Branson*은 멤피스미츠에 투자했다. 멤피스미츠는 뉴크롭캐피털이 이미 투자를 집행한 회사다.

흔치 않은 일이다. 거대 자본과 비건 활동가가 만나 같은 흐름을 찾다니. 서로가 이익을 볼 수 있는 목표였다. 산업화는 지금까지 여러 면에서 노동자에게 큰 피해를 입혔고, 인간의 건강을 해쳤으며, 세상을 더 오염시켰다. 이제 이 두 주체가 만나 힘을 합쳐 비건들의 꿈을 공유하면 세상을 개선할 거대한 기회를 만들 수 있을 것이다.

그러나 열정의 표면 아래에는 아직도 무시하지 못할 불안감이 잠복해 있다. 투자자와 비건 활동가 모두 세포배양육과 다른 고기 대

---

* 버진애틀랜틱항공, 버진레코드를 비롯해 약 20여개 법인으로 이루어진 영국 기업 버진그룹의 창립자이자 회장.

체품 개발이 마치 시간 싸움인 것처럼 이야기하곤 한다.

맞는 말이다. 우리 모두 그런 상황에 놓여 있다.

유엔은 2019년 11월, 지구 온도 상승[4] 폭을 섭씨 1.5도 내로 제한하는 목표가 사실상 실현 불가능하다고 인정했다. 좋지 않은 뉴스였다. 과학자들이 그로 인해 온난화가 더 심각해지면 지구상의 생명체에게 재앙이 되리라는 사실을 밝혀냈기 때문이다.

유엔 보고서는 경고를 덧붙였다.[5] "앞으로 몇 년간 온실가스 배출량이 정점을 찍을 기미가 보이지 않는다. 매년 온도의 고점이 갱신되면 온실가스 배출량을 해마다 더 단호하고 빠르게 삭감해야 한다."

기온이 섭씨 1.5도 상승한다면 어떻게 달라질까? 만약 2도가 상승한다면? 결과는 상상을 초월한다. 만약 인류가 전격적으로 대처하지 않고 온난화를 그 수준까지 방치한다면, 지구 해수면은 평균 10센티미터 상승할 것으로 예상된다. 많은 식물과 무척추동물이 대량 멸종하고 산호초는 거의 사라질 것이다.

"축산업은 온실가스와 수질에 끔찍한 악영향을 미칩니다." 테트릭을 홍콩의 유망한 금융인들에게 소개한 싱가포르 출신의 기업가 겸 투자자 서니 부는 이렇게 말했다. "지속가능하지가 않아요. 그래서 지속가능한 단백질 공급원이 있어야 합니다. 같은 면적의 토지나 더 작은 면적에서 현재 지구상에 존재하는 소의 2배, 돼지의 3배를 기를 수 있는 방법을 찾아야 합니다. 기계화한 농장에 동물을 더 많이 욱여넣는다고 해결될 문제가 아닙니다."

서니 부는 원래 몸담던 웨어러블 기술 사업이 자신의 주된 관심사가 아니라는 사실을 거리낌 없이 인정했다. 그가 본업 이외의 분야인 푸드테크에 열정적으로 빠져든 이유였다. 푸드테크가 이뤄낸 과학적 진보뿐만 아니라 세포배양육 스타트업이 온난화 문제 해결에 긍정적인 영향을 미칠 가능성에 그가 크게 감탄한 이유도 마찬가지였다.

"저는 지금까지 이런 회사들을 만나본 적이 없습니다." 서니 부가 말했다.

그는 생존 위협에 미리 대비해야 한다고 생각한다. 서니 부는 샌프란시스코만 연안에 사는 기후 연구 과학자인 친구와 나눈 대화를 떠올렸다. 그는 당시 캘리포니아에 있는 버클리대학교의 국립지구표면역학센터National Center for Earth Surface Dynamics에서 일하던 잭 스컬리Jack Sculley에게 과학자의 시각에서 기후위기로 인해 지구가 앞으로 몇 년간 경험할 모델을 철저하게 분석해줄 것을 간청했다. 친구 잭의 절망적인 답변에 서니 부는 아연실색했다.

"저는 이렇게 되뇌었습니다. '이런, 그런 말을 하면서 어떻게 너처럼 침착할 수 있지?'" 그가 기억을 떠올렸다. "아마 그 친구는 어차피 벌어질 일이라고 체념한 것 같았습니다. 저는 그런 사태가 닥치리라는 사실을 믿지 않기로 했습니다. 아닙니다. 우리는 분명 돌아오지 못할 강을 건넌 것은 아닙니다."

앞으로 다가올지도 모를 기후변화의 현실을 떠올렸는지, 그는 잠시 말을 멈추었다. 그 생각을 할 때마다 걱정이 몰아치는 것처럼 보였다.

"우리는 제대로 막다른 곳에 몰렸습니다." 그가 말했다. "지금 바꿔야 합니다. 그러지 않으면 우리 손자들은 학교도 다니지 못할 겁니다. 지나치게 걱정하는 건지 모르겠지만, 기후변화는 정말 현실이고, 상상 이상으로 훨씬 더 끔찍한 문제입니다."

서니 부의 견해에 따르면, 푸드테크는 미래 세대를 위해 지구를 보존하면서도 좋은 식품을 만들 수 있는 가장 분명한 길이다.

서니 부와 그의 동료 고액 투자자들이 세포배양육의 잠재력을 알아보고 아이디어에 자본을 투입한 최초의 사람은 아니다. 페타의 창시자인 잉그리드 뉴커크Ingrid Newkirk가 언뜻 들려준 말이 있다. 그녀는 몇 년 전에 신문에서 빌럼 판 엘런에 대한 기사를 읽은 뒤, 이를 가치 있는 시도라고 생각했다. 그러나 당시 그녀의 비건 동료들 사이에서는 인기를 끌지 못했다. 그럼에도 불구하고 페타는 세포배양육을 개발하기 위한 초기 작업을 지원하는 데 자원을 투입했다. 뉴커크는 테트릭, 보크, 프리드리히와 그 분야에서 일하는 다른 저명한 비건 인사에게 동의하지만, 비난을 퍼붓기도 했다. 약간은 무시하는 듯이, 순전히 장난은 아닌 것처럼 비난을 아끼지 않는다. 하지만 결국, 그녀가 펼친 우산 덕분에 이 분야의 많은 사람이 사업을 시작했다.

"젊은이들이 날아올라서 닷컴 회사•를 통해 성공을 이뤄낼 수도 있겠죠. 그들이 잘되길 바랍니다."

이제 젊은이들은 세포배양육을 출시할 장소를 찾기 위해 지구촌을 샅샅이 뒤지러 떠났다.

그렇다면 언제 그런 일이 일어날까? 테트릭에게 물었다.

• 주로 '.com'으로 끝나는 사이트 주소를 가진, 온라인 영업 회사.

그는 수줍게 웃었다. 그에게 곤란한 질문은 아니었다. 어쨌든 1년 내내 그는 2018년 말까지 배양육을 팔겠다고 공언했다. 물론 차질도 있었지만 2019년 연말을 앞둔 시점에 다시 한번 물어볼 만했다.

"연말까지는 가능하다고 생각합니다." 그는 싱가포르를 가장 우선으로 염두에 두고 있다고 말했다.

고개를 끄덕이며 혼자 생각했다. 지켜보자. 곧 알 수 있겠지.

식품 전쟁

11

워싱턴에서는 코끼리 같은 관료주의에 압도당하기 십상이다. 정책이 워낙 복잡해 전문가가 아니면 이해조차 어렵다. 정책 전문 저널리스트, 변호사, 로비스트 들이 만사를 제쳐두고 매달려야 그 세계를 겨우 헤쳐갈 수 있다. 경쟁적 이해관계와 고조된 감정, 실리콘밸리가 워싱턴에 가하는 지속적인 압력 등 해결해야 할 정치적 문제가 쌓여 있다. 새로운 기술적 가능성을 담아낼 수 있는 세상을 재구상하기 위해 입법자는 과거의 관습에서 벗어나 더 거센 도전을 마주하고 있다. 인공지능, 프라이버시 보호, 긱 이코노미Gig Economy•가 노동과 사업에 미치는 영향은 물론, 실험실에서 재배하는 세포배양육 문제도 있다.

세포배양육을 둘러싼 많은 정책 과제 중 가장 궁금한 질문은 간

• 기업이 정규직을 고용하기보다 필요에 따라 계약직 혹은 임시직으로 사람을 고용하는 경향이 커지는 경제 상황.

단명료하게 두 가지다. "세포배양육이 진짜 고기인가? 그리고 안전한가?"

배양육 시판을 현실화하려는 기업의 노력이 한동안 언론의 헤드라인을 장식하면서 목장주와 농장주 들이 불안에 휩싸였다. 이런 상황에서 두 가지 이슈는 민간 영역에서 해결하고자 몰두한 문제였다. 나와 대화를 나누는 자리에서 주요 육류산업 단체 대표들은 '가짜 고기'라는 용어를 쓰며 새로운 기술을 폄하했다. 그들에게 배양육은 기후변화에 대항하는 전 세계적인 싸움을 위한 신의 선물이 아니라, 기득권에 대한 위협이었다. 세포배양육이라는 개념의 존재만으로도 대대로 내려오는 가업에 위협인 경우가 많았다.

이제 이런 이야기는 질렸다는 듯 미국목축협회US Cattlemen's Association는 2018년 2월 미 농무부 식품안전검사국Food Safety and Inspection Service에 12쪽 분량의 탄원서를 제출했다. 고기의 정의를 "전통적 방법으로 길러낸 동물의 살코기"로 좁혀달라는 요구였다.

2018년과 2019년에 싸움이 고조되면서 나는 미국의 식량 정책이 '전통적traditional'이라는 개념에 근거한다는 사실이 이상했다. 전통을 기준 삼는 것은 식품 시스템을 50년 전이나 그보다 더 오랜 과거의 방식으로 운영한다는 의미다. 현실은 그렇지 않다. 달걀과 육류 회사는 제품 포장지에 목가적 농장 풍경을 넣지만, 실제 그런 삶을 경험한 동물에서 얻은 달걀이나 고기는 거의 없다. 알을 낳는 암탉을 좁은 공간에 한꺼번에 쑤셔 넣고, 알을 낳지 못한다는 이유로 수백만 마리의 새끼 수평아리를 갈아서 죽이는[1] 기업형 동물농장의 운영 방식은 어떠한가? 축사는 한꺼번에 돼지 6천 마리 이상을 수용할 정도로 열악하다. 이런 운영 방식을 감안하면, 과연 전통이란 무엇인지 의아해진다. 그리고 더 중요한 질문이 있다. 잔인하게 그리고 대규모로 운영되는 소위 '전통적' 시스템을 유지할 때 도대체 어떤 이점이 있을까?

"오늘날 소 사육 방식은 증조부모[2] 세대에서는 상상도 할 수 없는 일이다." 좋은식품연구소는 농장주의 청원을 반대하는 반박문에 이렇게 썼다. "만약 미 농무부가 '전통적 방식'으로 태어나고, 길러지고, 죽임당한 소의 살코기만 식품으로 허용한다면, 오늘날 시중에 유통할 수 있는 고기는 거의 없다." 같은 이유로 세포배양육 회사 역시 부정직하다. 그들의 주된 마케팅 전략은 세포배양육 제품이 분자 수준에서 재래식 고기와 동일함을 알리고, 어떻게든 자사의 미트볼, 초리소, 치킨너깃 제품에 재래식 고기와의 유사성을 드러내 편안함과 익숙함을 불러일으키기 위해 노력한다. 회사 이름조차도 소비자들이 유사성을 느끼도록 고안했다. 미션반스Mission Barns가 만들어낸 베이컨은 헛간Barn과 관련이 거의 없으며, 알레프팜스Aleph Farms는 고기를 농장Farm에서 기르지 않는다. 버클리 시내 부근에 있는 멤피스미츠 본사의 연구실은 테네시 남서부의 바비큐로 유명한 도시 멤피스에서 3,220킬로미터 이상 떨어져 있다.

미국목축협회는 탄원서를 제출하면서, 오늘날 육류 생산 시스템을 거쳐 만들어진 식품과, 첨단 기술을 활용하는 실험실에서 꿈꾸는 식품을 구분해야 한다고 주장했다. 워싱턴에서 목장주들은 식품을 규정하는 '정체성 표준standard of identity'이라는 용어를 채택하여, 육류 시장에 진입하려는 배양육 스타트업을 특별히 배제해야 한다고 연방 정부에 요구했다.

역사적으로 볼 때 흔한 전략이다. 그러나 과거에도 이런 전략은 효과가 거의 없었다. 미국의 달걀 업계는 진짜 마요네즈는 달걀을 함유해야 한다면서, 저스트마요를 마요네즈로 판매하지 못하도록 규제하려다 결국 실패했다. 지난 10년 동안 유제품 업계는 식물 원료 대체식품 포장에 '우유'라는 용어를 사용하지 못하도록 수차례 시도했지만, 결국 실패했다.

"식물의 씨앗이나 견과류, 콩으로 '우유牛乳'를 만들 수 없습니다." 전미우유생산자연맹National Milk Producers Federation의 짐 멀헌Jim Mulhern 회장은 우유 대체품 저지를 위한 의회 발언[3]에서 이렇게 말했다. "이 제품들이 조성하는 잘못된 브랜드 이미지에 처음 우려를 제기한 이후로도 여러 해 동안 대마나 완두콩, 바다 조류를 원료로 만든 모든 모방 제품에 '우유'라고 표기하는 현상이 폭발적으로 증가했습니다."

미국 소고기 업계 중 두 번째로 큰 단체인 미국축산협회National Cattlemen's Beef Association는 업계의 손실을 인식했는지, 미국목축협회의 탄원서 원안이 제출된 지 한 달 반 만에 이 탄원서에 대한 공식 입장을 제출했다. 이상하게도, 이들은 자매단체가 정부에 탄원한 식품에 관한 정의를 채택하지 말아달라고 요청했다. 놀라운 일이었다. 미국의 육류 업계는 이슈가 생겼을 때 워싱턴을 향한 전선을 항상 통일해왔기 때문이다.

이번 경우에는 소고기 업계의 입장이 완전히 나뉘었다. 미국목축협회는 해당 사항에 관한 규제를 FDA에서 책임져야 한다고 주장했다.

FDA는 식물성 대체육 제품을 포함해 유제품, 해산물, 농산물, 포장식품 등을 주로 감독하는 기관이다. 미국축산협회는 미국산 소고기가 도축장을 거칠 때부터 이미 관리 감독 책임이 있는 미 농무부가 배양육을 규제하는 주체로 더 적합하다고 주장했다. 두 기관이 공동으로 담당해야 한다는 주장도 있었다.

"연구소에서 기르거나 배양하는 대체육 생산자가 이 제품을 '고기'라고 부르고 싶다면, 다른 모든 재래식 육류 식품과 마찬가지로 식품 안전 검사 기준과 라벨 부착 의무를 엄격하게 준수해야 한다." 미국축산협회는 이런 내용의 서한을 정부에 보냈다.

세포배양육 회사 대부분은 처음에 FDA의 규제를 받아도 괜찮다고 말했다. FDA는 의료 연구와 제약산업을 감독하기 때문에, 세포배양 과정에 대한 실무 지식을 더 갖추었기 때문이다.

미국 역사를 살펴보면 새로운 식품이 도입될 때 이런 식의 드라마가 자주 나타난다. 기득권 집단의 전략을 식별해내는 건 그리 어렵지 않다. 항상 기득권 집단이 공개적으로 신제품을 폄하하면서 드라마가 시작된다(목축업자들은 세포배양육을 '가짜 고기'라고 부른다).

그런 다음, 경제 분야에서 입지를 확보해나가는 신제품의 기반을 흔들기 위해 정치적 영향력을 행사하려고 한다. 신제품의 신용을 떨어뜨리고 가치를 깎아내린다. 이런 행동을 방법만 조금씩 바꿔 계속 반복한다. 한 세기가 넘도록 이어져온 전략이다.

1875년, 마가린 제조사는 미국 시장에서 성공을 점쳐보며 유럽 대륙을 떠나 대서양을 횡단했다. 불과 6년 전에 프랑스의 화학자 이폴리트 메주 무리에Hippolyte Mège-Mouriès가 소고기 지방을 주원료로 하여 마가린을 발명하였다.

메주 무리에는 1867년 파리 만국박람회의 콘테스트에 출품하기 위해 마가린을 개발했다. 비스마르크의 프로이센 군국화로 인해 도시로 사람들이 밀려들면서 버터 가격이 너무 높게 형성되었고, 곤경에 빠진 프랑스 정부는 최고의 버터 대체품을 발명하려는 경쟁을 후원했다. 메주 무리에가 발명한 마가린은 하층민과 군대에서 사용하기에 적합할 만큼 값쌌다. 그는 후에 마가린 특허권을 다국적 식품 대기업인 유니레버의 네덜란드 자회사 유겐스Jurgens에 팔았다.

위스콘신 역사학회Wisconsin Historical Society에 따르면, 이 새로운 물질은 미국 시장을 강타한 순간 엄청난 의혹의 대상이 됐다. 유제품 업계에서는 속임수 상품이라고 주장하며, 소비자에게 진짜라고 속이는 "시대의 거대한 사기"[4]라고 비난했다.

오늘날 우리는 식탁 위 버터나 마가린을 해롭지 않은 식품으로 여긴다. 하지만 두 집단 사이의 헤게모니 전쟁은 미국 역사에서 특히 두드러졌고, 가장 악랄한 정치적 식품 전쟁으로 확대됐다. 싸움의 중심에는 위스콘신 주지사직을 단임으로 마친 낙농업자 윌리엄 뎀스터 호드William Dempster Hoard가 있었다.

마가린을 향한 호드의 심한 불신[5]은 미국 내에서 낙농 관련 로비로 이어졌다. 그는 마가린의 부상에 따른 낙농업 침체를 우려하여 1872년 위스콘신낙농인협회Wisconsin Dairymen's Association를 설립했다. 낙농업을 보호하기 위해 최초로 생긴 로비 단체로, 이후 여러 단체가 생겨났다. 이 단체들은 전국 각지로 회원들을 보내 주 의회 의원들을 몰아세웠다. 1881년 미주리주는 마가린 판매를 전면 금지했다. 3년 뒤에는 메인, 미네소타, 위스콘신, 오하이오, 펜실베이니아, 미시간의 뒤를 이어 뉴욕에서도 미주리와 같은 규제를 시행했다. 1886년까지 24개 주가 마가린을 규제하는 법률을 통과시켰는데, 이 중 5개 주는 마가린을 분홍색으로 염색해야 한다는 규정까지 덧붙였다. 종종 마가린을 노란색으로 염색하는 것에 낙농업자들이 격분했기 때문에 만들어진 정책이었다. 하지만 버터 제조업자 중 그 누구도 버터를 흔히 노란색으로 염색하는 실태는 신경 쓰지 않았다.

같은 해, 26개 주에서 달려온 유제품 단체가 뉴욕에 모였다.[6] 이들은 마가린을 규제하는 데 그치지 않고 버터에 대한 정의를 공식화하도록 의회 입법자를 설득하는 방안에 합의했다. 시도는 성공적이었다. 1886년 올레오마가린법Oleomargarine Act이 통과됐다. 8월 2일, 스티븐 그로버 클리블랜드Stephen Grover Cleveland 대통령은 버터에 대한 정의를 공식화하고 국산 마가린에는 500그램당 2센트, 수입 마가린에는 15센트의 세금을 부과하며 마가린 제조업자, 도매업자, 소매업자에게 면허세를 많이 부과하는 법안에 서명했다.[7] 3년 뒤, 위스콘신 주지사 호드는 새로운 마가린 규제법을 가장 공격적으로 집행했다. 그는 버터와 치즈의 진위 조사와 판단을 책임지는 공적 기구로 낙농식품위원회Dairy and Food Commission를 신설했다. 지금까지도 위스콘신주는 손님이 특별히 요구하지 않는 한 식당 테이블에 마가린을 올려두는 행위를 법으로 금지한다.

오늘날 재래식 육류 업계 종사자들은 육류 식품의 용어와 정의를 놓고 비슷한 싸움을 벌이고 있다. 하지만 세포배양육에 관한 편견을 만들어내는 방법 대신에, 로비 단체를 동원해 주 의회를(대개는 공화당이 다수인) 돌아다니며 입법자를 설득해 세포배양육의 제품명을 규제하는 법안을 통과시키려 한다. 저스트의 비건 마요네즈와 유니레버의 진흙탕 싸움도 같은 맥락이다. 용어를 둘러싼 법리적 싸움이 대개 거대 식품 업체의 첫 번째 방어책이다. 빌럼 판 엘런은 처음 세포배양육 기술을 구상했을 때 '체외육in vitro meat'이라는 이름을 붙였다. 식료품 카트를 끌고 마트 통로를 오르내리는 사람의 입맛을 돋우는 용어는 아니다. 테트릭은 그냥 '고기'라고 부르고 싶어 한다. 다른 이들은 '세포 기반 고기cell-based meat'라며 장난식으로 이름을 붙였다. 2016년 프리드리히는 이제 기지개를 켜는 신생 업계 모두가 동의하는 이름을 찾는 일을 좋은식품연구소의 주요 과제로 설정했다.

그는 체외육, 배양육, 청정육, 실험실재배육lab-grown meat, 실험실제작육lab-made meat 등 다양한 명칭에 대한 의견을 낼 자문단을 모집했지만, 사람들이 선호할 만한 이미지를 명확하게 그려낼 용어를 정하지 못했다. 각 명칭마다 회의적인 의견이 있었다. 그래도 프리드리히를 포함한 활동가들은 '청정에너지'와 같은 느낌을 주는 '청정육'에 마음이 기울었다. 세포배양육 생산으로 인해 온실가스 배출량이 줄고 물과 땅을 덜 사용한다면, 친환경적인 명칭을 채택한다 해도 비약은 아니었다. 더불어 세포배양육의 또 다른 긍정적인 속성(실제로는 아직 입증되지 않았지만)을 전달하는 데도 도움이 될 수 있다. 엄격하게 통제하여 멸균한 바이오리액터 안에서 배양하는 고기가 박테리아에 오염될 가능성은 거의 없다. 즉, 살모넬라균, 대장균, 노로바이러스 등의 위협이 줄어든다는 뜻이다.

활동가들은 2017년 봄, 이스라엘 하이파에서 세계 최초로 열린 세포배양육 회의에 참석해 용어를 신중하게 검토했다. 압도적인 지지를 이끌어내지는 못했지만, 일반적으로 당시 고려했던 용어 중에서는 '청정육'이 가장 좋은 평가를 받았다.

프리드리히와 좋은식품연구소는 기업 인사, 언론과의 만남에서 이 명칭을 열심히 홍보했다. 그런 노력에 효과가 있다는 신호가 나타났다. 미국 소고기 업계에서 2위 기업인 카길의 CEO 데이비드 맥레넌David MacLennan이 2017년 9월 팍스비즈니스에서 유명 앵커인 마리아 바티로모Maria Bartiromo와 생방송으로 인터뷰를 하며 '청정육'이라는 표현을 썼다. 타이슨푸즈의 CEO였던 톰 헤이스Tom Hayes도 2017년 10월 〈월스트리트저널〉이 주최한 식품산업 회의에 패널로 참석해서 '청정육'을 언급했다. 〈저널〉과 〈블룸버그〉를 포함한 다른 언론사들도 기사에서 '청정육'이라는 명칭을 사용하기 시작했다.

그렇다 하더라도 여전히 세포배양육 업계가 이 명칭을 적극 수용하지 않은 이유가 있다. 이 분야의 선구자인 마크 포스트는 청정육이 모국어인 네덜란드어를 포함한 다른 언어로 잘 번역되지 않기 때문에 마음에 들지 않는다고 말했다. 마치 세제를 써서 고기를 세탁한 느낌이라고 이유를 설명했다.

아이라 판 엘런도 회의적이었다. '청정육'이라는 용어가 근본적으로 비판적 시각을 내포한다는 입장이었다. 새로운 식품을 깨끗하다고 부르는 것은 재래식 식품은 더럽다는 것을 암시하므로, 대중의 반발을 살 수도 있다고 했다.

"더 좋은 일을 하고 싶다면, 기존 일을 더럽다고 말해서는 안 됩니다." 아이라가 말했다. "그들이 지금까지 생산해온 고기를 그런 식으로 규정하는 것은 옳지 않습니다. 사람들이 재래식 고기를 먹는 것은 당연합니다. 더 친절한 이름을 붙여야 합니다."

이후 2년 동안 워싱턴의 육류 단체가 트럼프 행정부에 로비하여 배양육 스타트업이 시장에 제품을 내놓기 어렵게 만드는 정책이 추진되었다. '청정육'이라는 용어 사용도 점차 뜸해졌다. 오히려 조롱하듯 '가짜 고기'라는 용어를 사용하는 목축업자가 늘어났다. 그들의 제품을 '더럽다'고 암시한 명칭 때문에 화가 난 것이 분명했다.

낙농업자가 마가린 제조자에게 불안을 투영했듯이, 미국 목축업자도 세포배양육 업계에 비슷한 태도를 보인다. 목장주는 세포배양육이 실제 분자 단위로 어떻게 형성됐는지는 크게 신경 쓰지 않는다. 그 대신 새로운 식품이 사회적, 문화적으로 어떤 의미를 지니는지에 대해 거북해하고 공포스러워 한다. 그들이 소비자들에게 던지는 모든 메시지에서도 두려움이 드러난다. '그것이 무엇인가'를 설명하는 것이 아니라 '그것이 무엇이 아닌지'를 규정하는 부정적인 내용을 뱉어낸다. 기존 소고기 업계가 정부에 세포배양육의 영양학적 특징이나 분자 수준의 구조에 대한 규명을 요구하지 않는다는 점도 주목할 만한 사실이다. 그편이 더 실질적인 문제 제기일 텐데도 말이다.

그들이 불안한 진짜 이유가 과학적인 문제가 아니기에 과학적 문제를 제기하지 않았을 것이다. 어쩌면 실제로는 좀 더 사회학적 이유 때문에 재래식 육류 업자들이 불안한지도 모른다. 1982년 보고서 〈마가린의 위협The Menace of Margarine〉[8]에서 유쾌하게 설명한 것처럼, 버터는 먹기에 좋아서가 아니라 떠올리기에 좋은, 즉 맛이나 영양이 좋은 식품이라기보단 좋은 이미지가 담겨 있는 상징적 식품이었다. 기존 업계는 버터에 유제품을 생산하는 소가 한가롭게 거니는 푸르른 목초지 풍경, 즉 유제품 생산업자가 '좋은 옛날'로 인식했던 이미지를 구현했다. 이런 생각은 1875년 메인주의 낙농업자 해리스 루이스Harris Lewis의 말에서 명백하게 드러난다.

"인류에게 완벽한 식품인 우유나 유제품이 돈을 밝히고 불법을 저지르는 몇몇 인간의 탐욕 때문에 오염되는 사실이 무척 개탄스럽습니다. 이로 인해 이 나라 전체 낙농업자의 이익이 위협받고 있습니다."

현대의 많은 목축업자 역시 비슷한 태도를 보인다. 기득권을 지닌 업계는 첨단 기술로 무장한 신입에게 의례를 치르듯 기존 식품으로 대항하는 각본을 반복한다. 도덕적으로 깨끗하다고 자부하는 전통적인 일꾼을 위협한다고 신생 업계에 낙인을 찍으며 식품계에 새로운 충돌이 발생한다.

기득권을 지닌 재래식 육류 업계는 관련 용어 사용을 둘러싼 싸움에서 스타트업의 시간과 돈을 묶어버렸다. 하지만 재래식 육류 업계가 원하는 모든 것, 즉 세포배양육에 대한 규제 법률과 규정을 만들어내며 골칫거리를 밀어내려 해도, 실제로 미래 식품을 효과적으로 차단할 수 있을까? 아마도 그렇게 되지 않으리라는 사실을 역사가 잘 보여준다.

마가린에 대한 낙농업자의 억압은 20년간 지속되었으며 정책 입안자가 아닌 소비자의 손으로 끝이 났다. 1924년 워싱턴과 오리건

주에서는 버터 대체품 규제안 폐지를 두고 주민 투표를 실시했다. 1926년 캘리포니아의 유권자는 마가린에 매겨진 500그램당 2센트의 주세州稅를 폐지했다. 그리고 1950년에는 의원들 간의 격렬한 싸움 끝에 올레오마가린법을 폐지하고 마가린과 제조업자에 대한 세금이나 수수료 관련 내용을 삭제하여 대체 입법을 단행했다. 1950년대 후반 미국의 1인당 마가린 소비량은 공식적으로 버터의 소비량을 넘어섰고, 1970년대 후반까지 계속 증가했다. 2000년대 중반이 되어서야 1인당 마가린 소비량은 버터 소비량보다 낮아졌다.

기존 업계가 마가린과 식물성 유제품, 식물성 육류 등 새로운 기술을 매번 이기지 못하는 이유는 분명하다. 소비자는 항상 새로운 시도에 관심을 보이기 때문이다. 때로는 경제적인 이유로(경제 침체기에 마가린을 더 싸게 살 수 있었다), 때로는 건강상의 이유로(식물성 유제품은 기존 유제품과 다른 영양학적 특성이 있다), 때로는 윤리적인 이유로(세포배양육은 환경에 더 이롭고 동물을 학대하지 않는다) 그렇다.

세포배양육에 단점이 없는 것은 아니다. 세포배양육으로 생긴 논의는 지금까지 이어온 식단에 대한 기본 정서를 뒤흔들고, 꼭 자연에서만 식품을 구해야 하느냐는, 피할 수 없는 질문을 던진다. 그리고 최첨단 기술로 가공한 식품에 우리의 운명을 맡길 수 있는지를 묻는다. 세포배양육의 개념을 본능적으로 부정하는 사람을 많이 만났다. 그러나 스스로를 위해 새로운 시도가 성공하기를 열망하는 사람을 훨씬 더 많이 만났다.

역사적인 기록에 따르면 버터 제조업자가 마가린 전쟁을 벌였을 때도 마가린 소비량은 계속해서 급증했다. 미국 의회가 올레오마가린법을 채택한 뒤 6년 동안 마가린 제조공장은 34개에서 17개로 줄어들었으나, 같은 기간 소비량은 증가했으며 향후 수십 년간 증가세가 계속 이어졌다. 1886년 1인당 마가린 소비량은 약 230그램이었다. 1920년에는 1인당 약 1.6킬로그램으로 증가했다. 1970년이 되자 4.5킬로그램 이상으로 상승했다. 기존 업계가 연방 정부와 주 정부의 도움을 등에 업더라도 특정 제품에 대한 소비자의 열망을 억누를 수 없음을 증명했다.

"대체식품으로 인해 목축업자들이 불안해하는 상황을 압니다." 전미달걀농가협회National Association of Egg Farmers의 전 회장 켄 클리펜Ken Klippen은 이렇게 말했다. "하지만 그저 변화를 두려워할 뿐이라고 생각합니다. 변화가 다가오고 있습니다. 저는 이 업계에서 40년을 일했습니다. 그런데 35년간 겪은 변화보다 더 큰 변화를 최근 5년 동안 목격했습니다. 유연하게 대처하는 법을 배워야 합니다."

세포배양육 업계에서도 창의적인 발상 전환으로 헤비급 동맹을 찾아 나섰다.

목축업자들은 오래된 각본에 의존했을지 모르지만, 거대 가공 업체를 포함한 나머지 육류 업계가 똑같은 태도를 보이진 않았다. 멤피스미트는 2017년에 카길, 2018년 초에는 타이슨푸즈와의 투자 파트너십을 발표했다. 비슷한 시기에 이스라엘의 스타트업 슈퍼미트가 유럽에서 세 번째로 큰 가금류 식품 생산업체인 PHW그룹의 투자를 받았다고 발표했다. 모사미트는 2018년 7월 바젤에 본사를 둔 벨푸드그룹과 220만 달러 규모의 투자 계약을 체결했다. 그리고 테트릭은 JBS와 파트너십 체결을 계속 도모한다. 이런 모습은 주요 기업이 첨단 기술을 가진 스타트업에게 기대하는 바가 있다는 신호이며, 과거의 실패한 전략에서 분명히 벗어났다는 증거였다.

그때부터 주요 육류 기업이 사용하는 용어가 바뀌었다. 그들 스스로를 더는 육류 회사가 아니라 '단백질 회사protein companies'라고 포장했다. 소비자가 주도하는 시장의 물결에서 앞서나갈 현명한 조치다. 이렇게 새로 브랜딩할 무렵, 로스앤젤레스에 본사를 둔 비욘드미트는 식물을 원료로 하는 버거 패티를 미국의 주요 식료품점에 성공적으로 출시했다. 제품은 기존의 스테이크와 소고기 옆자리에, 말 그대로 전통적인 고기 진열장에 전시됐다. 비욘드미트와 경쟁사 임파서블푸즈의 성공은 미국 육류 업계에 큰 변화를 가져왔다. 주요 육류 기업이 대체 단백질을 실제로 받아들였다는 첫 번째 신호로, 2017년 3월 타이슨푸즈의 CEO 톰 헤이스가 팍스비즈니스에 출연해 소비자의 수요가 회사의 사고방식을 바꾸는 현실을 공개적으로 인정했다.

"단백질 소비는 전 세계적으로 증가하고 있습니다. 이와 같은 추세는 현재도 계속되고 있죠." 헤이스가 말했다. "미국뿐만 아니라 세계 모든 곳에서 단백질의 인기가 좋습니다. 사람들은 동물단백질이든 식물단백질이든 가리지 않고 단백질을 섭취하고자 합니다. 사실 식물단백질이 현재 시점에서 동물단백질보다 조금 더 빠르게 성장하기 때문에 변화가 계속될 수도 있다고 봅니다."

육류 업계의 고위급 임원 입에서 이런 말이 나오다니, 매우 예외적인 일이었다. 어떻게 보면 업계의 불문율을 어긴 말이었다. 타이슨푸즈 역시 대세를 좇아 투자하였고, 그 무렵 비욘드미트 지분의 5퍼센트를 획득했다.

대체육 혁명의 시작을 한눈에 볼 수 있는 곳은 소비자가 직접 고기를 구입하는 식료품점이다. 주요 육류 기업의 변화가 대형 식료품점의 고기 코너에서 더 확실히 드러났다. 고기 코너를 단백질 코너로 빠르게 재편성해, 새롭고 비전통적인 모든 종류의 고기 제품에 문호를 개방했다. 대체육 제품들이 특이 식품 코너에서 탈출해 재래식 육류 제품 사이에 당당하게 자리를 잡았다.

여기서 짚고 넘어가야 할 중요한 이야기가 있다. 정부에 수차례 로비를 하거나 공격적으로 맞대응하는 식의 마케팅으로 일군 성과는 아니지만, 최종적으로 낙농업계는 마가린과의 싸움에서 승리했다. 버터보다 더 안정적인 상태로 찬장 선반에서 잘 보존할 수 있게 '부분경화유'•를 사용하는 바람에 마가린은 소비자에게서 외면받기 시작했다. 1990년대 들어 부분경화유는 심장병, 뇌졸중, 당뇨병 등을 일으킬 수 있는 건강 유해 물질로 알려졌다. 당시 모든 가정의 부모가 냉장고에 보관하던 마가린을 왜 갑자기 버터로 바꾸었는지 이해할 수 있는 대목이다. 미 농무부의 자료에 따르면 미국의 마가린 소비량은 1970년대 후반에 1인당 약 5.4킬로그램으로 정점을 찍은 뒤 2011년에는 1인당 1.8킬로그램 미만으로 곤두박질쳤다.

세포배양육은 마가린의 운명을 따르지는 않을 것이다. 더불어 소

• 액체 상태인 불포화 지방산에 수소를 첨가해 반고체 상태인 포화 지방산으로 만든 기름으로, 다량의 트랜스지방을 함유함.

고기 업계가 세포배양육 업계를 공격할 때, 이 첨단 기술 식품이 장기적으로 건강에 문제를 일으킬 수도 있다는 의문을 제기하지 않은 사실에 주목할 필요가 있다. 세포배양육 스타트업은 자사 제품이 더 깨끗하고 재래식 고기와 영양학적 구성이 동일하다고 마케팅해왔다. 하지만 지금까지는 소고기 업계나 소비자 입장에서 이 주장의 진위 여부가 확인되지 않았기에, 앞으로 매우 중요한 분기점을 맞이할 수 있다. 우리는 세포배양육 업계의 설명에 따라 세포배양육을 인식한다. 배양육 섭취의 장기적 영향은 아직 알려지지 않았다. 아마도 마가린처럼 시간이 흘러야 위험 요소를 알 수 있을 것이다.

규제에 대한 논쟁은 정부가 기술 혁신에 얼마나 예민하게 반응하는지를 보여준다. 2017년 말 저스트는 오리고기 초리소와 푸아그라 등 최소 두 개 이상의 제품을 출시할 준비를 마쳤으며, 멤피스미츠는 이미 소고기 미트볼 시식회를 소규모로 개최했다. 하지만 미 농무부가 제품의 시장 진입 규제 방안을 마련하지 못하는 바람에 출시가 지연되었다. 이러한 상황을 타개하기 위해 실리콘밸리의 스타트업들은 워싱턴의 복잡다단한 정책 기구의 이해를 돕도록 로비스트를 고용했다. 저스트는 최근 워싱턴의 로비 회사 폴시넬리 Polsinelli에서 일하는 스튜어트 파페Stuart Pape를 눈여겨봤는데, 그는 이 회사에서 FDA와 미 농무부의 규제 대상인 고객을 대리한다. 폴시넬리에서 일하기 전엔 FDA의 최고 고문 사무소Office of the Chief of Counsel에서 식품담당부 고문을 비롯해 몇 가지 직책을 역임했다. 도널드 케네디Donald Kennedy 전 FDA 집행위원의 보좌관으로 일한 경험도 있다. 파페에 따르면, 세포배양육 문제로 당국의 규제 업무에 개입할 수 있는 분명하고 쉬운 방법은 없다. 정책에 영향을 미치기 위해선 언제나 정보를 적극적으로 알리고 이해시키는 싸움을 해야 한다.

"존재하지 않는 규제 절차를 마련하기 위해 규제 당국의 관료를 업계와 함께 움직이고 일하게 만들 방법이 정해져 있지 않습니다." 파페가 말했다. "우리가 회의하고 서류를 건넨다고 해서 바로 검토가 이뤄지지 않습니다."

마치 짝짓기 의식 같았다. 테트릭이 첨단 기술의 찬가를 부르면, 그와 정부는 이 주제를 둘러싸고 춤을 추며, 담당 기관은 추파를 던지지만 주저하며 멈칫거린다. 춤이 더 이어지고, 마침내 몇 가지 움직임이 점진적으로 나타난다. 준비는 대개 달팽이가 움직이듯이 그저 느릿느릿 흘러갈 뿐이다. 세심한 사전 준비보다는 절실한 필요로 일이 진척된다. "마치 맨해튼 교차로에 택시 6대가 동시에 도착하는 것처럼 이 순간이 혼란스러울 수 있습니다." 파페가 설명을 덧붙였다.

궁극적으로, 미국축산협회가 미 농무부를 움직여 세포배양육을 규제할 수 있는 지위를 차지하려던 움직임은 영특하고 음흉했다. 목축업자들은 재래식 육류를 감독하는 기관이 세포배양 스타트업을 규제해야 한다고 주장했다. 본질적으로 실리콘밸리의 기술자들이 원하던 바였다. 재래식 육류와 푸드테크 업계 모두에게 동등한 환경이 마련되는 셈이었다. 하지만 규제를 위한 함정일 수도 있었다. 미 농무부는 농축산 업계를 규제하면서도 장려하는 이중적인 역할로 오랫동안 비난받았다. 일부 세포배양육 회사는 미 농무부에 대응할 때 기존 이익집단과 같은 수준의 영향력으로 대응하지 못하리라 생각하며 두려워했다. 미 농무부의 규제에 따라 세포배양육 스타트업이 기울어진 운동장에서 내몰릴 수도 있었다. 또한 재래식 육류 회사에게 세포배양육을 감독할 주도권을 내어줄 가능성이 컸다. 실리콘밸리의 어떤 회사도 원하지 않는 상황이었다.

좋은식품연구소의 제시카 앨미Jessica Almy는 이렇게 말했다. "저는 축산협회나 목축협회 때문에 궁지로 몰리고 싶지 않습니다. 목축업자들이 논의를 주도하려 하지만 주인공은 저들이 아니라 우리입니다."

파페는 미 농무부가 쉬이 세포배양육의 주요 규제 당국이 될 수는 없을 것이라고 예측했다. 애초에 세포배양 생산과정에 관한 전문지식이 없는 기관이라는 점을 지적하며, 규제 책임의 상당 부분을 FDA에 귀속해야 한다고 주장했다.

"동물이 도살장에 끌려 들어오는 상황이나 도살되는 방법을 관리하자는 것이 아닙니다. FDA가 모든 식품을 규제할 수 있는지 여부에 이견이 많을 수 있지만, 배양육 제품 출시는 국내의 식품 안전과 관련된 문제일 뿐입니다."

파페는 대안을 찾기 위해 노력했다. 그가 파악하기로는, 기존의 규제 체계로는 세포배양육 회사와 관련된 문제를 처리할 수 있는 근거가 없었다. 가장 좋은 방법은 정부와 협력하여 세포배양 식품 체계를 특별히 고안하는 것이었다.

힘든 여정이겠지만 그럴 만한 가치가 있다고 파페는 말했다. 노력의 결과가 어떻든 한 가지는 확실하다고도 단언했다. FDA의 승인 없이 시장에 제품을 내놓는 것은 잘못된 선택이란 점이다.

엄밀히 말하면, 식품, 음료 또는 식이 보조제 등을 시장에 내놓을 때 FDA의 승인이 필수는 아니다. 기업은 FDA에 제품 등록만 하면 된다. 등록은 공식적인 승인과는 다른 절차로, 가장 짧고 손쉬운 과정이다. 하지만 거의 모든 세포배양육 회사가 FDA의 공식 승인 없이 시장에 제품을 내놓는 일을 좋은 아이디어로 여기지 않는다. 제품에 확고한 자신감이 있더라도, 스타트업 스스로 식품 안전에 큰 관심을 두지 않는다는 메시지를 고객에게 전달하는 셈이 되기 때문이다. 소비자의 불신은 결국 업계 전체에서 악몽의 씨앗이 될 수도 있다.

"가장 멍청한 전략일 겁니다." 파페가 말했다. "어떤 형태가 됐든 검증 과정을 거치지 않는다면 상업적으로 성공할 수 없습니다."

파페는 정부가 필요한 모든 데이터를 확보하는 동시에 스타트업들이 투자를 유치하고 혁신할 수 있도록, 세포배양 제품을 위한 규제 절차를 새로 만들어 정부와 업계가 건강한 긴장 관계를 형성하길 희망했다.

"어느 방향이든 너무 멀리 가버리면 시간을 낭비하게 됩니다." 그가 말했다.

그러는 동안에도 재래식 육류 업계가 궁극의 와일드카드를 내밀 수 있음을 파페는 날카롭게 지적했다.

"저희는 의회가 어떤 결정을 내릴지에 대해서도 아직 충분히 논의하지 못했습니다." 그가 말했다. "기득권을 지닌 목축업계는 의회가 이 분야에 특정 조치를 내리게 할 만한 힘을 충분히 지니고 있습니다."

FDA와 농무부 내의 정책 입안자에게 영향력을 행사한다는 것은 어려운 일이지만 정부 집행부 산하에서 발생하는 일이기도 했다. 로비스트의 일이 까다로운 이유는 기득권 단체의 설득에 따라 실제 행동에 나설 수 있는 의원의 변덕까지 눈여겨봐야 하기 때문이었다. 이들은 세포배양육을 규제하는 법률을 직접 제정하거나(매우 가능성이 낮은 시나리오), FDA와 미 농무부가 규제의 틀을 구체화하는 대규모 입법 과정에서 의심스러운 개정을 시도할 수도 있다.

의원들에게 접근하려면 정치적 비용이 든다. 만약 재래식 육류 업계의 주요 로비 단체가 자신들의 청원이 정책 기관에서 합당한 대우를 받지 못하거나 무시받는다고 느낀다면 의회에 직접 호소할 수도 있었다.

기존에도 고려해야 할 변수가 많았지만, 특히 2018년 초로 넘어가면서 세포배양육 업계는 위협적인 상황에 놓였다. 도널드 트럼프 대통령이 전 세계를 대상으로 무역 전쟁을 격화하면서 미국 농업계는 크게 타격받았다.[9] 무역 분쟁은 농업계에 지속적인 손해를 끼쳤고, 많은 이를 벼랑으로 내몰았다. 그러나 육류 단체는 대통령과 공화당에 영향을 미칠 만한 힘이 있었다. 변덕이 심하기로 소문난 트럼프는 압박받을 시 이들을 돕는 척하며 세포배양육에 대한 규제 권한을 미 농무부가 완전히 차지하도록 지시할지도 몰랐다.

그런데 놀라운 일이 일어났다. 갑자기 FDA가 끼어들었다.

2018년 6월 18일, 당시 FDA의 최고 책임자였던 스콧 고틀리프 Scott Gottlieb는 세포배양육에 대한 소비자와 기업의 관심이 증가함에 따라 이를 주제로 공청회를 개최한다고 발표했다. 미 농무부에 대한 언급은 전혀 없었다. 미 농무부를 공청회에 참가시킬지를 고민한 흔적조차 없었다. 이로 인해 논쟁이 크게 불거졌다.

이런 움직임은 FDA의 수전 메인Susan Mayne이 몇 달 전에 샌프란시스코에서 열린 미래 푸드테크 서밋에서 발표한 내용과 관련이 있었다. 당시 그녀는 FDA의 식품안전 및 응용영양센터 소장이었다.

"저는 여러분이 FDA와 함께 일하기를 바랍니다." 그녀가 서밋에 참석한 기업가들에게 말했다.[10] "전 세계를 먹여 살리고, 사람들이 더 건강한 식단을 꾸릴 수 있도록 돕고, 소비자에게 혁신적인 새로운 선택권을 제공하도록 뛰어난 지적 능력과 상상력을 발휘하는 데 도움을 주겠습니다."

FDA가 세포배양육에 대한 규제 권한을 맡기 위해 나선 일은 전혀 의외의 상황은 아니었다. 어쨌든 FDA는 이미 농산물과 어류, 육류를 포함한 식품 공급의 80퍼센트를 규제해왔다. 이에 비해 미 농무부는 주로 육류 제품과 메기catfish 공급을 규제했다. FDA는 세포배양육과 관련된 권한이 연방 식품, 의약, 화장품법Federal Food, Drug, and Cosmetic Act에 근거할 수 있다고 주장하며 입장을 견고히 했다.

더 큰 논란이 이어지면서 재래식 육류 로비 단체가 추진하던 전략이 약화되었다. 지루했던 정책 논의가 기관 간 영역 싸움으로 전면화되었다.

전국소고기협회 공무국장 대니엘 벡Danielle Beck은 당시 나와 만난 자리에서 이렇게 말했다. "정말 놀라운 일입니다."

실리콘밸리의 세포배양육 스타트업 종사자들은 이 논란을 조마조마한 마음으로 지켜봤다. 그럼에도 FDA가 발 벗고 나섰다는 사실에 용기를 얻었다. 세포배양 업계가 줄곧 바라온 새로운 규제 시스템이 만들어질 수 있다는 희망이 희미하게나마 생겼다.

"국내 및 세계 육류 업계의 지도자는 지속가능한 방법으로 전 세계에 동물단백질을 먹이고 싶어 합니다." 테트릭이 말했다. "축복받아야 할 공동의 관심사입니다. 그리고 FDA가 우리 모두를 불러모아 실현 방안을 논의하는 상황에 감사한 마음입니다."

하지만 한 가지 큰 문제가 있었다. 미 농무부 관계자들은 FDA의 발표에 대해 시큰둥했다. 그들은 FDA가 주최한 공청회에서 완전히 제외되었을 뿐만 아니라, 세포배양육 규제와 관련 있는 역할을 인정받지 못했다.

두 기관의 마찰은 우려스러울 정도였다. FDA과 미 농무부 간 싸움이 극심해질수록, 세포배양육 스타트업계 제품에 대한 새로운 규제 절차가 더 까다로워질 게 뻔했다.

두 기관이 새로운 기술을 규제하기 위해 공개적으로 다투는 상황을 지켜본 백악관은 6월 22일 비공개로 열린 공동 회의에 양당 지도자를 소환했다. 그러나 회의 직후 육류 로비 단체의 요구에 따라 하원 농업위원회가 백악관에 항의 서한[11]을 보냈다.

"우리는 미 농무부와 FDA가 문제를 함께 조율하도록 백악관이 지시하리라고 기대했다." 그리고 이렇게 덧붙였다. "앞으로, 우리는 행정부가 이러한 기술을 계속 평가하는 과정에서 미 농무부와 FDA의 협력을 요구한다."

2주 뒤, 보스턴에서 열린 뉴하비스트 콘퍼런스에서 세포배양육 업계는 버클리에 소재한 멤피스미츠의 수석 과학자 에릭 슐체Eric

Schulze의 발표를 고대했다. 슐체를 고용한 일은 우마 발레티의 선견지명이었다. 그는 새로운 생명공학을 전담하며 FDA에서 6년간 규제 담당자로 일한 경력이 있었다. 마치 지금 이 장소, 이 시기를 위해 경력을 쌓아온 사람 같았다. 그는 정부의 담당 기관에서 내부자로 일했기 때문에, 업계의 많은 사람이 그의 의견을 고대했다. 이제는 동료가 된 이들에게 슐체가 회의에서 전한 메시지는 간단했다. 앞길을 위해 안전벨트를 매야 한다는 것이었다.

"지금 우리 제품에 관한 토론이 벌어지고 있습니다. 반드시 철저하게 토론해야 합니다." 그가 말했다. "우리 쪽에서는 투자가 필요합니다. 인내심을 발휘해 시간을 들여 투자를 받아야 하고 계속해서 투명성을 우선으로 여겨야 합니다."

그다음 주에, FDA는 싸움에서 물러서지 않을 것임을 분명히 밝혔다.

"말하자면, 지금 논쟁이 이 영역에서 처음으로 벌어진 힘겨루기는 아닙니다." 메인이 말했다. 그리고 FDA가 이미 과학위원회와 함께 세포배양육에 관한 가을 미팅을 계획했다고 덧붙였다.

화가 난 재래식 육류 업계는 전체 의견을 모아 2018년 7월 16일 백악관에 서한을 보내[12] 대통령이 직접 개입할 것을 호소했다. 한 페이지 분량의 서한은 소위 디씨 반야드DC Barnyard라는 단체 명의로 서명됐으며, 매년 약 1조 달러 규모로 미국 경제에 기여하는 목축산업의 이익을 대변하는 7개의 강력한 무역 그룹이 그 주체였다.

서한은 이렇게 명시했다. "세포배양 단백질 스타트업이 자신들의 제품을 미국 대중에게 고기와 가금류 제품이라며 마케팅할 수 있는 특권을 원한다면, 공정하고 경쟁력 있는 시장을 보장하기 위해 그들에게 기존 업계와 같은 규제를 적용해야 합니다."

그다음 달, 세포배양육 업계에 관한 주요 뉴스가 터졌다. 멤피스미츠의 슐츠가 더 강력한 육류 로비 단체인 북미육류협회North American Meat Institute와 협상할 수 있다는 소식이었다. 이 단체는 타이슨푸즈를 포함한 대형 육류 가공업체를 대표하는 곳이었다.

8월 23일, 두 단체는 백악관에 서한을 보내 그들이 제안한 방향으로 대통령이 조치를 취해줄 것을 요구했다. 그들은 이 방법으로 세포배양육 제품에 대한 규제 논란을 해결할 수 있다고 믿었다. 서한은 FDA와 미 농무부에게 공동 감독권을 부여하는 내용을 담고 있었다.

이들의 제안에 따르면, FDA는 사전에 세포배양육의 안전 검사를 감독하는 권한을 부여받았다. 미 농무부는 기존의 치킨 너깃이나 핫도그와 같은 가공식품을 감독하는 것과 유사한 방식으로 앞으로 생겨날 세포배양육 처리 시설을 지속적으로 모니터링하는 권한을 가져갔다. 더불어 미국 내 도축장 및 처리 시설 6,000개 이상에 검사관을 둘 수 있었다.

서한은 논란의 여지를 남겼다. '세포 기반 고기'라는 의미 없어 보이는 말을 규제 용어에 도입하여 '청정육'이라는 명칭 사용을 금지하려 했다. 하지만 새로운 식품이 지닌 더 논쟁적인 측면을 해결하기도 했다. 육류 대기업들과 세포배양육 스타트업 양측이 휴전하면서 두 규제 기관 간의 싸움이 완화되고, 실리콘밸리와 기존 목축업계가 서로 선의를 보이며 휴전을 추진하려는 노력이 싹텄다.

효과가 있었다.

2019년 3월 7일, 두 정부 기관은 세포배양육 생산을 공동으로 감독하는 공식적인 협약을 체결했다고 발표했다. 모든 당사자와 함께 공통된 영역을 정리하고, 감독과 관련된 세부사항을 파악하기 위한 긴 여정을 시작했다.

세포배양육 업계는 이번 발표를 유의미한 진전으로 여겼다. 최소한 한 가지는 확실해졌다. 미국에서는 슐츠와 멤피스미츠가 육류 업계와의 이해관계를 조정하고 거래를 성사시키기 위한 협상 테이블에 앉을 수 있는 관계를 형성했고 권리를 획득했다는 점이다.

배양육을 위한 새로운 규제 절차를 만들겠다는 파페의 비전이 곤란해졌지만 테트릭은 이번 휴전에 긍정적이었다. 워싱턴에서 싸움이 벌어지는 동안 그는 소외된 것처럼 보였으며, 다른 사람에게 대신 일을 맡겼다. 또 국내에 있기보다는 외국에서 여행하는 데 더 많은 시간을 보냈다.

테트릭은 완전히 다른 목표로 눈길을 돌린 상태였다.

외국으로 향하는 약속

12

모든 소란과 열정은 나타나기 전에 인상을 남긴다. 무대 위에 선 테트릭의 얼굴에는 열정이 이미 드러나 있었다. 2016년 11월 베이징에서 열린 화려한 텐센트 위 서밋Tencent WE Summit*에서 강연장 내 모든 눈길이 무대 위에 선 테트릭에게 쏠렸다. 청바지에 회색 스웨터를 입은 테트릭은 앞뒤로 서성거리다가 천 명이 넘는 인파를 향해 몸을 돌렸다.

"지난 5년간 저를 사로잡은 질문이 있습니다." 그가 말했다. "우리 인류가 완전히 새롭게 시작한다면 어떤 모습일까요?"

그가 세포배양육과 식물성 액상 달걀에 대해 이야기할 때 투자자와 청중에게 늘 던지는 질문이었다. 그러나 이 자리에서 이 질문을 던지는 것은 특히나 의미 있는 일이었다. 텐센트는 중국에서 대단한

• 　중국 기업 텐센트가 2013년부터 인류의 미래를 고민하고 구상한다는 목적으로 해마다 개최하는 강연회.

위상을 자랑하는 기업이다. 마치 트위터, 일렉트로닉 아츠Electronic Arts, 컴캐스트Comcast, 넷플릭스를 합병해서 5,000억 달러 가치의 미래형 전사로 만들어낸 형태와 같았다. 콘퍼런스 참석자 대부분은 차세대 기술 진화에 관심이 있는 기업인이었다. 무대에 선 테트릭은 이들 앞에서 저스트의 식물성 액상 달걀로 어떻게 스크램블 요리를 하는지 시연했다. 연설은 30분 가까이 계속됐고 참석자들은 호응했다.

테트릭은 미국에서 멀리 떨어진 외국에서 항상 인상적인 반응을 이끌어냈다. 그는 베이징 무대에 오른 기억을 떠올리며 2018년 말에 내게 많은 이야기를 들려주었다. 당시 그곳에서 목축업의 고기 생산 방정식에서 살아 있는 동물을 빼겠다는 저스트의 목표를 발표했다.

"'샘플을 원한다!'라고 외치는 사람들이 외국에서 갈수록 많아지고 있습니다."그가 설명했다. "제가 마치 다이아몬드를 나눠주는 것처럼 사람들이 무대로 몰려듭니다. 이와 달리 미국에서는 사람들이 드문드문 손을 들고 '그래, 그래. 나도 하나 갖고 싶은데' 정도의 반응에 그칩니다."

그리하여 열정적으로 호응하는 국제시장에 저스트가 집중하게 되었다. 멤피스미츠는 미국 규제 관련 분야에 노력을 집중하면서 미국 내 시장 개척의 선두에 나섰고(우마 발레티가 아시아 시장에서 많은 가능성을 발견했다고 말해왔음에도 불구하고), 테트릭은 외국 시장을 개척하는 데 실질적인 리더가 되어 특히 아시아 시장에 관심을 쏟았다.

물론 홍콩, 중국, 싱가포르 등에서도 식품 규제 당국과 협력해야하지만, 미국과 비교하면 정치적 부담이 훨씬 적었다. 그리고 이들국가에는 푸드테크를 지원해야 한다는 합의가 이루어진 상태였다.저스트가 외국에 집중하는 것이 당연했다.

나는 세포배양육 스타트업의 리더와 함께 외국의 소비자, 투자자의 반응과 분위기에 관한 이야기를 나누면서 미국 안팎으로 푸드테크에 대한 반응이 얼마나 다른지 알고 충격을 받았다. 세포배양육업계 사람들도 역시 충격이 컸다.

"아시아에는 미국과는 다른, 음식에 관한 열정이 있습니다." 테트릭이 말했다. "만약 제가 베이징에 있는 누군가와 함께 식사하면서식량 수요와 식량 부족, 산업화된 기업형 동물농장에 관해 설명하면, 그들은 '좋아, 이제 그만 설명해도 돼, 그 사업에 함께할 테니'라는 태도를 보입니다. 하지만 뉴욕에서는 지루한 설명을 끝까지 반복하고 또 반복해야 합니다."

미국 밖에 있는 많은 사람, 특히 투자자에게 식량안보 문제는 너무나 익숙하고 중요한 주제다. "그들은 지금 지구라는 행성에서 벌어지는 문제를 훨씬 뚜렷하게 인식합니다." 테트릭이 덧붙였다.

네덜란드에서 계획이 무산되고, 미국에서마저 규제 장벽과 기존업계와의 분쟁에 맞닥뜨린 뒤, 외국에서 거부감이 아닌 긍정적 반응을 받자 테트릭은 깊이 안도했을 것이다.

테트릭은 2019년 한 해 동안만 싱가포르, 홍콩, 두바이, 중국 등지에서 3분의 1 이상의 시간을 할애하면서 저스트가 아시아 시장을 얼마나 중시하는지를 보여줬다. 홍콩과 싱가포르에 출시한 저스트의 식물성 액상 달걀 제품은 빠르게 인기를 끌었다. 그는 상하이에서 업무를 진행할 직원 12명을 채용하면서 사업을 확장했다. 이곳에선 식물성 액상 달걀을 식당과 소매점에 출시하는 업무에 집중했다. 테트릭은 이런 사업 확장을 회사가 더 큰 야망을 성취할 수 있는 열쇠로 보았다. 장기적 협력 관계를 맺도록 특히 싱가포르와 두바이 정부를 설득했다. 이는 단지 일반 대중에게 세포배양육을 내놓는 첫 번째 장소를 정하는 의미만은 아니었다. 테트릭은 연구소와 생산 시설을 확장하기 위한 협상도 계속했다.

"단순히 세포배양육을 가장 먼저 서비스하자는 차원이 아니라, 전 세계에 공급할 수 있는 규모의 생산 인프라를 구축할 첫 번째 부지르 두고 싱가포르, 두바이 정부와 계속 협상하고 있습니다." 테트릭이 자문하듯이 물었다. "그들이 과연 우리 연구소에 투자하고 더 큰 제조 시설을 건설하려 할까요?"

식물 원료로 버거를 만드는 임파서블푸즈의 행보는 저스트의 이정표가 될 수 있다. 이제는 하나의 '현상'이 된 '임파서블 버거'가 처음 출시되었을 때는 고급 레스토랑에서 작은 가능성을 보여줬을 뿐이었다. 제품이 알려지면서 문화적으로 수용되고 사업도 서서히 확장했다. 테트릭이 당장 이루려는 야망은 과격했다. 그의 목표는 하루에 제품 수천 킬로그램을 생산하는 정도가 아니었다. 약 수천 톤 규모였다.

테트릭은 여러 면에서 전 세계 많은 국가가 미국의 규제 시스템을 기준으로 삼을 황금률로 주목한다는 점을 인정하면서도, 외국의 고조된 관심과 거대한 시장보다는 미국이 내놓을 결과에만 너무 의존하는 분위기 때문에 괴롭다고 했다.

"저도 미국 시장을 중시하지만 이곳에만 집착하지는 않습니다." 그가 말했다. "이해할 수가 없습니다. 우리는 거대한 세계에 살고 있고 미국 안보다 미국 밖에서 고기를 먹는 사람이 훨씬 더 많습니다. 그런데도 다들 미국 정부가 어떤 선택을 할지에만 지나치게 의존합니다. 저는 싱가포르가 어떻게 할지 궁금합니다. 중국은 어떤 선택을 할까요? 이스라엘은 어떤 결정을 내릴까요?"

이스라엘 등 세계 일부 국가는 기후변화의 영향으로 실존적 위협을 받고 있으며, 그로 인해 세계지도가 다시 그려질 위기에 대비하고 있다. 다르게 보면, 새로운 기회가 많이 열리고 있다. 다수의 국가에서 식량안보는 최우선 관심사다. 그리 놀랄 일도 아니다. 기후위기를 지켜본 수백만 사람이 앞으로 삶에 영향을 미칠 식량 문제를 심각하게 받아들이고 있다.

태국을 예로 들어보자. 2019년 11월 클라이밋센트럴Climate Central°1 연구진은 2050년까지 현재 사람이 거주하는 태국 땅의 10퍼센트 이상이 침몰할 것으로 추정했다. 이로 인해 대도시 방콕에 사는 많은 사람을 포함해 약 1억 5천만 명이 식량위기에 놓일 가능성이 커지고 있다.

스위스 다보스에서 개최되는 세계경제포럼World Economic Forum²은 중국에서 홍수가 발생하는 횟수가 증가하면서 인프라, 에너지 산업, 농업 등이 위협받을 것으로 예상한다고 발표했다. 더구나 세계 인

●   기후변화를 연구하는 미국의 비영리 단체.

구가 풍선처럼 부풀면서 더욱 심각한 문제가 발생할 것으로 전망한다. 중국은 이미 13억 8천만 명이라는 거대한 인구에 비해 경작 가능한 땅이 무척 적기 때문에 이곳에서는 배양육 기술이 언젠가는 큰 호재가 될 수 있다. 홍콩계 투자회사인 호라이즌스벤처스와 함께 일해온 저스트를 비롯해 실리콘밸리의 세포배양육 스타트업 경영진 대부분은, 홍콩 재계의 수장인 억만장자 리카싱과 저우카이쉬안이 성장하고 거대한 부를 이룬 나라에 타고난 책임감을 느낀다고 말했다. 따라서 중국의 미래 먹을거리를 보장하는 일은 리카싱과 저우카이쉬안이 급선무로 해결하려는 문제라고 덧붙였다.

2019년 3월 싱가포르 국립연구재단National Research Foundation of Singapore은 지속가능한 식량 생산을 위한 예산 1억 600만 달러를 포함해 약 5억 3,500만 달러를 세포치료제 연구개발[3]에 사용하겠다고 발표했다. 이 도시 국가는 2030년까지 필요한 식량의 30퍼센트를 자체 생산하겠다는 거대한 계획을 세웠다. 야심 있는 세포배양육 회사가 싱가포르에 제일 먼저 생산 시설을 구축할 기회가 열렸음을 의미했다.

테트릭은 이런 기회를 접하면서 회사 제품을 다르게 바라보기 시작했다고 말했다. 2019년 저스트의 운영 방식을 면밀하게 관찰해보면, 이 회사가 세포배양육보다는 식물성 액상 달걀 제품에 더욱 집중적으로 마케팅했다는 사실을 쉽게 알 수 있다. 의도적이었다. 테트릭은 녹두를 원료로 한 달걀이 세포배양육을 성공으로 이끌 비결이 될 것이라고 말해왔다. '저스트 에그Just Egg'는 회사의 여러 비건 제품 중 하나가 아니라, 훨씬 더 큰 성취를 상징했다.

"애플이 컴퓨터를 먼저 완성하지 않았다면 지금 아이폰으로 거둔 성공은 없었을 겁니다." 그가 말했다.

테트릭은 식물성 액상 달걀 제품을 애플의 초기 단계 컴퓨터로, 세포배양육을 미래의 궁극적인 타깃 제품으로 여겼다. 식물 원료 기반의 비건 제품은 세포배양육이 날아오를 활주로였다. 첨단 세포배양육 스타트업 중에서 이미 제품을 판매하는 업체는 저스트가 유일했다. 테트릭은 공급업체, 소매업체, 식품 서비스 회사, 레스토랑 체인점, 유통업체와 수년간 일해왔다. 그렇게 쌓아 올린 관계는 이 회사가 새로운 미래 식품을 시장에 선보일 때, 매우 중요한 기반이 될 것임이 분명했다.

세포배양육의 미래를 위한 토대로서, 식물성 비건 제품으로 새로운 시장에 진입한 전략에서 테트릭의 타고난 강점이 드러난다. 그는 뛰어난 과학자나 눈에 띄는 정책 개발자는 아니지만, 분명 설득력 있는 이야기를 엮어 식품을 파는 능력이 있다. 일찍이 리카싱과 저우카이쉬안이 저스트에 투자하게 만든 그의 설득 능력은 빛을 발했다. 저스트의 식물성 액상 달걀 제품을 홍보하기 위해 투어를 나선 2019년 내내 테트릭은 홍콩, 아랍에미리트, 싱가포르 등의 규제 당국과 계속해서 협상하면서 세포배양육을 조기에 도입하는 데 모두의 관심을 집중시켰다.

2019년 12월까지 테트릭은 싱가포르에서 세포배양육 제품을 최초로 출시할 수 있으리라고 확신했다. 그는 앞서 저스트의 식품 엔지니어를 아시아 시장에 파견하고, 세포배양육 샘플을 배송한 뒤, 구체적으로 이름을 밝힐 수 없는 '대형 레스토랑의 파트너' 등을 포함해 고위급 이해관계자 여럿 앞에서 직접 요리를 시연했다. 또한 샌프란시스코에 있는 저스트 본사로 싱가포르 규제 당국 관료를 초청해 세포배양 닭고기 제품을 시식할 수 있게 했다.

식물성 액상 달걀의 성공적인 출시가 세포배양육 대중화의 초석이 될지는 예측하기 어려운 중요한 요소에 좌우될 것이다. 세포배양육이 세계 어딘가의 메뉴판에 나타나면 사람들은 이것을 '실제'라고 받아들일 수도 있다. 하지만 진짜 성공 여부는 인간 내면의 모호한 측면, 즉 문화적 전통이나 심리학과 관련된 아주 많은 요소에 달려 있다.

연대

13

1700년대 초 북아프리카의 랍비 하임 이븐 아타르Chayyim Ibn Atar는 모로코에서 오스만 제국의 지배를 받던 예루살렘으로 떠났다. 이탈리아의 서해안을 따라 올라가던 중, 리보르노Livorno라는 도시에 당분간 머물기로 했다. 피렌체에서 멀지 않은 토스카나주에 위치한 매우 작은 도시였다.

리보르노에 머무는 동안, 그는 여행 자금을 모으려고 율법서 '토라tôrāh'에 관한 종교적 해석을 집필해 출판했다. 날카로운 지성과 신성이 돋보인 출판물은 인기를 끌었다. 출간 당시에는 주로 종교학자가 관심을 보였지만, 수백 년이 흐른 지금은 소수의 실리콘밸리 식품공학자가 그 무명의 인물에 관해 다시 속삭인다. 랍비의 개인사가 아니라 토라의 세 번째 책이자 구약성서인 〈레위기Leviticus〉에 관한 그의 해석을 되새기려 한다. 하임 이븐 아타르는 신이 앞으로 돼지의 생리를 소처럼 되새김질하도록 바꾸면 이후부터 유대인이 돼지를 도살하고 요리해서 먹을 수 있게 된다고 적었다. 토라가 현실을 반영해 달라지는 것이 아니라 현실이 토라에 맞게 달라진다는 내용이었다. 그에 따르면 토라의 율법은 영원하지만 돼지의 본성은 바뀔 수 있다.

특히 에이탄 피셔와 데이비드 보먼David Bowman은 이 고대 역사의 일부 대목에 흥미를 느꼈다. 두 사람은 2018년 저스트를 떠나 버클리 북쪽으로 몇 킬로미터쯤 떨어진 곳에 '미션반스'라는 회사를 차렸다. 그들은 시장 상황을 지켜보다가, 세계 최초로 세포배양 베이컨을 개발하기 시작했다. 부지런한 두 사람이 세포를 배양하기 위해 노력하는 동안 랍비 공동체의 누군가는 수천 년간의 종교 문헌을 뒤져가며 세포배양육으로 무엇을 만들지와 그것이 유대교 율법에 비추어 합당한 식품인지를 알아내고자 했다. 모든 종교학자가 동의하진 않았지만, 논의가 진전됨에 따라 일부는 궁극적으로 이 새로운 식품 기술로 탄생한 돼지고기 제품과 치즈버거를 유대인에게 허용해야 한다는 대담한 제안을 했다.

그와 같은 종교학자이자 이스라엘 현대 정교회의 랍비인 유발 체를로Yuval Cherlow는 유대교 율법에 어긋나지 않기에 세포배양 돼지고기의 섭취를 허용해야 한다고 공공연히 주장해왔다. 체를로는 '조하르Tzohar'라는 조직의 여섯 설립자 중 한 명인데, 조하르는 종교와 세속적인 유대인 사이의 연대를 강화하고자 설립된 종교단체다. 그래서 나는 그의 입장이 이해가 됐다. 반면에 랍비 공동체의 더 보수적인 구성원들은 여전히 그의 주장을 질색하며 외면한다.

체를로는 이스라엘 뉴스 매체 〈와이넷YNet〉과의 인터뷰에서 이렇게 설명했다. "재래식 돼지고기와 달리 돼지 세포의 유전 물질만 이용해 생산한 배양육은 사실상 세포 본래의 정체성을 상실했기에 소비를 금지할 명목이 사라집니다." 즉, 체를로는 세포가 배양 과정에서 중화되어 돼지 고유의 성질이 소멸한다고 주장했다. 그에 따르면 이 최종 산물은 재래식 고기와 다르다. 그는 세포배양육을 유제품이나 고기로 분류하지 않는 중립적인 음식 '파레브pareve'•로 여겼다.

랍비 사회에 널리 받아들여지지는 않았지만, 체를로의 견해에 어느 정도 신빙성을 부여한 선례가 있다. 약 10년 전, 강력한 율법 인증 단체인 정교회는 'L-사이스틴L-Cysteine'이라는 흔한 아미노산으로 만든 식품이 율법에 적합한지 여부를 묻는 질문에 직면했다. L-사이스틴은 고속으로 빵을 제조하는 시스템에서 글루텐 단백질을 분해하여 반죽을 이완하는 환원제로 쓰인다. 제빵사는 혼합 시간을 단축하기 위해 이 물질을 사용하며, 덕분에 훨씬 부드러운 반죽을 만든다. 전반적으로 반죽의 질을 향상시켜서 더 쉽게 덩어리를 나누고 둥글게 만들어 빵을 굽기가 용이해진다. 빵의 저장 기한 역시 길어진다.

하지만 문제가 있다. 빵 굽는 데 사용되는 L-사이스틴의 대부분은 오리 깃털에서 유래하는데, 도살 과정과 사후 처리를 명시해둔 종교적 규율에 비춰볼 때 L-사이스틴이 적합한 식품인지에 대한 의문이 제기됐다.

랍비 메나헴 제낙Menachem Genack은 식품이 율법에 위배되는지 여부를 인증하는 유대인 그룹, 정교회 연합의 담당 지도자다. 만약 유

• 고기나 우유를 재료로 쓰지 않은 정진精進 요리.

대교를 믿는 누군가의 부엌 찬장에 식품이 있다면, 'O' 자 안에 'U' 자가 들어간 조그만 라벨이 있을 가능성이 크다. 이 라벨은 정교회 연합의 표시로서, 해당 음식이 정결하다는 뜻이다.

제낙은 일단 깃털에서 아미노산을 채취하면, 결정화되기 전에 정화 과정을 거치고, 그 이후 음식에 사용하기 때문에 L-사이스틴이 들어간 빵 섭취를 허용할 수 있다고 판단했다. 체를로는 세포배양육 역시 비슷한 사례라고 주장한다. 돼지털에서 채취한 세포를 처리 과정을 거쳐 정화하기 때문이다.

제낙은 체를로처럼 확신하지는 않았다. 나와 대화하는 동안 세포배양육을 향한 열정을 숨김없이 보여줬지만, 세포배양을 거친 돼지고기가 율법에 적합할 정도로 정결하다고는 말하지 않았다. 다만 모두가 기후변화를 불안해하는 시대에 친환경적인 제품으로서는 당연히 주목할 만하다고 말했다. 수많은 종교적 전통에 따르면 지구와 그곳에 살아가는 생명체, 자원을 잘 보살피는 관리자가 되는 일이 인간의 책임이다. 첨단 기술에 보이는 그의 흥분은 종교가 제한하는 식생활에서 큰 이익의 기회를 찾는 세포배양육 생산자의 감정과 중첩된다. 세계 코셔Kosher* 시장 규모는 240억 달러 이상이다. 할랄halal** 시장은 1조 6천억 달러에 달한다. 쉽게 표현하자면, 종교 당국에서 새롭게 식품으로 승인한다면 큰돈으로 이어질 수 있는 규모다.

"정말 놀라운 기술 발전입니다." 제낙이 말했다. "저는 충격을 받

---

* 전통적인 유대인의 율법에 따라 식재료를 선택 및 조제하는 것.
** 이슬람교도인 무슬림이 먹고 쓸 수 있는 제품의 총칭으로, 대부분 음식류가 차지함.

았습니다. 앞으로 목축업과 육류산업에 거대한 지각변동이 일어날 것 같습니다."

코셔 문제는 퍼즐의 한 조각일 뿐이었다. 하지만 사람들이 앞으로 세포배양육을 어떻게 받아들일지를 알아보는 리트머스 시험지이기도 했다.

세포배양육의 개발 과정과 결과, 그 영향을 원점부터 이해하자는 동기로 이 책을 집필했다. 실리콘밸리와 이스라엘, 암스테르담, 미국의 동부 해안가를 오르내린 여정이었다. 전 세계의 식품기술, 식품정책, 식품규제, 종교식품 전문가들과 이야기를 나누었다. 그러나 마침내 나부터 가장 기본적인 질문에 대답해야 한다는 사실을 깨달았다. 과연 고기란 무엇인가?

분자 과학자는 화학적 수준, 즉 물, 단백질, 지방, 탄수화물의 집합체로서 고기를 정의한다. 농장주, 레스토랑 셰프, 영양사 또는 가정주부에게 같은 질문을 하면 각기 다르게 답할 것이다. 같은 고기라 할지라도 그들 중 몇몇에게는 생계이고, 누군가에게는 요리라는 예술의 재료이고, 또 다른 사람에게는 가족을 위한 경제적인 식품일 것이다.

고기는 상품으로서의 순수한 성질을 지닌다. 문화적 역사에서 차지하는 위치 덕에 가치에 관한 설명이 없어도 생산되어 팔리고 사고 소비되는, 날 것 그대로의 상품이다. 마이클 폴란Michael Pollan[*1]이 2002년 11월 〈뉴욕타임스〉에서 지적했듯이, 지구상에

● 　미국 캘리포니아 대학교의 교수이자 저술가, 환경운동가.

존재하는 동안 인간은 계속해서 고기를 먹어왔고, 생존에 필수 요소는 아닐 수도 있지만 고기를 얻고 준비하고 요리하고 먹는 방법은 사회적, 생물학적, 문화적 맥락에서 우리에게 엄청난 영향을 끼쳤다.

취재하는 동안 나는 종종 저녁 식사 자리에서 친구들에게 세포배양육을 가족과 함께 기꺼이 먹을 수 있는지 질문을 던졌다. 그리고 그들이 음식에 관해 심리적으로 어디까지 허용할 수 있는지 고뇌하는 표정을 흥미롭게 지켜봤다.

"맥주통 안에서 기른 고기를 먹을 수 있어?" 단도직입적으로 물었다. 푸드테크 분야의 많은 기업가가 세포배양육의 생산 공정을 보통 이렇게 표현하기 때문이다. 원래 기업가들은 맥주 대신 맞춤형 고기를 재배하는 작은 수제 양조장의 이미지를 떠올리게 하는 아이디어를 일반화하려고 했다. 푸드테크 분야의 몇몇 사람은 이 새로운 식품을 '수공예 고기craft meat'라는 브랜드로 만들 생각까지 했다. 생산 설비를 묘사하는 방법은 다양하다. 어떤 사람은 넓은 기둥처럼 우뚝 선 원통형 바이오리액터가 줄지어 있는, 특징 없는 건물을 상상했다. 그 안에서 동물 세포는 행복하게 증식한다. 성실한 일꾼이 와서 지방과 근육조직을 수확하여 추가 공정을 마칠 때까지 말이다. 도쿄에 본사가 있는 비영리단체 쇼진미트프로젝트Shojinmeat Project는 더 삭막한 해석을 내놓았다. 2203년 미래의 육류를 생산하기 위해, 도시 외곽에 까마득한 높이로 지어진 배양육 생산 탑을 세우기로 계획했다. 즉, 세포배양육을 재배하는 전용 초고층 건물이 생기는 것이다.

흥미롭게도 함께 저녁 식사를 한 동료 가운데 85퍼센트는 세포배양육을 꼭 먹어보고 싶다고 목소리 높여 말했다. 나머지 15퍼센트는 상품의 발상이 기괴하다고 느꼈는지 입술을 오므리며 소극적인 태도를 보였다. 나는 그들 모두에게 똑같이 말했다. 그들이 좋아하든, 싫어하든, 세포배양육은 현실이 되어 우리 앞에 놓일 것이라고. 세포배양육 제품을 시장에 내놓기 위해 많은 돈과 과학기술 그리고 인간의 의지력이 투입되었다. 그럼에도 불구하고 세포배양육을 대하는 인식의 격차는 상당했다. 만약 앞으로 내가 만날 사람의 절대다수가 이 새로운 고기를 먹어보고 싶어 한다면, 그 자체로 세포배양육을 구현하려 애쓰는 푸드테크 회사에 희소식일 것이다.

그동안 줄곧 세포배양육을 지켜보면서 무언가 불편한 느낌이 있었다. 한편, 동물을 고통스럽게 만드는 잔혹한 근본 원인을 없앨 식품 시스템이 생긴다고 생각하면 기대가 커진다. 매년 동물 700억 마리 이상이 잡식성인 인간의 식욕을 채우기 위해 고통 속에 죽어가기 때문이다. 만년설이 녹고 해수면이 상승하는 가운데, 지구와 그 위에 사는 인간에게 훨씬 더 이로운 식품 시스템으로 이동할 기회를 이성적으로 외면할 수 있을까?

하지만 한 걸음 물러나 생각해보면, 푸드테크 회사들이 약속하는 해결책을 온전히 믿어도 될까? 이 식품 기술은 영리한 해결책일까? 아니면 인간이 자연보다 우월하다는 오만에서 파생할, 즉 예측하지 못한 또 다른 해악을 야기하는 시도는 아닐까?

인류는 자연계에서 스스로를 고립시키는 데 정말 능숙해졌다. 현대의 삶은 식탁 위 식품이 어디서 왔는지를 외면하게 한다. 도시인은 자신이 먹는 음식에 통제권을 행사하지 못한다. 영양과 품질보다는 대개 이윤 창출을 위하는 다국적 식품 대기업과 무질서한 기업형 동물농장 시스템에 우리의 통제권을 넘겨주고 말았다. 선진국 사람들은 브라질이나 파라과이부터 자신이 살고 있는 거리 아래의 모퉁이 식료품점까지의 길고 복잡한 운송 과정을 떠올릴 필요 없이 열대 과일을 도시에서 곧바로 살 수 있다. 사는 곳이 더는 중요하지 않다. 우리는 24시간 배달의 편리함을 누리고 무엇이든 구매할 수 있는 특권을 누리면서 시간과 장소, 이 모든 혜택을 가능하게 만드는 인프라를 고민할 필요조차 느끼지 않는다.

식품 대기업들은 항상 건강과 현대성, 진보라는 허울 아래 제품의 본질과 성장률을 은폐했다. 물론 이 업체들이 무슨 짓을 해왔는지 역사를 통해 되돌아볼 수 있기에 그들의 약속이 실현되리라 기대하지도 않는다. 편의를 위해 낱개로 겹겹이 포장되어 도처에 널린 마가린, 냉동 피자, 빅맥, 감자칩, 소다 등의 식품을 보라. 설탕과 소금, 지방을 비롯해 발음조차 힘든 성분명이 길게 적힌 종이로 싸여 있는 이 모든 식품은 객관적으로 우리 몸에 해롭다.

그러나 세포배양육을 이전의 식품 대기업들의 행동을 근거로 판단해선 안 된다. 다른 탈출구가 없기 때문이다. 현대 생활의 거의 모든 측면은 자연과 거리가 있다. 기름을 엄청나게 소비하는 자동차로 교외를 가로지르고, 에어컨이 있는 건물에서 휴식을 취하며, 디지털 클라우드에 데이터를 저장하고, 보이지 않는 전파로 세계와 소통한다. 식료품점에서 사는 사과와 바나나조차도 공학의 산물이다.

프린스턴대학교의 윤리학 교수이자 《동물 해방》의 저자인 피터 싱어에게, 고기처럼 생명 연장에 근본적 요소를 분자 수준에서 다시 재구성해내려는 실험실의 시도가 지나치게 위험한지 물었다. 1975년에 출판한 싱어의 책은 현대 동물권 운동의 중추적 역할을 하는 작품으로, 페타의 창립 멤버에게 영감을 주었다. 싱어는 내 물음에 직설적으로 답했다.

"솔직히 말하자면, 그렇지 않습니다." 그가 말했다. "저는 우리가 자연 그대로보다 더 잘할 수 있고 또 항상 그러기 위해 노력했다고 생각합니다. 만약 식품을 얻는 데 그저 자연에만 의존했다면 여전히 곡물을 주우러 다니고 열심히 사냥해야 했을 겁니다. 무조건 자연 그대로가 황금률이라고 생각하지는 않습니다."

자연은 그렇지 않더라도, 싱어의 표현대로 "황금률"이라는 기준에 도달하기 위해 세포배양육 회사는 최선을 다하고 있다. 자연이 이미 우리에게 준 것을 재창조하려는 시도가 아니라면, 인류에게 세포배양육이란 과연 무엇일까? 하지만 그 결과가 좋든 나쁘든 간에, 인류의 역사는 편의에 따라 자연환경을 재단하려는 시도로 점철된다는 싱어의 지적은 옳다.

나는 이미 세계 최대 식품 제조사인 네슬레 전 회장의 입을 통해 이런 말을 들었다. 〈쿼츠〉의 기자로서 인터뷰를 하기 위해 페터 브라베크-레트마테Peter Brabeck-Letmathe[2]를 만난 자리였다. 네슬레에서 오래 경력을 쌓은 그는 네슬레가 단순한 식품 제조사가 아니라 언젠가 약품과 같은 효과를 낼 제품의 제조사로서, 업계 내에서 네슬레의 브랜딩을 재조정하는 전략의 수석 설계자다. 실용적 측면에서 이 전략은 질병을 예방할 수 있는, 건강에 좋은 영양소로 식품을 강화하는 것을 의미했다. 알츠하이머병 예방에 도움이 되는 냉동 피자가 나오면 어떨까.

2016년 12월 저녁 뉴욕 세인트레지스 호텔에서 브라베크-레트마테를 만났다. 따스한 호텔 로비는 어렴풋한 조명 빛깔을 배경으로 하여, 휴가용 소품과 거대한 화환, 푸른 수풀 장식으로 꾸며져 있었다. 네슬레 직원의 안내를 받아 위층으로 이어진 계단을 올라간 다음 형광등이 환하게 켜진 호텔 회의실로 들어섰다. 잠시 뒤 브라베크-레트마테가 방으로 성큼성큼 들어와 맞은편에 앉았고, 대략 한 시간 동안 회사의 장기적인 야망을 설명했다. 그의 거침없는 언변은 창의적이고 흥미로웠지만 한편으로 나는 불안했다. 그에게 자연 상태에서 자꾸 멀어지는 현상에 대해 질문을 던졌다. 그리고 그 대신 우리가 자연으로 돌아가 식품을 찾아야 하는지를 물었다. 그는 대수롭지 않다는 듯 대답했다. "당신은 기본적으로 자연이 좋다고 전제하고 있습니다." 그가 말했다. "그 생각은 틀렸습니다."

"자연은 인간에게 선하지 않습니다." 그는 말을 이었다. "자연은 인간을 죽일 수도 있습니다. 우리는 자연을 극복하는 법을 배운 호모 사피엔스가 되어 살아남았습니다. 알다시피 인류와 동물이 다른 점, 즉 우리가 지능적으로 미래를 계획할 수 있었던 이유는 요리하는 법을 배웠기 때문입니다. 완전히 과소평가되는 부분입니다."

브라베크-레트마테는 호모 사피엔스가 생존하고 지능적으로 미래를 계획하는 데 채소와 곡물이 중요한 요소였지만, 이것만으로는 설명이 충분하지 않다고 말했다. 그와 싱어에게 농업혁명은 현재진행형으로 진화하는 이야기였다. 의지가 약한 사람이라면 사람들에게 효율이 높은 식품을 공급하기 위한 새로운 방법을 알아낼 수 없다. 비록 그런 태도 때문에 전 〈뉴욕타임스〉 음식 칼럼니스트 마크 비트먼Mark Bittman과 같은 슬로푸드 옹호자에게 비판받지만 말이다. 그는 조롱 섞인 반응을 보였고, 나는 웃음을 터트렸다.

"정말이지, 알 수 없는 성분 범벅인 형편없는 음식이 진짜 음식보다 당신에게 더 좋다고 생각합니까?" 그가 내게 되물었다.

앨리스 워터스Alice Waters 역시 내가 세포배양육에 관해 묻자 한발 물러섰다. 그녀는 체스 파니세Chez Panisse 레스토랑의 대표 요리사이자 캘리포니아 현지에서 전개된 슬로푸드 운동의 리더다.

"과학자가 대자연보다 더 많이 안다고 믿는 현상 자체가 우려스럽습니다." 워터스 박사가 말했다. "저는 음식이 자연과 깊이 연관되어 있다고 생각합니다. 계절성과도 관련이 있습니다. 동물이 먹는 채소를 키워내는 땅의 복잡한 메커니즘과 관련이 있죠. 그 메커니즘이 우리에게 영양분을 공급하는 본질이라고 생각합니다."

워터스가 과학의 힘을 믿지 않는 것은 아니었다. 단지 자연 그대로의 시스템을 방해하고 싶지 않을 뿐이었다. 그녀의 표현에 따르면, 우리가 먹는 것은 장기 발달에 큰 역할을 하는데, 시험관을 사용하여 같은 일을 해낼 수 있다는 확신이 없다는 설명이었다.

세포배양육에 대하여 비트먼과 워터스가 보인 회의적인 태도가 옳을지도 모른다. 워터스의 세계관은 거대한 공장식 육류와 달걀 생산 시스템보다 동물의 삶을 훨씬 더 존중한다. 이런 존중감은 그녀의 초지역적이고 농업적인 모델에 필수적인 연결고리로서, 삶의 최종적인 이유가 우리 목적에 부합하기 위해 존재하는 것처럼 보이는 동물이라도 보살핌과 존중이 필요하다고 주장한다.

"과거에는 우유나 달걀을 얻을 수 있는 동물을 우리 삶 주변에 가깝게 두고 지내면서 보살폈습니다." 워터스 박사가 말했다. "동물은 농사의 한 부분이었고, 거름을 만들어냈으며, 자연이 그리는 큰 그림의 일부였습니다. 정말로, 그런 환경으로 돌아가야 합니다."

1995년 워터스는 '에더블 자연주의 교육Edible Schoolyard Project'을 창시했다. 정원을 만들어 씨앗과 토양의 관계, 채소와 과일의 성장, 그 모든 것이 세계에 어떻게 들어맞는지 학생들이 배울 수 있는 교실로 삼자는 운동이다. 이 비영리단체는 아이들에게 로컬푸드의 힘을 가르친다. 지역사회가 건강하려면 정원을 만들어 로컬푸드를 교육하는 방법이 가장 효율적이라고 전제한다.

많은 면에서 나의 철학적 입장은 워터스와 같다. 나 역시 몬산토Monsanto나 타이슨푸즈 같은 거대한 다국적 기업에 회의적이다. 그들의 운용 규모와 계속되는 기계적 확장에 충격을 받았다. 그리고 산업혁명을 통해 결과적으로 우리가 어떻게 나 자신, 자연, 음식 사이의 매우 중요한 유대감, 즉 자양분을 줄 뿐만 아니라 삶의 의미와 세계의 유동적이고 진화하는 자연 질서를 이해할 수 있는 감각을 상실한 현상에 대한 워터스의 한탄을 이해했다. "저는 지금 채소밭에 앉아 있어요. 이 아름다움은 굳이 무언가를 골라야 할 필요도 없이 제게 자양분을 공급합니다." 그녀가 말했다.

하지만 식품 시스템에 대한 워터스의 비전은 앞으로의 세계에는 부적합할 수 있다. 기후변화를 겪는 동시에 갈수록 증가하는 인구에 안정적으로 식량을 공급하기가 어렵기 때문이다. 더 심각해지는 가품, 더 큰 허리케인, 증가하는 홍수의 영향으로 인해 농지가 전 지구적 변화를 겪을 것이다. 온난화가 심화되면서 식량을 재배하기에 좋았던 지역이 달라질 것이다. 예를 들어, 유엔식량농업기구의 2018년 보고서는 서아프리카와 인도를 포함한 일부 지역의 식량 수확량[3]이 3퍼센트가량 감소할 것이라고 발표했다. 한편 캐나다와 러시아의 일부 지역은 곡식을 재배하기에 가장 적합한 장소로 변할 것으로 전망했다.

아직은 먼 이야기라며 이런 변화를 쉽사리 무시할 수도 있지만, 워터스의 본거지인 캘리포니아는 식량 재배 사업이 어려워지는 변화를 수없이 직면했다. 지역사회가 책임감 있게 식량을 자급하려는 노력을 방해하는 요소가 증가하는 현실은 말할 것도 없다. 주 정부는 더 빈번하고 심각한 가뭄, 시에라 산맥의 눈 더미에 저장된 수자원의 감소, 농작물에 큰 피해를 주는 해충의 증가, 폭염의 심화, 과일 재배에 필수 요소인 서늘한 시기의 감소 등을 예상한다. 캘리포니아 농림부는 현재 농부, 목장주, 식품 가공업체와 협력하여 앞으로 닥칠 위험[4]을 교육하고, 미래의 문제를 견딜 수 있는 잠재적 전략을 구상하는 중이다.

워터스의 계획은 엄선된 몇몇 지역사회에서는 잘 실행될 수도 있다. 하지만 시간이 충분하지 않다. 공장식 육류 생산 시스템을 탈피해 지역에서 소, 닭, 돼지를 키우는 체제로 바꾸려는 시도에는 장벽이 너무 많다. 그사이 어딘가에 있을 해결책을 저스트의 실험실 같은 곳에서 발견할 수도 있다고 나는 믿는다.

그렇다고 해서 세포배양육의 위험성이나 단점에 대한 경계를 늦

취도 된다는 뜻은 아니다. 젊고 진취적인 스타트업들이 지나치게 이상적인 걸 수도 있다. 그들이 언젠가 기업형 동물농장 시스템에 타격을 입혀도, 결국은 알지 못하는 식품의 실체를 다른 식품으로 교환할 뿐이다. 타이슨푸즈를 믿든 아니면 저스트를 믿든, 사람들은 여전히 비밀스럽고 기계적인, 인간미 없는 식품 생산 시스템에 의존할 것이다. 앨리스 워터스의 공동체를 위한 정원과 현실은 거리가 있을 수밖에 없다.

오늘날 기업형 동물농장 시스템은 예전과 마찬가지로, 아니 오히려 더 불투명하다. 놀랍게도 그들은 예방과 치료를 목적으로 항생제를 사용한다. 이들 사업체 대부분은 소유주의 동의 없이 농장 운영을 촬영하는 행위를 금지하는 소위 '어그개그 법안ag-gag laws'을 지지한다. 그리고 노동자가 동물을 잔인하게 다루는 행위를 묵인한다.

마찬가지로 세포배양육을 내세우는 회사들은 지식재산이 노출되지 않도록 보안을 철저히 유지한다. 세포배양육 마케팅 영상에는 원기 왕성한 어린 병아리가 우아하게 돌아다닌다. 도살의 공포에서 해방되어 우거진 수풀을 자유롭게 넘나드는 장면 뒤로 과학자가 현미경을 들여다보는 희망적인 모습이 등장한다. 그동안 해설자는 제품을 현실화하는 데 도움이 되는 장점만을 모아 달콤한 설명을 이어간다.

하지만 저스트의 배양액에 정확히 무엇이 들어 있는지 우리로서는 알 수 없는 현실이다. 연구원의 하얀색 가운과 무균 실험실 벽 뒤에는 자유롭게 접근할 수 없는 절대적인 제약이 있다. 설령 이 회사의 생산 공정을 직접 들여다볼 수 있다 하더라도, 완전히 이해하기 위해서는 최소한 과학 분야의 석사 학위가 필요하다. 그렇다 하더라도 이런 이유 때문에 세포배양육을 아예 포기해야 하는 것은 아니다. 집에 불을 밝히기 위해 전기기술자가 될 필요는 없다. 이 기술이 단지 기존 산업을 붕괴시키기 위한 상상 속의 발명품이 아님을 기억하자. 이 기술의 본질은 식품이다. 마침내 식탁 위에 올려 실제로 먹기 전에 식품이 어떻게 만들어지는지 얼마만큼 머리를 감싸 쥐고 고민해야 할까? 적어도 우리는 배양육 업계에 투명성을 최대한 기대하고 요구할 수는 있어야 한다.

식품 기술의 한계를 뛰어넘는 기업가, 과학자, 활동가는 종종 이 발명품을 단지 하나의 기술이라고 말한다. 때로는 이 새로운 식품의 깊은 의미와 종교적 신성함을 아예 모르는 것처럼 대한다. 놀라운 과학적 진보로서, 기존 육류산업을 붕괴시킬 수 있도록 완벽하게 설계됐고 그 과정에서 환경을 위한 일을 놀랍게 해내겠지만, 가슴속 깊은 곳에서는 이런 미사여구가 불편하다. 이런 느낌은 2018년 8월 임파서블푸즈의 CEO인 팻 브라운Pat Brown과의 토론에서 마치 아픈 엄지손가락처럼 두드러졌다. 그의 회사는 세포배양육을 만들지 않는다. 브라운은 대중에게 비교적 더 설득력 있는 식물성 햄버거를 판매한다. 하지만 그뿐만 아니라 세포배양육 업계의 많은 사람 역시 식품을 단지 기술로만 보는 그의 관점을 지녔다고 생각하면 나는 불안해진다.

브라운은 이제 성인이 된 그의 자녀들이 임파서블 버거가 시장에 나올 때까지 평생 고기를 먹어본 적이 없다고 말했다.

"이걸 고기라고 부를 수 있을까요?" 나는 앞에 놓인 버거를 옆으로 밀어내며 물었다. 이 식품의 주요 성분은 코코넛 지방, 밀, 감자 단백질, 철분 함유 분자인 환원 헤마틴°을 생산하기 위해 유전적으로 조작한 효모 등이었다. 재래식 육류나 세포배양육 같은 동물 세포는 함유되어 있지 않다.

"물론입니다." 브라운이 대답했다. "제 말은, 동물은 우리가 지금까지 고기를 생산하기 위해 일종의 기술로 사용해온 생명체입니다. 고기는 맛이나 식감, 영양, 효용 등과 같은 요소에 따라 정의되는 식품입니다. 고기에서 가치있게 여겨지는 부분은 생산 방식이나 과정과는 아무런 상관이 없습니다. 소비자는 그저 동물에게서 고기가 나온다는 사실만 피상적으로 인식합니다. 만약 고기와 부합하는 가치가 있는 식품을 소비자를 위해 생산할 수 있다면 그것만으로 충분합니다. 당연히 고기라고 부를 수 있죠."

나는 잠시 말없이 앉아 있었다.

"그렇다면 궁극적으로는 생물학적인 분자 차원의 문제가 아니란 말인가요?" 내가 물었다. "현미경으로 들여다봐야 할 문제가 아니라 사람들이 무엇을 경험하느냐에 따라 고기의 정의가 달라진다는 말입니까?"

"어떤 기능을 하느냐의 문제입니다." 그가 말했다.

먼저 밝혀둬야 할 사항이 있다. 임파서블푸즈를 포함한 식물성 고기 제조사는 그들의 제품이 재래식 고기와 유사하다고 주장하지

●   헤모글로빈의 색소 성분.

만, 실제로는 여전히 맛이나 심지어 입안에서 느껴지는 식감마저 진짜 고기와 다르다. 어떤 측면에서 따져봐도 아직은 아니다. 식물성 버거 패티와 소시지를 출시했지만, 전 세계 인류가 수백 년 동안 향유한 고기 요리의 수많은 별자리 속 아주 작은 반점에 불과하다. 고기 대체식품은 첨단 공학보다 더 복잡하고 화려한 산업 기기를 이용해 맛과 질감을 흉내 낸다. 더 중요한 것은 이 새로운 제품을 만드는 과정이 여전히 업계 내부의 비밀이라는 점이다. 무엇보다도, 치즈버거에 들어가는 고기를 극비 조건에서 배양한 고기로 대체하더라도 여전히 일반 소비자는 배양육을 알 수 없는 이질적 식품 시스템의 부산물로 여긴다는 점이 가장 중요하다.

상큼한 고급 캐비아를 먹을 만큼 돈이 많든 아니면 감자밖에 먹을 수 없는 형편이든 간에, 모든 사람은 같은 방법으로 음식을 섭취한다. 배고픔을 달래는 일에는 우리 모두가 평등하다. 그리고 그 때문에 인간과 음식은 매우 친밀할 수밖에 없다. 몇 세대에 걸쳐 전해져 내려온 어느 가족의 바비큐 레시피나, 브라질에서 온 모코mocotó,[•] 크로아티아에서 온 파슈티카다pašticada^{••} 혹은 어머니가 가르쳐준 냄비 로스트 레시피까지 전수받았다면 말할 나위가 없다. 레스토랑, 식료품점에 제품을 출시할 세포배양육 스타트업은 친환경적인 인공 고기 조각이 인류의 요리 문화에 미칠 영향에 대한 중요한 의문을 해결해야 한다. 이 식품은 코셔이며 할랄일까? 세포배양육으로

•   우족 요리.
••   프랑스식 소고기 스튜.

세대에 걸쳐 전수된 레시피를 따라 바비큐를 만들 수 있을까? 줄리아 차일드Julia Child의 유명한 소고기 부르고뉴도 만들 수 있을까? 이제 시작하는 업계가 고기를 즐기는 사람들을 적극 설득하려면 이 질문에 해답을 찾는 일이 무척 중요하다.

음식엔 특별한 문화적 의미가 있다. 그래서 재래식 육류 생산 시스템을 재구성할 길을 찾는 업계는 이런 문화적 접점에 주의를 기울여야 한다. 최종적인 성공 여부는 바로 여기에 달려 있을 수 있다.

음식에 대한 브라운의 관점, 단지 기능의 합계만으로 가치를 평가하는 것은 무척 슬픈 일이다. 흥미롭지도 않고 지루하며 너무 단순하다. 음식 역사가이자 작가인 세라 로먼Sarah Lohman은 이렇게 말한 적이 있다. "어떤 음식이든 영양분을 제공하는 기능에만 중점을 둔 이야기는 매우 지루합니다. 이를 최고로 잘 표현한 말이 '섹스는 단지 아기를 만드는 방법일 뿐'이라는 비유입니다."

그래도 세포배양육의 장단점을 곰곰이 따져보니 거부할 이유를 찾기가 무척 힘들었다. 나는 세포배양육과 세포배양육을 생산하는 회사에 최대한 신중하게 접근했다. 이 고기를 현실화하기 위해 기술적, 과학적 난제를 극복하는 데는 엄청난 노력이 필요하다. 전 세계에 지뢰밭처럼 깔린 관련 규제를 피해 가는 일 또한 쉽지 않다. 하지만 아마도, 세포배양육 회사로서 가장 해결하기 어려운 문제는 '고기라는 식품과 오래된 역사적 관계로 생성된 현재의 음식 문화 사이에 어떻게 끼어들어야 하는가?'이다. 인류의 전통 음식 문화와 조리법을 적용하여 사람들이 받아들일 수 있는 고기 복제품이 만들어진다면, 기존의 기업형 동물농장 시스템이 끼쳐온 환경 피해를 줄이거나 마침내 완전히 없앨 수도 있다. 이런 기회를 받아들이지 않는 것은 인류에게 큰 낭비가 아닐까?

세포배양육에 깊이 몰두했을 때, 나의 할머니는 어떻게 반응할지 궁금했다. 어린 시절 사촌들과 무리 지어 다니며 할머니의 아늑한 부엌을 벌집 쑤셔놓듯 질주하고, 잘 정돈된 방들을 헤집고 다니다가 어른들에게 혼이 나 밖으로 쫓겨난 기억이 아직도 생생하다. 소란스럽던 순간에도 어디선가 풍겨오던 음식 향기를 아직도 또렷이 기억한다. 할머니의 집에는 항상 레인지가 켜져 있었고, 무언가가 끓어오르거나 튀겨졌으며, 많은 음식에 고기가 들어갔다.

막상 세포배양육을 설명하려 하자 할머니는 영문을 모르겠다는 눈빛으로 다른 이야기를 하고 싶어 했다. 놀랍게도 재래식 소고기의 다짐육 냄새가 예전과 어떻게 다른지 불평을 늘어놓기 시작했다.

"화학물질 냄새가 나." 그녀가 말했다. 그러면서 현대의 산업용 육류 가공 기계가 고기를 처리하는 과정에서 문제를 일으킨다고 확신했다. 요즘은 소고기 대신 들소고기가 더 낫다는 설명도 덧붙였다. 향기도 더 고기 같고 맛도 좋다고 했다. 할머니가 취향에 맞춰 고기를 선택하려는 적극적인 모습을 보고 있으려니, 세포배양육의 첫인상이 좋다면 기회를 얻을 수도 있겠다는 생각이 들었다.

몇 달 뒤 켄터키주 레이윅 시골에 있는 할머니 댁을 다시 찾았다. 책 쓰는 일을 이야기하는 동안 할머니는 막내딸 폴라 고모와 함께 저녁을 만들었다.

"그래서 그 고기를 살 마음이 있으세요?" 내가 물었다.

할머니는 주방 조리대에서 치즈를 갈고 있었다. 고모는 거품이 이는 빨간 소스를 나무 숟가락으로 휘저었다.

"자꾸 새로운 고기에 관한 생각이 머릿속에서 떠나질 않는구나." 고모가 대답했다. "모양은 어떻게 생겼니?"

저스트에서 먹어본 푸아그라와 멤피스미츠의 치킨 텐더, 알레프 팜스에서 생산하는 얇은 스테이크를 기억나는 대로 자세하게 설명했다. 할머니는 돌아서서 조리대에 기대 미간을 찌푸리고는 납득할 수 없다는 듯 천천히 고개를 저었다.

"그래도 나는 진짜 고기를 먹고 싶구나." 그녀는 등을 돌린 채 혼자 되뇌었다.

"하지만 엄마도 일단 먹어보면 좋아할지도 모르지. 누가 알아?" 고모가 말했다.

"어쨌든 너무 비싼 것 같다." 할머니가 대답했다.

"만약 실제 고기보다 더 싸거나 같은 가격이면 어떨 것 같아요?" 내가 다시 물었다.

그녀는 잠시 말을 멈추고 가능성을 따져보듯이 고개를 한쪽으로 기울였다.

"만약 맛이 괜찮다면, 글쎄, 한 번쯤은."

할머니가 전반적으로 내켜 하지 않으리라고 이미 예상했었다. 하지만 만약 모양새나 맛이 괜찮고 가격이 기존 고기와 차이가 나지 않는다면 세포배양육을 한번 사볼 수도 있겠다고 고려하는 모습은 의외였다.

새로운 고기의 관건이자 핵심이 바로 이 부분이라고 생각한다. 만약 사람들이 이 고기를 기꺼이 먹어볼 의향이 있다면, 심지어 나의 할머니도 이를 먹어볼 마음이 있다면, 세포배양육 회사는 소비자층을 꽤 두텁게 구축할 수 있다. 많은 이가 저녁 식탁 위에 새로운 고기로 만든 음식을 올려볼까 하고 꽤 진지하게 고려할 것이다. 하지만 요리사를 비롯한 소비자가 익숙한 재래식 고기처럼 새로운 고기를 다루고 요리할 수 있어야 한다. 말로 표현하기는 쉬워도 실제로는 분명히 어려운 일이다.

고모의 두 아들인, 친척 중 가장 어린 사촌 동생들을 바라보는 동안 앞으로 10여 년간 이들이 어떤 음식을 먹고 자랄지가 몹시 궁금해졌다. 어떤 레시피가 그들에게 전해질지, 세포배양육이란 개념에 여전히 주춤할지 아니면 언젠가 그저 익숙한 식품이 돼서 상점에서 자연스럽게 구매할지 궁금했다. 지구라는 행성은 미래의 그들에게 어떤 모습일까.

이 책을 쓰는 과정에서, 고기를 대하는 나의 태도 역시 필연적으로 바뀌었다. 많은 사람에게 음식, 특히 고기는 과거부터 전해진 문화 유산의 일부다. 전통 유산이 도덕적 윤리와 충돌하면 어떻게 될까? 세포배양육 회사가 주장하는 장밋빛 전망과는 별개로, 나 스스로 지구를 잘 보존하는 훌륭한 거주자가 되어야 한다는 개인적 책임에 직면했다. 음식, 즉 고기를 먹는 일은 저녁 식탁에서 전통 식문화와 기후위기가 충돌하는 기묘한 삶의 영역으로 바뀌었고, 이 때문에 세상을 살아가고 상호작용하는 방식을 다시 한번 생각해봐야 한다는 압박감을 느꼈다. 맞닥뜨린 질문은 따지고 보면 사실 매우 개인적인 고민이었다.

20대 초반이 되어서야 나는 요리를 할 줄 안다는 것이 삶에 중요한 요소임을 깨달았다. 커밍아웃을 하고 얼마 지나지 않아 나는 많은 퀴어가 헤쳐나갔던 감정적 지뢰밭과 심리적 자기 수용의 단계를 겪었다. 자기 자신을 사랑하는 법을 배워가면서 경험을 나눌 수 있는 지지 그룹과 함께하고 싶다는 필요와 욕구를 자연스럽게 느꼈다. LGBTQ+ 커뮤니티는 이를 '자신의 가족을 선택하는 것'이라고 표현한다. 세상에서 악의 섞인 공격을 많이 받기 쉬운 퀴어에게 꼭 필요한 요소다. 심지어 오늘날에도 LGBT의 존재만으로 뒷걸음치는 사람이 많다. 자기 보호 행위는 사람마다 다르게 전개된다. 스스로 자신을 위한 가정을 꾸리는 일은 정말 독특한 경험이다.

나에게는 이 공동체를 찾는 행위가 내 세계의 중심에 놓인 음식, 요리와 관련이 있었다. 요리를 통해 중요한 메시지를 전하고 나를 표현할 수 있었다. 음식을 떠올리면 꽤나 감상적이게 되지만, 주방을 떠도는 향기와 혀에 남는 입맛이 우리가 누구인지, 어디서 왔는지를 드러내는 중요한 요소라고 생각한다. 음식과 얽힌 사연, 요리하는 행위, 요리하는 방법 등이 이전 세대와 우리를 연결하고 현재를 의미 있게 채색한다. 요리의 예술은 우리의 경험을 창조하기 위해 사용하는 물감이다. 내가 가정을 꾸리는 데도 요리는 큰 도움이 됐다.

워싱턴 D.C.에 사는 동안, 나는 정기적으로 작은 저녁 파티를 열었다. 파티의 테이블에 둘러앉은 사람들은 거의 모두 퀴어였다.

파티의 규칙은 간단했다. 저녁 식사에 여덟 명 이상 초대하지 않고, 모든 사람은 적어도 한 명의 새로운 사람을 만나야 했다(주최자 포함). 좌석이 정해지면 내가 모든 요리를 했고, 손님은 와인을 가져왔다. 매번 세심하게 계획하여 저녁 요리를 하려 했지만 피할 수 없는 불상사는 일어나기 마련이었고, 즉흥적인 대처로 새로운 예술을 만들었다. 식당 테이블은 누구도 침범할 수 없는 안전한 공간이 되었고, 우리는 평온한 시간 속에 경계심을 늦추고 자신을 나눌 수 있었다. 요리는 내 창의력의 결과였다. 이 과정에서 나는 자신감을 되찾고, 깊은 속내를 친구들과 나눌 수 있었다. 요리는 스스로를 돌보는 방법이었다.

그러다가 뉴욕으로 이사했다. 모든 것을 줄여야 하는 비싼 도시였다. 일단 식탁이 사라졌다. 그렇지만 저녁 파티를 멈추지 않았다. 주변 정리가 되자 집에 새로운 친구들을 초대해 접이식 식탁에 촘촘히 앉았다. 초라한 식탁이었지만 집에서 만든 요리와 와인, 양초, 반짝반짝 빛나는 식기의 무게에 행복하게 짓눌렸다.

파티의 시작에서 고기는 중요한 역할을 했다. 나는 소고기 부르고뉴를 준비했다. 양념장에 몇 시간 동안 재운 닭고기를 그릴에 구웠고 시험 삼아 양고기 요리도 시도했다. 어릴 적 보모의 레시피를 배워와서 끓는 물에 신선한 콩을 요리하여 베이컨과 함께 곁들였다.

하지만 기후위기를 경고하는 과학자의 말에 주의를 더 많이 기울이면서, 세포배양육 회사를 더 깊이 조사하면서, 행성의 착한 거주인이 되기 위한 작은 방법으로, 마침내 내 습관을 바꿔야만 한다는 결단이 분명해졌다.

이제 주방 밖의 농업 현실을 인정해야 한다. 책임감 있고 양심적인 식품 소비자가 되는 일은 기후위기의 원인인 인간의 역할에 주의를 기울이지 않고서는 불가능하다. 지구에서 온실가스 배출의 최소 14퍼센트가 기업형 동물농장에서 비롯되는 현실로 인해, 세상의 요리하는 모든 사람은 자신과 사랑하는 이들에게 무엇을 먹일지 결단을 내려야 한다. 그 결과로, 나는 고기를 사고 요리하고 함께 먹는 것에 관한 윤리적 질문에 답하려고 노력했다.

쉽지 않은 일이었다. 그러는 동안 내가 요리하는 시간은 점점 줄어들었다.

물론 음식에 접근하는 방법을 재창조해야 한다는 점만은 분명했다. 온전히 식물성 재료로만 식사를 준비하는 것도 흥미롭지만 힘든 일이었다. 많은 이들처럼 나 역시 식탁 중앙에는 주연 배우로 고기 요리가 자리를 차지하고 과일과 채소가 조연으로 곁들여지는 커다란 무대에서 자랐다.

만약 고기가 사라진다면 식사의 의미는 본질적으로 어떻게 달라질까? 고기를 식탁에 올리는 것이 윤리적일까? 고기의 익숙한 향과 맛이 모두 사라지고 브로콜리, 호박, 가지, 고구마 등이 식탁 위에서 퍼레이드를 벌이는 만찬을 주최하고 싶은 욕구가 생길까?

랍비 체를로부터 할머니와 나까지, 많은 이가 이런 질문에 직면했다. 어떻게 우리 식탁의 과거와 미래를 잘 조화시킬 수 있을까? 이런 큰 질문에 사로잡혀 있더라도 좋은 일이고, 작은 변화를 고민하는 것도 발전이다. 나는 소고기와 돼지고기를 먹지 않고, 닭고기 섭취도 줄였다. 책임 있는 자세로, 연어처럼 양식 생선을 더 많이 먹었다. 시간을 두고 이 식습관을 더 개선할 생각이다. 대개는 고기를 먹는 횟수를 일주일에 한두 번, 아니면 더 많이 줄이는 방법을 택한다. 궁극적으로 무엇을 요리하고 먹을지는 개인이 결정한다. 우리는 모두 각자 가치관이 다르다. 하지만 언젠가 이 모든 걱정이 혁신적인 기술 발전으로 인해 사라진다고 생각하면 무척 흥분된다. 그러면 미래를 걱정할 필요 없이 과거와 현재를 연결해나갈 수도 있을 것이다. 확실히 나는 환경을 오염시킨다는 죄책감 없이 어머니가 전해준 레시피로 고기 요리를 해 먹는 날이 오기를 바란다.

1846년 에이브러햄 피니우 게스너 Abraham Pineo Gesner는 등유를 발명해 수많은 고래의 생명을 구했다. 그 전에는 가로등을 밝히는 기름을 구하기 위해 해마다 셀 수 없이 많은 고래가 희생당했다. 1908년 헨리 포드는 자동차를 발명해 말을 이용하는 운송 수단을 구시대의 유물로 만들었다. 두 사람 모두 동물권 활동가도 아니었고 기후변화에 관해서도 생각이 없었다. 둘은 매우 다른 환경에서 살았고 분명 현재의 우리와도 달랐다. 그런데도 그들의 성취는 미래로 나아가는 데 누구도 부정할 수 없을 만큼 커다란 역할을 했다. 세포배양육을 내놓겠다는 약속은, 조시 테트릭이나 우마 발레티, 마크 포스트, 또 다른 용감한 기업가 중 어느 누가 결실을 내든, 우리가 희망을 품고 미래를 기대하게 한다. 비록 지금은 이런저런 이해관계와 온갖 비밀에 휩싸여 있더라도 말이다.

3세기 전에 랍비 하임 이븐 아타르는 음식에 대한 근본적인 질문, 즉 우리가 바꿀 수 있는 것과 바꿀 수 없는 것에 관해 자문했다. 이제 세포배양육의 출현으로 고기가 우리 삶에 어떤 역할을 하고 있는지 되돌아봐야 한다. 우리가 처한 현실 때문에 육식을 하려는 욕망을 포기해야 할까? 아니면 고기를 먹고 싶다는 인간의 욕망이 현실을 변화시킬까? 우리는 기존의 육식에서 벗어나 지구를 더 건강하고 지속 가능하게 지켜낼 수 있을까? 아니면 같은 품질의 대체품을 성취하려는 노력을 통해 고기를 대하는 자세를 바꿀 수 있을까?

한 가지는 확실하다. 음식과 관련해, 지금은 매우 중요하고 독특한 순간이다. 우리가 마주한 음식 시스템의 변화와 모든 세포배양육 운동은 바라는 미래를 만들 기회를 포착한 열정 넘치는 사람들로 힘을 얻고 있다. 주목할 만한 성취면서도 무척 특이한 현상이다. 그들이 희망 속에 꿈을 이루도록 잘 도울 수 있을지는, 오늘 무엇을 먹을지에 대해 앞으로 얼마나 사려 깊은 의사결정을 할지에 달려 있다.

식탁 차리기

14

"왠지 불안하구나." 어머니가 말했다.

어머니와 함께 가파른 층계 꼭대기에 다다랐을 때 나는 몸을 돌려 힘찬 미소를 지었다.

"걱정할 것 없어요. 정말로." 어머니를 안심시키려 했지만 효과는 별로 없어 보였다.

어머니는 나와 세 남매를 키운 켄터키주 루이빌의 평범한 일상을 갑작스레 벗어나 저스트를 방문했다. 긴장하는 것은 당연했다. 누구에게든 실리콘밸리의 푸드테크 회사에 발을 들여놓는 기회는 흔하지 않으니 말이다. 곧 패기 넘치는 젊은 CEO를 만나 대화를 나누고 멸균 실험실을 돌아볼 터였다.

검소하게 꾸며진 대기실로 들어섰다. 나는 소파에 주저앉았고 어머니는 큰 창문으로 다가가 폴섬 거리를 내려다봤다. 바깥 날씨는 축축하고 쌀쌀했다.

저스트의 대변인인 앤드루 노예스가 구석진 곳에서 나타나 미끄러지듯 방으로 들어왔다.

"안녕하십니까! 저스트에 오신 걸 환영합니다." 그가 어머니에게 손을 내밀며 말했다.

핸드백 끈을 어깨 위로 끌어당긴 어머니는 그와 악수하고 미소를 지었다.

어머니는 루이빌에서, 나는 뉴욕에서 출발했다. 우리는 대륙을 가로지르는 서로 다른 비행기를 타고 전날 저녁 샌프란시스코에 도착했다. 세포배양육 취재를 시작한 지 거의 2년이 지난 때였다. 세포배양 푸아그라와 초리소 타코를 시식하기 위해 저스트에 처음 발을 들인 날로부터 역시 2년이 흐른 뒤였다. 2019년 추수감사절을 맞이하는 화요일인 오늘 테트릭이 우리에게 점심을 대접할 예정이었다. 어머니는 미래의 잠재적 소비자를 대표하는 자격으로 초대받았다.

사실, 나 또한 신경이 쓰이기는 마찬가지였다. 내 식생활에 어머니만큼 많은 영향을 끼친 사람은 없었다. 마이클 폴란의 책이 나오기 훨씬 전부터, 어머니는 설탕과 소금 범벅인 포장 식품 섭취를 피하고, 과일과 채소를 가까이하도록 가르쳤다. 고기를 어디서 구하고 어떻게 주의 깊게 다뤄야 하는지를 알려줬고, 알맞게 먹는 방법 또한 다른 무엇보다 중요하다고 가르쳤다. 내가 식료품점의 통로에서 시간을 들여 식품에 붙은 라벨을 세심히 살피는 것은 어머니 덕분이다. 나를 비롯해 미국 인구 전체를 먹여 살리고 싶어 하는 회사에게 완전한 투명성을 기대하는 이유도 어머니에게서 비롯되었다.

이 책을 쓰는 과정에서 세포배양육에 관해 어머니와 몇 번 대화를 나누었는데, 그때마다 어머니의 반응은 대부분 회의적이었다. 자연을 유사하게 모방했다는 점 또는 자연 그 자체가 아니라는 사실이 경고음을 울린 것 같았다. 살아 숨 쉬는 동물을 고기 생산 방정식에서 완전히 제거하는 것은 일반적으로 호기심을 불러일으키기보다는 눈썹을 찌푸리게 만드는 아이디어였다.

푸드테크 기업이 많은 사람을 배양육으로 끌어들이기를 원한다면, 바로 우리 어머니 같은 사람이 음식을 먹어보도록 꼭 설득해야 했다. 크로거나 홀푸드마켓과 같은 체인점에서 식품을 쇼핑하고, 조심스럽게 고기를 고르며, 품질과 가격의 균형을 맞추려 애쓰던 네 아이의 어머니. 어머니는 특히 도살되기 전 학대받은 동물에게서 나온 고기는 아닌지 눈여겨보고, 집에 돌아오면 고기를 어떻게 다뤄야 하는지, 고기에 식중독을 일으킬 수 있는 병원균은 없는지 세심히 살폈다.

음식을 대하는 어머니의 태도는 대개 테트릭보다 앨리스 워터스에 가까웠다. 농산물을 쇼핑할 때면 생태학적 균형과 식품 시스템 내의 생물 다양성 보존을 돕는 유기농 기준에 맞춰 재배한 과일과 채소를 찾았다. 나의 어린 시절, 부모님은 육류 업계에 대한 깊은 회의감으로 블랙 앵거스* 암소 두 마리를 직접 사육하며 고기를 얻기로 결정했다. 당시 너무 어렸던 나는 집안일이 늘어나서 짜증만 날 뿐 집에서 왜 직접 소를 키우는지 이해할 수가 없었다. 지금 생각해보면 정말 합리적인 선택이다. 우리 가족은 소가 무엇을 먹는지 확

---

* 스코틀랜드 원산지의 육우 품종이자 미국 소비자가 요리하기 위해 흔히 구매하는 소의 품종.

인하고 싶었고, 가족의 먹을거리를 직접 관리할 수 있는 통제권을 회복했으며, 육류 업계의 투명하지 않은 생산 시스템에 관한 우려를 해결했다. 우리 가족은 선택할 수 있는 특권을 누렸다. 물론 모든 사람이 우리처럼 할 수는 없다.

몇 년이 지난 뒤 우리 가족은 다시 식료품점에서 고기를 샀다. 소를 먹이고 기르는 것은 쉬운 일이 아니었다. 호기심이 많고 장난이 심해 때때로 울타리 밖으로 도망갈 방법을 찾아내는 소들을 찾아 우리 가족은 정신 없이 마을을 헤집고 다녔다. 하지만 이론적으로는 우리가 먹을 식품을 생산하는 회사에 위임한 권한을 스스로 되찾을 능력을 항상 유지해야 옳다. 상당한 투자를 했음에도 부모님은 일말의 후회도 하지 않았다.

어머니는 음식을 전문적으로 배우려는 집념이 강해서, 20년 이상 미용사로 일하신 뒤 학교로 돌아가기로 결심하고는 영양학을 공부했다. 저녁 시간을 쪼개서 대량영양소와 미량영양소의 기능, 인체와의 상호작용 등 복잡한 생화학 지식을 파고들었다. 그녀는 현재 공립학교 식당에서 영양사로 일하며 매일 아이들에게 먹일 음식을 관리한다. 즉 규모가 있는 식품 공급 시스템이 어떻게 작동하는지를 가까이서 바라보는 위치에 있다.

쉬운 선택은 아니었다. 유기농 식품은 다른 일반 제품보다 최대 30퍼센트까지 더 비쌌다. 소를 기르는 것은 영양학적 신념을 바탕으로 상당히 헌신해야 하며 육체적으로도 무척 힘든 일이었다. 그리고 어려운 영양학을 공부하기 위해 학교로 돌아간 결심에는, 언제나 개입하기 어려운 식품 생산 시스템 내에서 윤리적 선택을 할 수 있는 최선의 방법을 알아내고, 기존 틀에 얽매이지 않으려는 투지, 패기, 흔들리지 않는 깊은 결단이 필요했다.

만약 어머니가 끝내 배양육 소비와 섭취에 부정적이라면, 결과적으로 테트릭은 소비자의 반응을 두고 우려할 수밖에 없다.

점심 식사 전에 노예스의 안내를 받아 저스트 본사를 견학한 뒤, 우리는 식물 도서관으로 향했다. 오래전에 한 번 방문했던 곳이다. 벽에 천장까지 닿은 선반이 가득했다. 선반 위에는 전 세계에서 채집한 식물 표본이 빼곡히 전시되어 있었다. 저스트의 과학자들이 채취한 고품질의 단백질 시료들이다. 어머니는 녹두 표본이 전시된 도서관 중앙을 향해 걸음을 옮겼다. 식물성 액상 달걀의 주성분을 얻은 식물로, 회사에 결정적으로 기여한 표본이었다.

어머니와 나는 노예스를 따라 저스트 본사의 1층 모퉁이를 지나 계단을 올라갔다. 나도 아직 가본 적이 없는 곳이었다. 2019년 봄에 완공된 최신 세포배양육 실험실이었다. 커다란 유리문 뒤로 하얀 실험실 가운을 입고 보호안경을 쓴 과학자 두 명이 무언가에 집중하고 있었다. 실험실 안에는 데스크톱 컴퓨터와 현미경, 정체 모를 액체가 든 작은 플라스크 여러 개를 내부에서 자동으로 회전시키는 커다란 온도조절 저장장치가 보였다. 아마도 미세한 세포가 작은 고기 표본으로 자랄 때까지 반복해서 증식시키는 모양이었다. 이 연구소는 세포배양육의 최종적인 상품화를 목표로 연구 개발에 전념하는 중이다. 위층에 있는 예전 실험실은 테스트 키친으로서, 식품 엔지니어가 세포배양육으로 만들 수 있는 최상의 레시피와 상품 개발을 하는 데 주로 쓰이는 공간이다.

어머니와 나는 계단을 올라 복도를 지나간 뒤 넓고 탁 트인 저스트의 중추부 사무실로 안내를 받았다. 노예스는 이 회사의 세포배양 부서장인 비토르 에스피리투 산투가 동료와 함께 앉아 있는 사무실의 중앙으로 우리를 이끌었다. 그는 세포에서 고기가 생산되는 과학적 원리와 업계가 직면한 도전, 최근 몇 달 사이에 회사가 이뤄낸 진전 등을 설명했다.

노예스의 어깨 너머로 상품 개발에 분주한 테스트 키친을 바라봤다. 네이트 파크Nate Park 셰프가 작업 공간 여섯 곳 중 한 곳을 차지하고 바쁘게 일하고 있었다. 파크는 시카고에서 미슐랭 스타를 받은 레스토랑 모토Moto에서 일했었다. 분자 요리를 포함한 첨단 메뉴로 유명한 곳이었다. 유행에 민감하고 호기심 많은 미식가가 식용 종이와 탄산 과일 등 신기한 메뉴를 체험하기 위해 줄을 설 정도로 인기가 많은 식당이었다.

노예스에게서 아침 일찍 문자메시지로, 파크가 손글씨로 쓴 점심 메뉴를 찍은 사진을 받았다. 먼저, 구운 치킨 샐러드가 애피타이저로 나오고 프라이드치킨이 앙트레entrée•로 이어졌다. 테트릭이 문 뒤쪽에서 나타나더니 식사 준비가 마무리됐다고 손짓으로 알렸다.

나는 어머니를 바라보고 미소를 지었다. 어머니는 한결 여유로운 태도로 에스피리투 산투의 설명을 열심히 들었다. 세포배양육의 제작 과정과 결과물을 보는 눈빛에 호기심이 가득했다.

"준비됐어요?" 내가 물었다.

• 서양 만찬에서 생선 요리와 로스트 사이에 나오는 요리.

테트릭이 어머니와 인사한 뒤 우리 셋은 주방으로 발걸음을 옮겼다. 한쪽 면을 따라 의자 세 개가 놓인 직사각형 테이블이 우리를 기다리고 있었다.

테이블 주위에 앉자 테트릭이 어린 시절 기억을 꺼냈다. 나는 전에 들어본 적 있는 이야기였다. 그가 평소에 회사 업무와 바깥 세계를 연결하는 방식이었다.

"저는 남부 앨라배마에서 자랐습니다." 테트릭이 말했다. 그리고 허니 머스터드 소스가 함께 나오는 특대 닭튀김을 주문한 어린 시절의 장면을 생생하게 기억한다고 말했다. 그러면서 뚜껑이 덮인 스티로폼 상자를 건넸다. "저는 자라면서 누구 못지않게 고기를 많이 먹었습니다. 이제는 사람들이 아무런 윤리적 고민 없이 고기를 먹을 수 있는 방법을 찾아내야 한다고 믿습니다."

"맞는 말이네요." 어머니가 말했다. 그녀는 무릎에 놓인 지갑을 움켜쥐었다. 곧 경험할 일을 긴장하지 않고 받아들이려고 애쓰는 모습이었다. 테트릭이 말을 이었다.

"세상에 아무런 해를 끼치지 않는 고기를 앨라배마의 소년들에게 먹일 수 있습니다." 파크가 테이블에 다가오더니 첫 번째 요리가 담긴 접시를 내려놓았다.

작고 동그란 브리오슈를 8개 올린 구운 치킨 샐러드였다. 닭고기를 네모 모양으로 작게 썰어서 셀러리, 피칸, 딜,* 후추, 소금을 섞고 저스트의 비건 마요네즈를 뿌린 뒤 버무렸다. 나는 닭고기 하나를

---

* 허브의 일종으로 진정 효과가 있음.

집어 들고 자세히 살펴본 뒤 입에 넣었다. 기대하던 닭고기의 식감이었다. 양념 맛이 다소 진했지만 기대에서 크게 어긋나지는 않았다. 어릴 적 어머니가 만들어주던 치킨 샐러드 맛이 났다.

옆에서 어머니가 맛을 보자마자 모양새와 맛을 수긍한다는 표정을 지었다. 테트릭이 식료품점에 놓여 있는 일반 고기보다 더 싸고 품질 좋은 배양육을 만들겠다는 목표를 설명하는 사이, 어머니는 한동안 입을 오물거리면서 식사를 계속했다.

"좀 어떻습니까?" 그가 어머니에게 물었다.

"맛있어요." 그녀의 목소리에서 열정 같은 온기가 느껴져 나는 잠시 당황했다. "이 요리의 레시피를 좀 얻을 수 있을까요?"

"오히려 제가 어머니의 레시피를 필요로 합니다!" 테트릭이 말했다.

"정말 고기 맛이 나요." 어머니가 말했다. "닭고기 맛이 나요. 이건 진짜 말 그대로 닭고기예요."

네이트 파크가 조리 공간에서 나와 테이블로 다가왔다. 이번에는 갓 구운 비스킷과 비건 허니 버터가 조금 담긴 접시를 가지고 왔는데 메인 요리로 프라이드치킨이 나올 모양이었다. 그는 비어가는 우리 접시를 내려다봤다.

"어떻습니까?" 그가 물었다.

"대단해요." 테트릭이 말했다. "정말 멋져요!"

"정말 좋네요." 어머니가 파크에게 말했다. "요리하기는 쉬웠나요?"

그는 몸의 무게중심을 다른 쪽 발로 옮기더니 손을 들어 턱을 문질렀다.

"평생 치킨 샐러드를 만들었지만 세포배양 닭고기로 치킨 샐러드를 만든 적은 없었습니다." 파크가 말했다. "이 고기를 굽는 일은 완전히 색다른 경험이었습니다."

저스트에서 일을 시작하며 파크는 주로 만들기 쉬운 치킨너깃 같은 가공육 제품에 집중했다. 그러다 테트릭이 중국과 싱가포르 시장에 새롭게 진출하자 파크는 해당 지역으로 출장을 다녔다. 아시아 전역에서 관심을 보이는 담당자들에게 세포배양육 개념을 전하려고 노력했다. 그러는 과정에서 대개 이런 첫 질문을 받았다. "바짝 튀겨야 하겠네요?"

"그렇지는 않습니다." 그가 우리를 바라보고 미소 지으며 말했다. "꼭 그럴 필요는 없습니다."

방금 먹은 음식의 조리 과정이 궁금해진 어머니는 파크에게 치킨을 어떻게 준비했는지 물었다. "양념장에 재워둬도 괜찮나요?" "아직은 그렇지 않습니다." "뼈가 있나요?" "아니요." "그릴에 뭔가를 바르거나 뿌렸나요?" 어머니의 호기심은 끊임이 없었다.

"다른 때와 마찬가지로 카놀라유를 약간 사용했습니다." 그가 말했다. "기본적으로 재래식 닭고기와 똑같이 다루시면 됩니다. 닭고기처럼 보이고 닭고기 맛이 납니다. 조리 방법도 똑같습니다."

그녀는 고개를 끄덕이긴 했지만 실험실에서 만든 고기가 어떻게 접시 위로 올라왔는지 여전히 이해하지 못하는 표정이었다. 이번 요리는 핑크빛 베이지색의 두꺼운 페이스트가 주재료였다. 닭가슴살처럼 보였다. 회사 자체의 배양액(현재 가격은 리터당 1~5달러 사이)

과 1,000리터 크기의 바이오리액터를 사용해 배양한 고기였다. 세포에 녹두를 섞어 더 확실한 형태를 갖췄다. 최종 제품의 성분 배율은 배양육 75퍼센트, 녹두 25퍼센트였다.

테트릭은 비유를 들어 이 프로젝트를 설명했다. 예를 들어 아이폰에 각기 다른 버전이 있는 것처럼 이 회사의 배양육도 단계별로 다른 종류의 상품이 있다는 식이었다. 우리가 시식한 것이 '1세대 배양육'이라고 설명했다. 파크는 조리 공간으로 돌아가 메인 요리를 준비했다. 테트릭은 어머니에게 집중했다. 어머니 역시 그의 말에 귀를 기울였다. 테트릭은 매일같이 육류산업의 미래를 헌신적으로 고민하는 업계 리더들과 교류했다. 지금은 업계의 성공 여부와는 별 상관 없는 사람 옆에 앉아 있지만. 그는 큰 소리로 켄터키주 루이빌 사람들이 세포배양육을 저지하는 이유를 물었다.

어머니는 잠시 대답을 하지 못했다. 도시 전체를 대표해서 대답한다는 생각에 불편해보였다. 그러더니 정확하게 내가 예상한 그대로 답했다. 나라도 같은 대답을 했을 것이다.

"사람이 만들어서 그렇겠죠." 그녀가 대답했다. "아마도 그런 이유일 겁니다."

"인공 닭이기 때문이라는 말이군요." 테트릭이 생각에 잠기더니 곧 쿡쿡거리며 웃기 시작했다.

"미안해요." 어머니가 말했다. "알다시피 이건 마치…."

입을 열기가 힘들었는지 어머니는 말을 멈췄다. 수백만 달러를 투자한 아이디어가 단지 용어 탓에 성공하기 어려울 것이라고 쉽게 말할 수 없었다. 어머니는 저스트의 배양육이 분자 수준에서도 실제 고기라는 사실을 믿었다. 직접 손으로 만져보고, 눈으로 보고 맛까지 보았다. 하지만 정서적 장벽은 어떻게 극복해낼 수 있을까? 불편한 분위기를 감지한 테트릭은 재빨리 그녀의 말을 수긍했다.

"저 역시 인공 고기를 먹고 싶지 않을 것 같습니다." 그가 말했다.

그는 언젠가는 세포배양육 업계가 재래식 고기와 맛이 똑같은 제품을 만들어낼 것이라고 말했다. 똑같은 질감을 만드는 일 역시 성공할 테고, 가격도 경쟁력을 갖추리라 자신했다. 하지만 고기란 동물을 죽여서 얻는 것이라는 확고한 선입견을 깨는 일은 힘겨운 도전이라고 말했다.

탁자 주위가 잠시 조용해졌다.

"그 점 때문에 갈수록 불안합니다." 그가 말했다. "완벽한 기술, 완벽한 맛 등 다른 것은 모두 실현할 수 있지만, 결국 루이빌 사람들이 그저 인공 닭으로만 받아들인다면 성공하지 못할 수도 있습니다."

놀랍게도 어머니는 그를 안심시키려고 애를 썼다.

"사람들이 경험하지 못한 새 제품이니까요." 그녀가 말했다.

어머니는 임파서블푸즈사의 버거와 비욘드미트사의 제품이 이제는 널리 받아들여졌다는 점을 상기시켰다. 그 제품들 역시 받아들여지기까지 시간이 걸렸다는 점을 강조했다. 지금은 인기를 끌고 있으며 사람들이 적극적으로 맛본다고 했다.

"이 제품 또한 그와 같은 과정을 겪겠죠." 그녀가 말했다.

파크가 이번에도 익숙한 냄새를 풍기는 요리를 들고 테이블로 다가왔다.

회색 접시에 얇게 썬 빵과 프라이드치킨이 놓여 있었다. 구운 콜

리플라워, 방울양배추, 주키니호박이 곁들여진 고구마 퓌레가 깔렸다. 전형적인 남부 가정식이 아니라 고급 레스토랑의 요리처럼 보였다. 테트릭은 우리 접시 위에 요리된 고기가 각각 약 100달러쯤 된다고 말했다.

고기를 보자 곧바로 2020년 초 멤피스미츠에서 시식했던 치킨 텐더가 떠올랐다. 실제 고기를 거의 그대로 구현한 멤피스미츠의 발전된 기술에 깊게 감명받았었다. 익숙한 고기의 질감이 그대로 살아 있었다. 지금 내 앞에 놓인 고기는 당시 경험과는 다른 제품이었다. 맛은 유사했지만 고기의 질감은 튀긴 닭고기보다는 두툼한 프리타타frittata*에 더 가까웠다.

"튀김옷 안을 잘라보니까 느낌이 어때요?" 나는 어머니에게 물었다.

"닭고기처럼 보이는구나." 그녀가 말했다.

"그럼 맛은요?"

"비슷한 맛이 난다. 닭과는 조금 다르지만 정말 가까운 맛이야. 그렇다고 나쁜 느낌은 아니고, 알지? 최고급 치킨 패티 맛이야."

그녀는 오른쪽으로 몸을 돌려 테트릭에게 맛이 어떤지 물었지만 그는 대답하지 못했다. 아까 어머니가 세포배양육을 '인공 고기'라고 표현한 것을 두고 여전히 고민하는 중이었다. 아마도 사람들이 그렇게 생각하는 이유는, 실제 세포배양이 진행되는 바이오리액터가 원인일 수도 있다. 만약 그 대신에 세포 채취를 더 부각한다면

• 달걀 물에 채소, 육류, 치즈 등의 재료를 넣어 만든 이탈리아식 오믈렛.

상황이 달라질 수 있을까? 테트릭은 궁금해했다.

저스트에서는 파타고니아의 암소와 마린 카운티의 앵거스 소고기 농장, 일본의 와규 소고기 농장에서 세포를 채취한다고 밝혔다. 만약 루이빌 사람들이 미래의 식료품점에서 세포배양육과 이 농장들을 연관 지어 마케팅한다면 어떨까? 꺼림칙한 선입견을 해소하는 데 도움이 될까?

어머니가 고개를 끄덕였다. 그럴 수 있으리라고 수긍했다. 테트릭은 계속해서 자기 생각을 이야기했다. "우리는 지금 이미 문화로 뿌리내린 기존의 패러다임을 부수려는 거잖아요. 전통적이고 정서적인 부분이죠." 그가 말했다. "우리 제품을 어떻게 소개해야 좋을까요?"

자연스럽게 제품 명칭과 라벨링에 관한 대화로 소재를 전환하는 질문이었다. 지금 우리가 먹는 것을 단순히 닭고기라고 부를 수 있을까? 테트릭이 자문하듯이 물었다. 그러더니 내게 탁자 위에 놓인 저스트의 식물성 액상 달걀이 담긴 병을 건네달라고 말했다. 그는 어머니를 향해 병을 치켜들고 중앙을 가리켰다. 라벨에는 단순히 '저스트 에그'라고 적혀 있었다. 다시 병의 아래쪽 구석을 가리켰다. 더 작은 글씨로 '식물성 스크램블'이라고 인쇄되어 있었다.

"엄밀히 말하자면 내가 사는 제품이 재래식 닭고기인지 아니면 세포배양 닭고기인지 알 수 있어야 한다고 생각해요." 어머니가 말했다.

"그런데도 '닭'이라는 이름을 붙여도 될까요?" 내가 물었다.

"공정할 수도 있다고 생각한다. 실제 닭의 세포에서 출발하니까." 그녀가 대답했다. "이건 닭 맞잖아."

테트릭이 손가락을 세우더니 병 오른쪽 아래에 있는 글자를 가리켰다. 내가 앉은 곳에서는 크기가 너무 작아 잘 안 보였다. 그는 콜레스테롤과 GMO가 함유되어 있지 않다는 내용과 제품 용량을 표기했다고 설명했다.

"저는 이 내용을 가능한 한 작은 글자로 표기하려고 했습니다." 그가 작은 글씨가 인쇄된 부분을 손가락으로 두드리며 말했다.

어머니가 의외라는 듯이 몸을 뒤로 젖히며 물었다.

"자랑해야 할 내용 아닌가요? 왜 숨기려 하죠?"

좋은 질문이면서 테트릭의 내면을 찔러보는 질문이기도 했다. 나는 절대 예상하지 못한 국면 전환이었다. 마치 지금 이 순간, 세포배양육의 미래에 관해 어머니는 당신 앞에 있는 남자보다 더 확신에 찬 것 같았다. 테트릭은 제품의 정체를 최대한 숨기려 했지만 어머니는 더 강조해야 한다고 했다. 투명성 문제 때문만이 아니었다. 이 제품이 꽤 괜찮다고 생각했기 때문이다.

어머니가 식사의 마지막 한입을 들면서 앞에 놓인 접시를 거의 다 비웠다. 우리는 냅킨을 집어 들고 몸을 일으켰다. 나는 테트릭을 향해 몸을 돌렸다. 이미 그는 우리가 식사하는 사이 도착한, 정장 차림의 새 방문객들을 맞이하라는 직원의 손짓을 바라보고 있었다.

어머니는 그의 손을 붙잡고 흔들면서 마지막 소감을 털어놓았다.

"맛은 완벽했어요. 그리고 당신도 예상했다시피, 저는 이 정도일 줄은 예상하지 못했어요." 어머니가 말했다. "머릿속에서는 고기로 인식하고 있었어요. 그저 형태가 다를 뿐이죠. 맛도 좋았고 일단 판매를 시작하면 아마도 잘될 것 같습니다."

그는 미소를 지으며 고맙다고 인사했다. 그런 다음 내게로 돌아서서 악수한 뒤 다시 몸을 돌려 다른 일행이 기다리는 곳으로 뛰어갔다.

어머니가 재킷의 단추를 채운 뒤 나를 올려다봤다. 우리는 무사히 식사를 마쳤다.

노예스는 우리를 긴 복도로 이끌며 계단을 내려가 건물 입구로 안내했다. 어머니와 나는 다시 폴섬 거리로 나섰다. 비가 와서 대기가 축축했다. 택시에 올라탄 뒤 얼마쯤 지나서는 저녁 식사로 무엇을 먹을지를 고민했다. 고기를 생산하는 다른 방법이 있다는 것을 알게 된 우리 두 사람이 앞으로 식탁 위에 놓일 재래식 고기를 어떻게 대할까 궁금해졌다.

택시가 벽에 다양한 색깔로 구멍을 낸 타쿠에리아taquerías*를 지나갔다. 분홍색과 파스텔 톤의 초록색으로 알록달록한 가게들은 창문 바깥에 고기 요리로 가득한 메뉴판을 붙여놓고 손님들을 유혹했다. 겨우 몇 블록 떨어진 곳에서 한 남자가 그들의 가업을 잇는 레시피를 근본적으로 위협하는 도전에 수백만 달러를 쏟아붓는다는 사실을 이 가게의 주인들은 거의 알지 못할 것이다. 물론, 세포배양육 생산 기업이 바로잡아야 할 일은 아직도 많다.

타쿠에리아는 이웃 아파트에서 타코 향이 흘러 들어오거나 내가 직접 타코를 만들 때면 꼭 가고 싶은 곳이다. 시간을 들여 소고기나 닭고기를 천천히 조리하던 때를 떠올렸다. 거부하기 힘든 음식 향

• 멕시코 음식인 타코를 판매하는 노변 음식점.

이 허름한 아파트 계단을 타고 퍼지면 나는 완전히 무력해졌다. 심지어 한 블록 떨어진 거리에서 속삭이는 이 마법의 향기에도, 우리는 발걸음을 멈추고 돌아볼 수밖에 없다. 이런 전통적인 요리 문화에서 쓰는 고기를 다시 창조하는 일이 쉬울 리가 없다.

세포배양육의 가장 큰 장벽은 아직 먹어본 사람이 얼마 없고, 이 기술을 알지 못하거나 회의적인 사람도 있다는 사실이다. 또 일상과 전통 속으로 이 제품을 받아들일 수 있을지 확신하지 못하는 사람도 있다. 테트릭은 샌프란시스코나 로스앤젤레스, 뉴욕 같은 대도시가 아니라 고향 앨라배마 사람들을 설득하고 가까이 다가서려 애쓴 이유를 종종 설명했다. 미국에 사는 사람을 대도시에 사는 엘리트와 소위 '보통 사람'으로 쉽게 나눌 수는 없다. 사실 미국 어디에 살든 또는 전 세계 어디에 살든, 미래의 고기는 모두에게 영향을 미칠 것이다. 마침내 우리 모두는 똑같이 서툰 방식으로 새로운 고기를 경험할 것이다. 씹고, 맛보고, 삼키고, 소화할 것이다. 그리고 전통적인 고기에 세포배양육이 대항해나갈 방법에 같은 의문을 품을 것이다.

어머니의 시식은 감동적이었다. 그녀는 손톱만큼의 믿음도 없이 저스트에 걸어 들어갔다. 그렇지만 마음을 열고 시식을 했고 마지막에는 늘 주기적으로 장을 보는 홀푸드마켓이나 크로거에 언젠가 제품이 출시되면 직접 살 수도 있겠다고 상상하면서 저스트에서 걸어 나왔다.

하지만 테트릭이 지적했듯이 저스트 본사를 방문할 수 있는 사람은 그리 많지 않다. 아무나 테트릭이나 마크 포스트, 우마 발레티,

마이크 셸던, 슐라미트 레벤버그와 개인적으로 마주 앉을 수 없다. 어떻게 하면 사람들이 동네 식료품점에 가서 세포배양육 제품을 집어 들고도 혐오감을 느끼지 않을 수 있을까? 또 '인공 고기'라는 선입견을 떨칠 수 있을까?

이런 위태로운 상황에서 조시 테트릭이 이 일에 진정 적합한 인물인지 나는 줄곧 의문을 품었다. 그는 이 새로운 고기를 소비자에게 전달하는 첫 번째 사람이 되고 싶다고 공개적으로 말했다. 만약 성공한다면 저스트에서 생산하는 세포배양육이 실제로 재래식 육류와 얼마나 같을 수 있는지를 보여주는 세계 최초의 사례가 될 것이다. 나는 더 인상적인 기술을 보유한 회사를 직접 찾아가기도 했다. 또 테트릭처럼 쇼맨십은 없지만 그처럼 열정이 있는 CEO들도 만났다.

어느 날 오후, 아이라 판 엘런에게 전화를 걸었다. 배양육의 미래에 개인적인 이해관계가 얽힌 사람이 있다면 분명 빌럼 판 엘런의 딸일 것이다.

아이라는 아버지가 죽고 나서 세포배양육을 현실화하는 역할을 바로 이어받지는 않았다. 아버지에 견줄 만한 열정으로 과학의 한계를 밀어붙이면서 일을 추진하지도 못했다. 그녀는 결혼해서 가정을 돌보고 아름다운 선상 가옥 위에서의 삶, 공공의료, 특히 치의학 분야에 헌신하는 삶을 꾸렸다.

테트릭이 처음 빌럼 판 엘런의 특허를 획득하기 위해 전화를 걸었을 때, 그는 아이라의 도움으로 빌럼 판 엘런의 생애와 업적에 대해 더 많이 알게 됐다.

"조시의 전화가 저를 바꿔놨어요." 그녀가 말했다. 테트릭이 그녀를 다른 길로 인도했다.

이후 2년 동안 아이라는 세포배양육을 알리는 데 시간과 에너지를 집중하면서 아버지의 유산을 결승선으로 더 가깝게 밀어붙였다. 점점 강박이 더해졌다. 그녀는 여러 가지 면에서 삶이 더 버거워졌다고 말한다. 그녀의 아버지가 모두 다 이해한다는 미소를 보내고 있으리라.

테트릭이 처음 손을 내밀었을 때부터 아이라는 '대안 단백질 쇼Alter-native Protein Show'를 시작했다. 같은 생각을 하는 식품 기술자들을 모은 콘퍼런스였다. 그녀는 시간을 들여 네덜란드 농장주와 관계를 맺으려 애썼고 세포배양육이 바꿀 미래에 그들이 꼭 필요하다고 설득하기 위해 노력했다. 더불어 EU 집행기관과 네덜란드의 기독민주호소당Christen-Democratisch Appèl에도 프레젠테이션을 했다. 정책입안자에게 세포배양육에 관해 교육하는 것 말고도 네덜란드가 새로운 식품을 포용하면 왜 긍정적 성과를 얻을 수 있는지 납득시키려 했다.

결국 모든 일의 이유는 대부분 의사소통을 위해서였다. 사람들이 새로운 경험과 지식을 겁먹지 않고 받아들일 수 있는 효과적인 방법을 찾으려 했다.

아이라는 특히 네덜란드에서 세포배양육을 출시하려던 시도가 좌절되면서 테트릭과 이런저런 갈등을 많이 겪었다. 그녀는 자신을 고지식한 사람이라고 표현하면서 테트릭과 통화하며 전략을 논의할 때 종종 불편한 감정을 느꼈다고 털어놨다.

하지만 곧 이렇게 덧붙였다. "조시는 항상 올곧은 사람은 아니지만 상상력이 풍부하고 의지가 강하고 특히 이야기를 잘합니다. 성과를 내기 위해서는 그처럼 정력적이고 상상력과 의지가 넘치는 특별한 사람이 필요하죠."

맞는 말이다. 새로운 고기를 먹는 일에 사람들이 이전보다는 더 관심을 보이고 있지만 아직 많이 부족하다. 일부에서는 2023년이 되면 세계 육류산업[1] 규모가 1조 1,400억 달러에 이를 것으로 전망한다. 만약 업계의 추정치가 정확하다면, 대체 상품이 세계 시장에서 수지를 맞추기 위해서는 대략 570억 달러 규모는 되어야 한다는 의미다.

우리는 인류 역사에서 아주 중요한 순간에 와 있다. 많은 것이 위험한 상황이다. 이 특별한 운동의 성공 여부는 스토리텔링으로 집약된다. 과학과 경험, 지식을 확장해서 삶과 연결하고 선입견 없이 관심을 지속할 방법을 찾아야 한다. 아마도 어느 순간에는 테트릭 같은 이야기꾼이 정말 필요할 수도 있다. 이야기는 이스라엘에서 또는 미국에서 시작될 수도 있다. 아니면 싱가포르가 먼저 나설지도 모른다.

2년 전 내가 저스트에 처음 발을 들여놨을 때, 테트릭은 흔치 않을 인생사를 들려주었다. 인생의 중요한 갈림길에서 친구 보크가 얼마나 많은 영감을 주었는지 그리고 어떻게 이 길을 걷도록 이끌었는지를 이야기했다. 뚜렷한 목표를 찾았을 때 얼마나 해방감을 느꼈는지, 그러나 안정을 이룬 뒤에도 어떻게 다시 혼란스럽도록 상황을 흔들고 싶은 충동이 들었는지 털어놨다.

"그렇게 들릴 수도 있겠지만, 지금 제가 언급하려는 사람과 저를 비교하는 것은 아닙니다. 저는 율리시스 S. 그랜트Ulysses S. Grant•의 전기를 읽고 있습니다." 그가 말했다.

테트릭의 얼굴을 의심스럽게 들여다봤다. 그는 정말로 남북전쟁을 이끈 유명한 장군과 자신을 비교하려는 것일까? 그는 미소를 지으며 말을 이었다. 그랜트가 30대였을 때 일리노이주 걸리나에 있는 아버지의 가죽 상점에서 일하면서 하루하루 얼마나 지루해했는지를 설명했다. 그랜트는 손님과 흥정하는 등 가게를 운영하는 일상을 좋아하지 않았다.

"그는 이미 서른 살이었고 삶의 목표를 잃었습니다. 그렇죠?" 테트릭이 말했다. "그러다가 전쟁이 터졌습니다."

나는 연결 지점을 찾았다. 자신의 삶을 어떻게 해야 할지 확신이 없는 남자가 어떤 연유로든 다른 상황과 맞닥뜨렸다. 내가 처음 테트릭과 만나 이야기했을 때, 그는 2018년 초까지 시장 어딘가에 자신의 세포배양육을 내놓을 수 있기를 바랐다. 하지만 그런 일은 일어나지 않았다. 그러고는 몇 달 동안 줄곧, 그래도 연말까지는 세계 어딘가에서 세포배양육을 팔 수 있으리라고 자신했다. 그때 이후로, 암스테르담에서 아랍에미리트, 홍콩, 싱가포르까지 분주히 돌아다니다가 마침내 2019년 말이 됐다. 하지만 여전히 아무 일도 일어나지 않았다.

테트릭이 성과를 내기 직전이라고 나는 믿는다. 이 분야의 다른

• 미국의 제18대 대통령.

회사들도 대부분 마찬가지로 성공을 코앞에 뒀다고 생각한다. 모든 준비를 마쳤지만 돈과 권력 때문에 그리고 기존 틀을 유지하려는 관성 때문에 방해받을 뿐이다.

테트릭은 동물복지부터 기후변화에 이르기까지 인류가 해결해야 할 도전에 승부를 걸고 있다. 착한 과학과 멋진 스토리텔링, 단호한 행동력이 필요한 순간이다.

"게임이 시작됐습니다." 테트릭이 말했다.

그는 어쩌면 모든 것을 바꿔놓을지도 모른다.*

---

* 2020년 11월 26일, 싱가포르 식품청은 저스트의 세포배양 닭고기 제품의 판매를 승인했다.

감사의 글

우리는 거칠고 변덕스러운 세상에 살고 있다. 인류의 역사는 항상 쉽지 않았다. 지금 우리가 사는 세계도 마찬가지다. 당장 해결할 방안도 마땅치 않고, 그래서 피하기도 힘든 기후위기로 인해 위협받고 있다.

어린 시절 기후변화는 대자연의 리듬에 따라 생긴다고 어른들은 말했다. 과거에도 빙하시대가 있었고 앞으로 또 빙하시대가 닥칠 것이라고 했다. 우리 운명을 지배하는 자연 속에서 인간은 미미한 존재일 뿐이고 우리가 자연을 어찌할 수도 없다고 했다. 무척 간단하고 편리한 생각이었다. 받아들이기도 쉬웠다. 복잡한 과학이 내놓는 산더미 같은 연구 결과와 수십 년간의 경고 신호에도 불구하고 다른 선택지보다 조금이라도 덜 두려운 논리였기 때문이다.

데이터는 계속해서 이 생각이 틀렸음을 증명한다. 갈수록 지구는 다음 세대에게 더 위험한 곳으로 변하고 있다. 토양의 질은 저하되고 농경지는 가뭄과 화재로 황무지가 되고 있다. 허리케인이 더 자주 발생하면서 해안 도시의 인프라를 위협한다. 2050년까지 라틴 아메리카, 사하라 남부 아프리카, 동남아시아 지역에서 대략 1억 4,300만 명의 기후 이재민이 발생할 것으로 예상된다. 불안정한 기후변화로 인해 살던 집에서 쫓겨나는 기후 난민이다.

기후위기는 인류의 번식까지 위협한다. 2017년 친한 친구는 배우자와 고민 끝에, 위기에 시달릴 세상에 아이를 낳는 것은 비윤리적이라는 결론을 내렸다. 다른 커플도 똑같은 말을 했다. 이런 선택을 하는 친구가 계속해서 나타났다. 당시 나는 의아했다. 지금도 의문을 떨쳐버리지 못했다. 인류 역사에서 어느 세대가 출산 여부를 두고 윤리적 문제의식을 품었을까? 그것도 그들이 거주하는 행성을 잘 관리하는 데 실패했다는 이유로.

세포배양육에 관한 책을 쓰게 된 계기는 내 의지가 아니었다. 멋진 편집자 메리 선Merry Sun이 정말 의미 있는 주제를 다뤄보자고 먼저 손을 내밀었다. 그녀의 제안이 없었다면 우리 세계에 많은 것을 약속하는 혁신에 깊숙이 뛰어들 생각을 해보지 못했을 것이다. 이 책의 구석구석 모든 부분이 그녀의 손길로 다듬어졌다.

책을 위한 설득력 있는 제안을 할 수 있게 도와준 에이전트 피터 스타인버그Peter Steinberg에게도 고마움을 전한다. 이야기의 핵심은 독자가 기대하는 세상의 변화다. 많은 사람이 지구라는 행성에 긍정적인 변화가 찾아오기를 열망한다. 인류가 환경 보호라는 기본 의무를 수행할 수 있기를 기대한다. 하지만 구체적인 방법을 탐색하는 일은 결코 쉽지 않다. 이 책에서 나는 비건 활동이 어떻게 진화했는지를 흥미롭게 다루고자 했다. 또한 이들이 긍정적 변화를 이끌어내기 위해 획일적인 시스템 내에서 어떻게 거래하고 심지어 전복시키려 했는지도 이야기했다. 그들 가운데 한 명이 이 책의 중심인물이다. 이 분야를 들여다볼 수 있는 창을 제공하고 어려운 질문에 기꺼이 답변해준 조시 테트릭에게 감사를 전한다. 아이라 판 엘런에게도 많은 도움을 받았다. 그녀의 아버지 빌럼 판 엘런에 대해 될 수 있는 한 많은 것을 물어보려 두 번이나 찾아간 나를 문을 활짝 열고 기꺼이 환영해줬다. 그는 세포배양육을 실현하기 위해 그 누구보다 열심히 싸운 사람이다.

뉴아메리카New America에서 열심히 일하는 사람들에게 감사의 마음을 전한다. 책을 쓰는 과정에서 그들의 지원은 헤아리기 어려울 정도로 소중했다.

필요한 조사와 책을 쓰는 과정의 모든 단계에서 도움을 준 브래드 러벳Brad Lovett에게 감사한다. 내게 용기가 필요할 때마다 이 주제를 향한 그의 열정이 힘을 불어넣었다. 또한 오랜 친구 에린 파머Erin Palmer, 존 파머John Palmer(거꾸로 매달린 돼지 아이디어를 쓰지 못해서 미안), 헬레나 보트밀러 에비히Helena Bottemiller Evich, 요담 쉼머Yotam Shwimmer, 로이 바 코헨Roei Bar Cohen 등과 나눈 대화가 이 책을 마무리하는 원동력이 됐다.

잊지 말아야 할 친구들이 더 있다. 기사와 이 책을 쓰는 긴 항해를 할 수 있도록 도와준 사람들이다. 눈 내리던 밤에 긴장을 풀게끔 여흥을 함께 즐겨준 파리드 초드리Fareed Choudhry, 앤드루 데완Andrew Dewan 그리고 스콧 크래머Scott Kramer에게 특별한 감사를 보낸다. 마티니를 마시며 담소를 나눴던 이몬 라이트Eamon Wright, 긍정적인 에너지로 사진을 찍어준 잭 코헨Zach Cohen 그리고 대니 볼커Danny Volker, 스펜서 콘하버Spencer Kornhaber, 제인 후Jane Hu, 크리스토발 발렌시아Cristobal Valencia, 아르멘 샤나자리안Armen Shahnazarian, 로즈 리드Rose Reid, 에밀리 램Emily Lamb, 로렌 체스터 화이트Lauren Chester White, 알렉스 화이트Alex White, 벤지 존스Benji Jones, 린지 앨브라히트Lindsey Albracht, 브라이언 밀로Bryan Milo에게도 감사의 말을 전한다.

마지막으로 내 부모님, 브루스Bruce와 코니Connie 그리고 세 남매 루크Luke, 아브라함Abraham, 리비아Livia 또 보모 캐롤린Carolyn에게 소중한 감사의 마음을 전한다.

특히 어린 시절 홈스쿨링을 하며 항상 내 글을 격려해주신 어머니에게 감사드린다. 어머니의 헌신이 없었다면, 나는 책을 쓰기는커녕 언론계에 입문할 수 있었을지도 의심스럽다. 그녀는 내게 가장 영향력 있는 편집자이자 사려 깊은 동료이자 음식 마니아다. 그리고 내가 아는 가장 친절한 분이다.

주

서문

1 성공이냐, 실패냐, 운명을 가르는 순간make-or-break moment: Kate O'Riordan, Aristea Fotopoulou, and Neil Stephens, "The First Bite: Imaginaries, Promotional Publics and the Laboratory Grown Burger," *Public Under-standing of Science* 26, no. 2 (August 2, 2016): 148 – 63. https://doi.org/10.1177/0963662516639001.

01 시식

1 가소성이 좀 더 좋아서often grow better: Paul Shapiro, "Chicken Might Be the First Lab-Grown Meat to Make It to Your Grocery Store," *Vice*, January 2, 2018. www.vice.com/en_us/article/3k5ak3/chicken-might-be-the-first-lab-grown-meat-to-make-it-to-your-grocery-store.

2 벌채하는 삼림factoring in deforestation: "Special Report: Climate Change and Land," IPCC, 2019. www.ipcc.ch/2019/08/08/land-is-a-critical-resource_srccl/.

3 소의 거름cow manure: Henning Steinfeld, *Livestock's Long Shadow: Environ-mental Issues and Options* (Rome: Food and Agriculture Organization of the United Nations, 2006).

4 다른 각도로 접근하는 보고서*nuanced findings*: P. J. Gerber, et al., *Tackling Climate Change Through Livestock: A Global Assessment of Emissions and Mitigation Opportunities* (Rome: Food and Agriculture Organization of the United Nations, 2013).

5 약 8퍼센트*about 8 percent*: Ibid.

6 탄소의 대략 20배에 달하는 온난화 효과*heat-trapping power as carbon*: G. Yvon-Durocher, et al., "Methane Fluxes Show Consistent Temperature Dependence Across Microbial to Ecosystem Scales," Nature 507 (2014): 488–91. doi:10.1038/nature13164.

7 대략 100킬로그램의 메탄*100 kilograms of methane*: Fred Pearce, "Grass-Fed Beef Is Bad for the Planet and Causes Climate Change," *New Scientist*, October 3, 2017. www.newscientist.com/article/2149220-grass-fed-beef-is-bad-for-the-planet-and-causes-climate-change/.

8 소고기 약 450그램을 생산하려면*produce 1 pound of beef*: Tamar Haspel, "Vegetarian or Omnivore: The Environmental Implications of Diet," *The Washington Post*, March 10, 2014. www.washingtonpost.com/lifestyle/food/vegetarian-or-omnivore-the-environmental-implications-of-diet/2014/03/10/648fdbe8-a495-11e3-a5fa-55f0c77bf39c_story.html.

9 206만 개 이하*fewer than 2.06 million*: "Farming and Farm Income," U.S. Department of Agriculture, November 27, 2019. www.ers.usda.gov/data-products/ag-and-food-statistics-charting-the-essentials/farming-and-farm-income/.

10 낙농 가축 또한 줄어든 상황*dairy herd shrank*: Jim Dickrell, "Licensed Dairy Farm Numbers Drop to Just Over 40,000," *Milk Business: Farm Journal & MILK Magazine*, February 21, 2018. www.milkbusiness.com/article/licensed-dairy-farm-numbers-drop-to-just-over-40000.

11 연간 대략 1조 마리 이상*1 trillion fish a year*: Alison Mood, "Worse Things Happen at Sea: The Welfare of Wild-Caught Fish," Fish Count, 2010. www.fishcount.org.uk/published/standard/fishcountfullrptSR.pdf.

12 가혹한 노동 환경*relied on slave labor*: Margie Mason, "Fishing Slaves No More,

but Freedom Brings New Struggles," Associated Press, July 12, 2017. www.
ap.org/explore/seafood-from-slaves/fishing-slaves-no-more-but-
freedom-brings-new-struggles.html.

13 음식을 얻는 방식의 혁명*next evolution*: Isha Datar, "Why Cellular Agriculture Is
the Next Revolution in Food," *Food Tech Connect*, January 7, 2019. https://
foodtechconnect.com/2016/04/11/cellular-agriculture-is-the-next-
revolutio-in-food/.

14 기고문*wrote an article*: Winston Churchill, "Fifty Years Hence," *Popular
Mechanics*, March 1932. http://rolandanderson.se/Winston_Churchill/Fifty_
Years_Hence.php.

15 *2011년 옥스퍼드대학교의 연구*2011 *Oxford University study*: Hanna L. Tuomisto
and M. Joost Teixeira de Mattos, "Environmental Impacts of Cultured Meat
Production," Environmental Science & Technology 45/14 (2011): 6117 – 23.
doi: 10.1021/es200130u.

16 영향력을 행사한다*play a role*: Wyatt Bechtel, "Cattlemen's Groups Voice
Concerns with Lab-grown Meat to USDA, FDA," *Drovers*, October 24, 2018.
www.drovers.com/article/cattlemens-groups-voice-concerns-lab-
grown-meat-usda-fda.

02 대부

1 "공장육*vat stuff*": William Gibson, *Neuromancer* (New York: Ace Science Fiction
Books, 1984).

2 치키놉*ChickieNob*: Margaret Atwood, *Oryx and Crake* (New York: Nan A. Talese,
2003).

3 전화벨이 울리기 시작했다*began to ring*: Chase Purdy, "The Idea for Lab-Grown
Meat Was Born in a Prisoner-of-War Camp," *Quartz*, August 8, 2018.
https://qz.com/1077183/the-idea-for-lab-grown-meat-was-born-in-a-
prisoner-of-war-camp/.

4 키워내는 데 성공적했다*successfully culture*: "Morris Benjaminson, Laboratory
Meat Pioneer—Obituary," *The Telegraph*, May 26, 2017. www.telegraph.

co.uk/obituaries/2017/05/26/morris-benjaminson-laboratory-meat-pioneer-obituary/.

5 작은 헌사*small tribute*: Ingrid Newkirk, "The Finalists," *The New York Times*, May 6, 2012. https://archive.nytimes.com/query.nytimes.com/gst/fullpage-9802E2D9103BF935A35756C0A9649D8B63.html.

03 분자 기적

1 그 이론을 뒤집었다*upended that theory*: "Life's Limit," *RadioLab*, WNYC Studios, June 14, 2007. www.wnycstudios.org/podcasts/radiolab/segments/91563-lifes-limit.

2 성장을 제어하는*control the growth*: Prestage Department of Poultry Science website, North Carolina State University, Paul Mozdziak's page. https://cals.ncsu.edu/prestage-department-of-poultry-science/people/pemozdzi/.

3 단백질 수백 개*hundreds of proteins*: H. Lodish, et al., *Molecular Cell Biology*, 4th ed. (New York: W. H. Freeman, 2000), Section 6.2, "Growth of Animal Cells in Culture." Available from: www.ncbi.nlm.nih.gov/books/NBK21682/.

4 "완전히 새로운 산업*whole new industry*": Isha Datar, "The Future of Food Is Farming Cells, Not Cattle," *Quartz*, October 18, 2018. https://qz.com/1383641/the-future-of-food-is-farming-cells-not-cattle/.

5 "아예 빠져라*don't play at all*": Purdy, "The Idea for Lab-Grown Meat Was Born in a Prisoner-of-War Camp."

05 암스테르담의 공포

1 요리책*cookbook*: Koert van Mensvoort and Hendrik-Jan Grievink, *The In Vitro Meat Cookbook* (Amsterdam: BIS Publishers, 2014).

2 "비건 커리부어스트*vegan currywurst*": James Kanter, "Take Feta. Add Frites. Stir in European Food Rules. Fight," *The New York Times*, June 22, 2017. www.nytimes.com/2017/06/21/business/eu-food.html.

06 굴레를 벗고

1 〈가디언〉과의 인터뷰told The Guardian: John Fecile, "'Banned in 46 Countries'—Is Faces of Death the Most Shocking Film Ever?" *The Guardian*, October 1, 2018. www.theguardian.com/film/2018/oct/01/banned-in-46-countries-is-faces-of-death-the-most-shocking-film-ever.

2 기명 칼럼을 기고했다penned an op-ed: Josh Tetrick, "You Can Save the Planet," *Richmond Times-Dispatch*, March 15, 2009. www.richmond.com/news/you-can-save-the-planet/article_c0492079-ad99-5dbf-bfa0-d9d991d5b218.html.

3 산초 판사Sancho Panza: "Solina Chau," *Forbes*. Accessed December 4, 2019. www.forbes.com/profile/solina-chau/#c372e553b939.

07 전략 전술

1 앤드루 지먼Andrew Zimmern: Andrew Zimmern, "Stop Bullying Sustainable Food Companies," Change.org. Accessed December 4, 2019. www.change.org/p/tell-unilever-to-stop-bullying-sustainable-food-companies.

2 스테파니 스트롬Stephanie Strom: Stephanie Strom, "Hellmann's Maker Sues Company over Its Just Mayo Substitute Mayonnaise," *The New York Times*, November 10, 2014. www.nytimes.com/2014/11/11/business/unilever-sues-a-start-up-over-mayonnaise-like-product.html.

3 조앤 아이비Joanne Ivy: Ivy declined a request for comment.

4 확보한 이메일emails obtained: Dan Charles, "How Big Egg Tried to Bring Down Little 'Mayo' (and Failed)," *The Salt*, National Public Radio, September 3, 2015. www.npr.org/sections/thesalt/2015/09/03/437213511/how-big-egg-tried-to-bring-down-little-mayo-and-failed.

08 길 잃은 강아지

1 음식 블로그 시리어스 잇츠Serious Eats food blog: J. Kenji López-Alt, "Which Vegan Mayo Is the Best?" *Serious Eats*, August 10, 2018. www.seriouseats.com/2014/02/vegan-mayonnaise-taste-test-produces-surprising-results.

html.

2 스플렌디드 테이블*The Splendid Table*: Jack Bishop, "America's Test Kitchen Finds a Vegan Mayonnaise Game-Changer," *The Splendid Table*, March 2, 2017. www.splendidtable.org/story/americas-test-kitchen-finds-a-vegan-mayonnaise-game-changer.

3 신랄한 평가*scathing review*: "'Dear Josh'—JUST," Glassdoor, September 28, 2017. www.glassdoor.co.in/Reviews/Employee-Review-JUST-RVW17073899.htm.

4 〈블룸버그〉 보도*report by Bloomberg*: Olivia Zaleski, Peter Waldman, and Ellen Huet, "How Hampton Creek Sold Silicon Valley on a Fake-Mayo Miracle," *Bloomberg Businessweek*, September 22, 2016. www.bloomberg.com/features/2016-hampton-creek-just-mayo/.

5 시리즈 E*Series E*: Beth Kowitt, "Hampton Creek, Now a Unicorn, Shakes Up Management Team," *Fortune*, May 2, 2017. https://fortune.com/2017/05/01/hampton-creek-unicorn-management/.

09 마지막 남은 자

1 식량안보지수*Global Food Security Index*: "Global Food Security Index 2017," Economist Intelligence Unit, October 2017. https://foodsecurityindex.eiu.com/.

2 농업 생산량*agricultural production*: Associated Press, "UN: Farmers Must Produce 70% More Food by 2050 to Feed Population," *The Guardian*, November 28, 2011. www.theguardian.com/environment/2011/nov/28/un-farmers-produce-food-population.

3 *1,700만 달러를 투자받았다raised $17 million*: Paul Sawers, "Lab-Grown Food Startup Memphis Meats Raises $17 Million from DFJ, Cargill, Bill Gates, Others," *VentureBeat*, August 23, 2017. https://venturebeat.com/2017/08/23/lab-grown-meat-startup-memphis-meats-raises-17-million-from-dfj-cargill-bill-gates-richard-branson-others/.

4 *"사업 기회를 확대하는 중입니다broadening our exposure"*: "Future Meat Technolo-

gies Raises $14 Million in Series A Funding, Announces Pilot Production Facility," press release, Future Meat Technologies, October 10, 2019. www. prnewswire.com/news-releases/future-meat-technologies-raises-14-million-in-series-a-funding-announces-pilot-production-facility-300 936425.html.

5 첫 투자*first investment*: Cathy Siegner, "Merck's Venture Capital Arm Invests $8.8M in Mosa Meat," *Food Dive*, July 17, 2018. www.fooddive.com/news/ mercks-venture-capital-arm-invests-88m-in-mosa-meat/527885/.

10 짐승의 심장부

1 정치적 반달리즘*political vandalism*: Laurie Goodstein, "N.C. Trial Conjures Up Antiwar Era," *The Washington Post*, February 15, 1994. www. washingtonpost.com/archive/local/1994/02/15/nc-trial-conjures-up-antiwar-era/1b93347e-56d3-4e5f-9eba-7612a0655f5a/.

2 존 디어*John Dear*: John Dear, "Remembering the 20th Anniversary of a Plowshares Action for Peace," *National Catholic Reporter*, December 3, 2013. www.ncronline.org/blogs/road-peace/remembering-20th-anniversary-plowshares-action-peace.

3 "문을 나선 비건들*VEGETARIANS AT THE GATE*": Thomas Buckley, "The Vegetarians at the Gate," *Bloomberg Businessweek*, December 19, 2018. www. bloomberg.com/news/features/2018-12-19/the-vegetarians-at-the-gate.

4 지구 온도 상승*global temperature rise*: Zoë Schlanger, "The UN All but Admits We Will Probably Pass the 1.5°C Point of No Return," *Quartz*, November 26, 2019. https://qz.com/1755954/un-climate-report-says-warming-past-1-5c-is-likely/.

5 유엔 보고서는 경고를 덧붙였다*UN report said*: United Nations Environment Programme, *Emissions Gap Report 2019* (Nairobi: UNEP, 2019).

11 식품 전쟁

1 갈아서 죽이는*grind to death*: John MacDougall, "By 2020, Male Chicks May

Avoid Death By Grinder," *National Geographic*, June 13, 2016. www. nationalgeographic.com/culture/food/the-plate/2016/06/by-2020—male-chicks-could-avoid-death-by-grinder/.

2 "증조부모*great grandparents*": Jessica Almy, The Good Food Institute, April 17, 2018. www.gfi.org/images/uploads/2018/04/GFIetal-Comment-FSIS-2018-0016.pdf.

3 의회 발언*congressional effort*: Chase Purdy, "Trump May Get the Last Word on the Longstanding Fight over Whether Almond Milk Is Actually 'Milk,'" *Quartz*, March 3, 2017. https://qz.com/923234/theres-a-war-over-the-definition-of-milk-between-dairy-farmers-and-food-startups-and-donald-trump-may-settle-it/.

4 "시대의 거대한 사기*swindle of the age*": John Suval, "W. D. Hoard and the Crusade Against the 'Oleo Fraud,'" *Wisconsin Historical Society*, 2012.

5 호드의 심한 불신*Hoard's paranoia*: Ibid.

6 26개 주에서 모였다*twenty-six states convened*: Richard A. Ball and J. Robert Lilly, "The Menace of Margarine: The Rise and Fall of a Social Problem," *Social Problems* 29/5 (June 1, 1982): 488–98. https://doi.org/10.2307/800398.

7 법안에 서명했다*signed a bill into law*: Gerry Strey, "The 'Oleo Wars': Wisconsin's Fight over the Demon Spread," *Wisconsin Historical Society*, 2007.

8 마가린의 위협*Menace of Margarine*: Ball and Lilly, "The Menace of Margarine."

9 크게 타격받았다*taking a beating*: Emma Newberger, "'Trump Is Ruining Our Markets': Struggling Farmers Are Losing a Huge Customer to the Trade War—China," CNBC, August 13, 2019. www.cnbc.com/2019/08/10/trump-is-ruining-our-markets-farmers-lose-a-huge-customer-to-trade-war—china.html.

10 기업가들에게 말했다*told entrepreneurs*: Susan Mayne, "FDA's Role in Supporting Innovation in Food Technology," U.S. Food and Drug Administration, March 22, 2018. www.fda.gov/about-fda/what-we-do-cfsan/fdas-role-supporting-innovation-food-technology.

11 항의 서한*letter of complaint*: Chase Purdy, "US Food Regulators Are Fighting

over Who Gets to Oversee Cell-Cultured Meat," *Quartz*, July 13, 2018. https://qz.com/1327919/us-food-regulators-are-fighting-over-who-gets-to-oversee-cell-cultured-meat/.

12 백악관에 서한을 보내*directly to the president*: Chase Purdy, "Donald Trump May Decide the Regulatory Future of Cell-Cultured Meats," *Quartz*, August 1, 2018. https://qz.com/1340868/the-us-meat-industry-is-asking-donald-trump-to-decide-how-cell-cultured-meat-is-regulated/.

12 외국으로 향하는 약속

1 클라이밋센트럴*Climate Central*: "Report: Flooded Future: Global Vulnerability to Sea Level Rise Worse than Previously Understood," Climate Central, October 29, 2019. www.climatecentral.org/news/report-flooded-future-global-vulnerability-to-sea-level-rise-worse-than-previously-understood.

2 세계경제포럼*World Economic Forum*: Xi Hu, Environmental Change Institute, and University of Oxford, "Where Will Climate Change Impact China Most?" World Economic Forum, April 5, 2016. www.weforum.org/agenda/2016/04/where-will-climate-change-impact-china-most/.

3 세포치료제 연구개발*development of cell therapy*: Catherine Lamb, "Singapore to Invest $535 Million in R&D, Including Cultured Meat and Robots," *The Spoon*, March 29, 2019. https://thespoon.tech/singapore-to-invest-535-million-in-rd-including-cultured-meat-and-robots/.

13 연대

1 마이클 폴란*Michael Pollan*: Michael Pollan, "An Animal's Place," *The New York Times*, November 10, 2002. www.nytimes.com/2002/11/10/magazine/an-animal-s-place.html.

2 페터 브라베크-레트마테*Peter Brabeck-Letmathe*: Chase Purdy, "'Nature Is Not Good to Human Beings': A Food Industry Titan Makes the Case for a New Kind of Diet," *Quartz*, December 27, 2016. https://qz.com/856541/the-

worlds-biggest-food-company-makes-the-case-for-its-avant-garde-human-diet/.

3 *식량 수확량food yields*: *The State of Agricultural Commodity Markets 2018: Agricultural Trade, Climate* Change and Food Security (Rome: Food and Agriculture Organization of the United Nations, 2018).

4 *앞으로 닥칠 위험risks of what's coming*: "Agriculture and Climate Change Adaptation," California Department of Food and Agriculture, 2019. www.climat echange.ca.gov/adaptation/agriculture.html.

14 식탁 차리기

1 *세계 육류산업global meat sector*: "Global Meat Sector Market Analysis & Forecast Report, 2019—A $1.14 Trillion Industry Opportunity by 2023," Globe Newswire News Room, Research & Markets, May 2, 2019. www.globenewswire.com/news-release/2019/05/02/1815144/0/en/Global-Meat-Sector-Market-Analysis-Forecast-Report-2019-A-1-14-Trillion-Industry-Opportunity-by-2023.html

찾아보기

죽음 없는
육식의 탄생